本书受到华中科技大学文科学术著作出版基金、华中科技大学自主创新研究基金人文社科项目"代际互动对农村老年人健康状况的影响研究"（2016AC042）以及国家社会科学基金重大项目"有序推进农民工市民化的问题与对策——基于可持续生计与公共服务均等化的研究"（13&ZD044）的资助

华中科技大学社会学文库
青年学者系列

婚姻挤压下的
农村家庭养老

INTERGENERATIONAL SUPPORT
OF CHINESE RURAL FAMILIES
IN THE CONTEXT OF
MARRIAGE SQUEEZE

郭秋菊　靳小怡　著

社会科学文献出版社
SOCIAL SCIENCES ACADEMIC PRESS (CHINA)

华中科技大学社会学文库总序

在中国恢复、重建社会学学科的历程中，华中科技大学是最早参与的高校之一，也是当年的理工科高校中唯一参与恢复、重建社会学的高校。如今，华中科技大学（原为华中工学院，曾更名为华中理工大学，现为华中科技大学）社会学学科已逐步走向成熟，走在中国高校社会学院系发展的前列。

30多年前，能在一个理工科的高校建立社会学学科，源于教育学家、华中工学院老院长朱九思先生的远见卓识。

20世纪八九十年代是华中科技大学社会学学科的初建时期。1980年，在费孝通先生的领导下，中国社会学研究会在北京举办第一届社会学讲习班，朱九思院长决定选派余荣珮、刘洪安等10位同志去北京参加讲习班学习，并接见这10位同志，明确学校将建立社会学学科，勉励大家在讲习班好好学习，回来后担起建立社会学学科的重任。这是华中科技大学恢复、重建社会学的开端。这一年，在老前辈社会学者刘绪贻先生、艾玮生先生的指导和领导下，在朱九思院长的大力支持下，湖北省社会学会成立。余荣珮带领华中工学院的教师参与了湖北省社会学会的筹备工作，参加了湖北地区社会学界的许多会议和活动。华中工学院是湖北省社会学会的重要成员单位。

参加北京社会学讲习班的10位同志学习结束之后，朱九思院长听取了他们汇报学习情况，对开展社会学学科建设工作做出了重要指示。1981年，华中工学院成立了社会学研究室，归属当时的马列课部。我大学毕业后分配到华中工学院，1982年元旦之后我去学校报到，被分配到社会学研究室。1983年，在朱九思院长的支持下，在王康先生的筹划下，学校决定在社会学研究室的基础上成立社会学研究所，聘请王康先生为所长、刘中庸任副所长。1985年，华中工学院决定在社会学研究所的基础上成立社会学系，聘请王康先生为系主任、刘中庸任副系主任；并在当年招收第一届社会学专业硕士研究生，同时招收了专科学生。1986年，华中工学院经申报获社会学硕士学位授予权，成为最早拥有社会学学科硕士点的十个高校之一。1988年，华中理工大学获教育部批准招收社会学专业本科生，当年招收了第一届社会学专业本科生。至此，社会学有了基本的人才培养体系，有规模的科学研究也开展起来。1997年，华中理工大学成立了社会调查研究中心；同年，社会学系成为独立的系（即学校二级单位）建制；2016年5月，社会学系更名为社会学院。

在20世纪的20年里，华中科技大学不仅确立了社会学学科的地位，而且为中国社会学学科的恢复、重建做出了重要的贡献。1981年，朱九思先生批准和筹备了两件事：一是在学校举办全国社会学讲习班；二是由学校承办中国社会学会成立大会。

由朱九思先生、王康先生亲自领导和组织，中国社会学研究会、华中工学院、湖北社会学会联合举办的全国社会学高级讲习班在1982年3月15日开学（讲习班至6月15日结束），上课地点是华中工学院西五楼一层的阶梯教室，授课专家有林南先生、刘融先生等6位美籍华裔教授，还有丁克全先生等，学员是来自全国十几个省、市、自治区的131人。数年间，这些学员中的许多人成为各省、市社科院社会学研究所、高校社会学系的负责人和学术骨干，有些还成为国内外的知名学者。在讲习班结束之后，华中工学院社会学研究室的教师依据授课专家提供的大纲和学员的笔记，整理、印刷了讲习班的全套讲义，共7本、近200万字，并寄至每一位讲习班的学员手中。在社会学恢复、重建的初期，社会学的资料极端匮乏，这套讲义是国内最早印刷的社会学资料之一，更是内容最丰富、印刷量最大的社会学资料。之后，由朱九思院长批准，华中工学院出版社（以书代刊）出版了两期《社会学研究资料》，这也是中国社会学最早的正式出版物之一。

1982年4月，中国社会学会成立暨第一届全国学术年会在华中工学院召开，开幕式在学校西边运动场举行。费孝通先生、雷洁琼先生亲临会议，来自全国的近200位学者出席会议，其中主要是中国社会学研究会的老一辈学者、各高校社会学专业负责人、各省社科院负责人、各省社会学会筹备负责人，全国社会学高级讲习班的全体学员列席了会议。会议期间，费孝通先生到高级讲习班为学员授课。

1999年，华中理工大学承办了中国社会学恢复、重建20周年纪念暨1999年学术年会，全国各高校社会学系的负责人、各省社科院社会学所的负责人、各省社会学会的负责人大多参加了会议，特别是20年前参与社会学恢复、重建的许多前辈参加了会议，到会学者近200人。会议期间，周济校长在学校招待所二号楼会见了王康先生，对王康先生应朱九思老院长之邀请来校兼职、数年领导学校社会学学科建设表示感谢。

21世纪以来，华中科技大学社会学学科进入了更为快速发展的时期。2000年，增设了社会工作本科专业并招生；2001年，获社会保障硕士点授予权并招生；2002年，成立社会保障研究所、人口研究所；2003年，建立应用心理学二级学科硕士点并招生；2005年，成立华中科技大学乡村治理研究中心；2006年，获社会学一级学科硕士点授予权、社会学二级学科博士点授予权、社会保障二级学科博士点授予权；2008年，社会学学科成为湖北省重点学科；2009年，获社会工作专业硕士点授予权；2010年，招收第一届社会工作专业硕士学生；2011年，获社会学一级学科博士点授予权；2013年，获民政部批准为国家社会工作专业人才培训基地；2014年，成立城乡文化研究中心。教师队伍由保持多年的十几人逐渐增加，至今专任教师已有30多人。

华中科技大学社会学学科的发展，历经了两三代人的努力奋斗，先后曾经在社会学室、所、系工作的同志近60位，老一辈的有刘中庸教授、余荣珮教授，次年长的有张碧辉教授、郭碧坚教授、王平教授，还有李少文、李振文、孟二玲、童铁山、吴中宇、陈恢忠、雷洪、范洪、朱玲怡等，他们是华中科技大学社会学学科的创建者、引路人，是华中科技大学社会学的重大贡献者。我们没有忘记曾在社会学系工作、后调离的一些教师，有徐玮、黎民、王传友、朱新称、刘欣、赵孟营、风笑天、周长城、陈志霞等，他们在社会学系工作期间，都为社会学学科发展做出了贡献。

华中科技大学社会学学科的发展，也有其所培养的学生们的贡献。在2005年社会学博士点的申报表中，有一栏要填写20项在校学生（第一作者）发表的代表性成果，当年填在此栏的20篇已发表论文，不仅全部都是现在的CSSCI期刊源的论文，还有4篇被《新华文摘》全文转载、7篇被《人大复印资料》全文转载，更有发表在《中国人口科学》等学界公认的权威期刊上的论文。这个栏目的材料使许多评审专家对我系的学生培养打了满分，为获得博士点授予权做出了直接贡献。

华中科技大学社会学学科发展的30多年，受惠、受恩于全国社会学界的鼎力支持和帮助。费孝通先生、雷洁琼先生亲临学校指导、授课；王康先生亲自领导组建社会学所、社会学系，领导学科建设数年；郑杭生先生、陆学艺先生多次到学校讲学、指导学科建设；美籍华人林南教授等一大批国外学者及宋林飞教授、李强教授等，都曾多次来讲学、访问；还有近百位国内外社会学专家曾来讲学、交流。特别是在华中科技大学社会学学科创建的初期、幼年时期、艰难时期，老一辈社会学家、国内外社会学界的同人给予了我们学科建设的巨大帮助，华中科技大学的社会学后辈永远心存感谢！永远不会忘怀！

华中科技大学社会学学科在30多年中形成了优良的传统，这个传统的核心是低调奋进、不懈努力，即为了中国的社会学事业，无论条件、环境如何，无论自己的能力如何，都始终孜孜不倦、勇往直前。在一个理工科高校建立社会学学科，其"先天不足"是可想而知的，正是这种优良传统的支撑，使社会学学科逐步走向成熟、逐步壮大。"华中科技大学社会学文库"，包括目前年龄大些的教师对自己以往研究成果的汇集，但更多的是教师们近年的研究成果。这套文库的编辑出版，既是对以往学科建设的回顾和总结，更是目前学科建设的新开端，不仅体现了华中科技大学社会学的优良传统和成就，也预示着学科发挥优良传统将有更大的发展。

雷　洪

2016 年 5 月

目 录

第一章　绪论 ……………………………………… 001
　第一节　研究背景 ……………………………………… 001
　第二节　概念界定 ……………………………………… 012
　第三节　研究目标 ……………………………………… 014
　第四节　研究内容与研究框架 ………………………… 015
　第五节　数据与方法 …………………………………… 017
　第六节　章节安排 ……………………………………… 020

第二章　国内外相关研究评述 ………………………… 022
　第一节　代际支持理论的研究 ………………………… 022
　第二节　代际支持的影响因素研究 …………………… 040
　第三节　婚姻对代际支持影响的研究 ………………… 046
　第四节　小结 …………………………………………… 053

第三章　婚姻挤压对农村代际支持影响的分析框架 … 056
　第一节　已有的代际支持模式 ………………………… 056
　第二节　婚姻挤压情境下代际支持子女婚姻差异
　　　　　模式的提出 …………………………………… 068
　第三节　婚姻挤压情境下农村家庭代际支持的
　　　　　分析框架 ……………………………………… 079
　第四节　验证策略与研究方法 ………………………… 088
　第五节　小结 …………………………………………… 093

第四章　婚姻挤压对农村家庭代际支持的影响 ……… 094
　第一节　研究设计 ……………………………………… 094

第二节　婚姻挤压对家庭代际支持影响的

　　　　　　现状分析 …………………………………… 101

　　第三节　婚姻挤压对农村家庭代际支持的影响 ……… 105

　　第四节　小结与讨论 …………………………………… 124

第五章　婚姻挤压对儿子代际支持的影响 ……………… 128

　　第一节　研究设计 ……………………………………… 128

　　第二节　婚姻挤压对儿子代际支持影响的

　　　　　　现状分析 …………………………………… 139

　　第三节　婚姻挤压对儿子代际支持的影响分析 ……… 145

　　第四节　小结与讨论 …………………………………… 165

第六章　婚姻挤压对女儿代际支持的影响 ……………… 168

　　第一节　研究设计 ……………………………………… 168

　　第二节　婚姻挤压对女儿代际支持影响的

　　　　　　现状分析 …………………………………… 177

　　第三节　婚姻挤压对女儿代际支持的影响分析 ……… 182

　　第四节　小结与讨论 …………………………………… 199

第七章　研究结论与对策建议 ……………………………… 203

　　第一节　主要结论 ……………………………………… 203

　　第二节　主要贡献 ……………………………………… 207

　　第三节　对策建议 ……………………………………… 208

　　第四节　研究展望 ……………………………………… 214

参考文献 ……………………………………………………… 216

附录　农村人口生活状况与性别平等促进调查问卷

　　　（父母卷） ………………………………………… 240

后　记 ………………………………………………………… 249

第一章 绪论

本章主要包括研究背景、关键概念界定、研究目标、研究内容与研究框架、数据与方法、内容的主体章节安排以及主要的创新点。

第一节 研究背景

一 性别失衡引发的男性婚姻挤压问题

中国正处于社会转型期,人口结构方面存在出生人口性别比失衡、老龄化速度快、高龄趋势明显、农村老龄人口众多等问题,为了顺应人口与社会经济可持续发展的要求,中共十八大报告中提出"坚持计划生育的基本国策,提高出生人口素质,逐步完善政策,促进人口长期均衡发展"。解决人口在性别结构方面的问题是实现人口长期均衡的重要前提,因为人口结构作为社会可持续发展的内容之一,其本身也会对社会可持续发展产生重要影响,由此成为公共管理领域不容忽视且亟须解决的社会问题之一。众所周知,正常的出生人口性别比范围在103~107,如果出生人口性别比持续高于107,则有可能对一个国家的人口、经济、社会以及安全等方面带来极大的挑战与威胁。然而,在几千年的父系文化的深远影响下,强烈的男孩偏好、女性歧视,加之现代医疗科学的进步、生育政策的限制等深层次文化的、社会的以及制度性的原因共同造成了中国出生人口性别比失衡的尴尬局面(张翼,1997;李树茁等,2006)。持续失衡的出生性别比导致了女性数量的绝对缺失,中国每年将新增百万计的找不到结婚对象的适龄男性（Coale & Banister，1996；Skinner，2002），大量男性在婚姻市场上的过剩现象即"婚姻挤压"（陈友华、米勒·乌尔里希，2002；李树茁等，2006）。据"六普"数据显示，目前中国的出生人口性别比为118.06，随着性别比失衡的持续以及人口变动的滞后性，在未来的一段时间内过剩男性数目还将不断地增加（姜全保、果臻、李树茁，2010）。事实上，除去性别比失衡引发的结构性男性婚姻挤压现象外，男性婚姻挤压现象也一直存在于中国的历史中（Perry，1980；Goodkind，2006；姜全保、李树茁，2009）。传统"男高女低"的婚配模式、女性的婚姻迁移、男女婚龄差、日益高涨的彩礼等现象也是导致男性婚姻挤压现象的重要原因（郭志刚、邓国胜，1995；马红霞，2009）。持续失衡的出生人口性别比则可能进一步恶化原有的男性婚姻挤压现象，男性过剩人口已经在相对落后的农村地区呈现积聚态势（李树茁、陈盈晖、杜海峰，2009；靳小怡等，2010），因此有必要对男性婚姻挤压引发的各种社会后果进行深入研究。

男性婚姻挤压现象给中国的人口、社会、经济、文化以及安全等方面带来了一系列的负面影响（Cai & Lavely，2003；姜全保、李树茁，2009），这些影响不仅受到了国内政府与学界的高度关注，还引发了国际社会的广泛关注（Banister，2004），国外有的学者甚至于将中国的男性过剩问题与国际安全相联系（Hudson & Den Boer，2004）。已有研究证实，大量过剩的未婚男性已对个体、家庭、社区以及整个社会产生了一定的负面影响（莫丽霞，2005；靳小怡等，2010）。首先，男性是婚姻挤压的直接受害者，已有不少研究发现未婚者比已婚者拥有更低社会经济地位、更差的身体与心理健康状况、更匮乏的社会支持网络和更危险的性生活方式（Gove et al.，1983；Barrett，1999；王磊，2012a、2012b；杨博、阿塔尼、张群林，2012）。其次，性别失衡导致的男性婚姻挤压现象还损害了女性的基本权利，过剩男性对婚姻的渴求可能增加买婚、骗婚，甚至于滋生童养媳、换妻等畸形婚姻的出现（郭秋菊、李树茁，2012），这不仅损害了女性权益，更扰乱了婚姻市场的稳定。再次，男性婚姻挤压对整个家庭及所在社区都存在一定的影响。过剩男性的存在不仅会对家庭成员心理、家庭关系、家庭经济状况以及家庭在社区地位造成影响（靳小怡等，2010），同时还会加重社区扶贫养老负担、影响社会风气、阻碍社区经济发展以及破坏社区治安等（莫丽霞，2005；靳小怡等，2010）。最后，从更宏观的视角来看，过剩男性的存在还可能带来改变中国未来的人口结构、加速性病的传播、刺激犯罪率的上升、威胁社会安全等一系列的隐患（Hudson & Den Boer, 2004；姜全保、李树茁, 2009；Das Gupta et al., 2010；Edlund et al., 2013）。

总之，在中国各种社会制度尚不完善以及各种社会矛盾不断凸显的现实条件下，性别比失衡以及与之相关的人口社会问题，成为阻碍人口社会可持续发展和社会稳定的重大战略与民生问题。然而，目前中国在性别失衡的公共治理方面还没有取得显著成效，政府与社会对性别失衡所引发的各种潜在的社会风险普遍缺乏清晰的认识。因此，清晰认识性别失衡和男性婚姻挤压可能引发的各种潜在的社会风险，不仅有利于性别失衡的综合治理，更有利于社会的可持续发展。

二 婚姻挤压带来的农村家庭养老困境

改变失衡的人口性别结构，促进人口长期均衡发展最重要的原因之一就是要应对中国快速发展的老龄化及高龄化，缓解严重的社会养老压力。"五普"数据显示，中国早在2000年时就已经迈入老龄化社会（60岁以上人口占总人口10.46%），其中又有近75%的老人分布在农村（方军，2009；王玲玲，2012）。可见，解决中国养老问题的重中之重在于解决农村社会的养老问题。养老作为民生之依，向来得到了政府与社会各界的高度关注与重视。党的十八大以来，新一届领导集体更是高度重视人口老龄化与养老问题，十八届三中全会上强调"要积极应对人口老龄化，加快建立社会养老服务体系和发展老年服务业"，然而，要让"老有所依、老有所养"的目标得以实现，政府部门还需付出诸多努力，尤其需要尽快完善农村的养老体系。在农村，面对社会养老资源依旧匮乏的现实，学者们一致认为家庭养老在当今乃至今后很长一段时间内都会占据农村养老的主导地位（张仕平，1999；宋健，2001；姚远，2001），而且家庭养老对于解决好老龄化社会中养老问题具有不可替代的作用（姜向群，1997；李光勇，2003）。家庭养老模式在中国的长期存在是有着深厚的文化与法律根基的，早在殷商时期就有"孝"观念和祭祀考妣的记录（张践，2000），儒家文化强调的"尊尊""亲亲""孝悌"等孝道观念经过几千年的传承与沉淀，俨然形成了一种不可动摇的制度，更内化为中华儿女的潜在意识，使得家庭养老有着非常深厚的社会基础；与此同时，中国的宪法与继承法中也都强调了子女对父母的赡养义务与责任，在官方正式支持和鼓励的大环境下更是为家庭养老提供了良好的客观环境。虽然有不少研究认为，土地保障功能的弱化，子女数目减少，家庭规模不断向小型化、核心化发展，青壮年劳动力频繁外流等现象的出现（杨菊华、何炤华，2014；钟涨宝、冯华超，2014），削弱了家庭的传统养老功能，但即便如此仍难以动摇家庭养老在农村的绝对地位（刘春梅、李录堂，2013）。

在家庭养老中，家庭成员提供的经济支持、生活和健康照料、情感慰藉、同住支持是家庭养老的核心内容，血缘关系是重要的连接纽带，老年父母则是处于家庭养老的中心，儿子则为承担养老责任的主体（徐勤，1996；张烨霞、靳小怡，2007）。因为依照传统的父系文化，儿子在婚后仍与父母同住并传承家族姓氏，而女儿在结婚后就加入丈夫家，所以父母的养老主要是由儿子来承担的（Bray，1997），儿子的养老功能使得儿子的价值大于女儿，并由此导致了中国传统文化中有着深厚的男孩偏好的印记（Zeng et al.，1993；Poston et al.，1997；Das Gupta et al.，2003）。在嫁娶婚姻主导下的农村，男性要实现家族延续和赡养父母等社会文化功能的重要前提是需要顺利缔结一段婚姻（Davin，1985；Das Gupta et al.，2003；Greenhalgh & Winckler，2005）。在家族延续、家本位以及传统责任伦理思想的影响下，子女婚姻早已经突破个体事务的范畴，成为所有家庭成员共同关注的重大事务，父母把为儿子娶妻视为毕生需承担的一项重大责任，父母呕心沥血地为每位儿子娶媳妇，甚至于将此责任视为比自身的生命还重要（孙淑敏，2005a；韦艳、靳小怡、李树茁，2008）。在普婚文化盛行的农村地区，父母对儿子婚姻大事的全身心投入与付出成为农村社会最为普遍的现象，对于父母来说，无私的代际倾斜不仅是家庭绵延与兴旺的需要，也是出于父母老有所养的目的，因为儿子是需要对这种付出进行一定的回报的，最重要的回报方式就是给父母养老、光宗耀祖、传递姓氏以及壮大家族（李银河，1994）。

俗语道"父母欠儿子一个媳妇，儿子欠父母一口棺材"，直白地点出了"儿子结婚"与"赡养父母"之间的利益关系，儿子是否结婚是关系着家族延续和父母获得养老支持的关键点。然而，在男性婚姻挤压日益加重的趋势下，越来越多的农村男性难以结婚，也就意味着会有越来越多焦虑的父母。已有少量质性研究表明，当父母无法完成为儿子娶媳妇的责任时，自身的焦虑、内疚、自责以及外在的社会舆论会让父母背负沉重的心理负担，父母不仅会认为自己没有履行好家族延续的责任，更会觉得愧对儿子、愧对祖先（莫丽霞，2005；韦艳、靳小怡、李树茁，2008）。通常情况下，当男性结婚以后，父母对儿子的抚养责任才从家庭的主要地位退居到次要地位，与此同时，儿子对父母的赡养责任则上升为家庭主要地位，儿子的婚姻是家庭角色转换和责任重心转移的关键转折点。如果家里有不能结婚的儿子的出现，不仅意味着老年父母无法卸载继续"抚养"未婚儿子的责任，更意味着老年父母是难以心安理得地享受儿子提供的养老服务。虽然在乡土社会，孝道观念在农民身上早已根深蒂固，子女的"不孝"言行会招致社会舆论的强烈谴责与周遭的唾弃，但"孝"的存在也是在父母很好地履行了抚养和帮扶子女义务的前提下而发生的。如果父母没有帮助儿子娶到媳妇，即使儿子不履行赡养父母的责任，也不会招致过多的责备，反而是被默许的（Cohen，1998）。从这个角度可以推测，难以成婚的农村男性的存在就是对传统家庭养老模式的极大挑战与威胁。此外，由于婚姻挤压总是由较为贫困的农村男性及家庭所承担的（陈友华，2004；石人炳，2006），贫穷、健康状况差、社会经济地位低、受教育程度低、内向、孤僻等词似乎成了"光棍"的代名词（彭远春，2004；莫丽霞，2005；Das Gupta et al.，

2010；韦艳、张力，2011），对于这部分处于社会底层的未婚男性来说，自我的经济独立尚且困难，更难承担对父母的赡养责任。家庭的缺失，不仅使得未婚男性无法从婚姻中寻求支持与帮助，更无法基于婚姻扩大自己的社会支持网络，只能不断地消耗父母的生活积累，反而加重了父母的经济负担（莫丽霞，2005）。男性婚姻挤压的出现颠倒了正常的代际流动关系，更是动摇了传统家庭养老的固有模式。

在老龄化、高龄化、农村老人居多以及劳动力频繁外流并存的情况下，农村的家庭养老本已困难重重，婚姻挤压带来的大量难以成婚的农村男性的现象对本已弱化的家庭养老来说无疑是雪上加霜。尽管目前大龄未婚男性群体还未大规模出现，但性别失衡与男性婚姻挤压的人口效应将日益显现，中国大龄未婚男性规模将不断扩大，这必将引发相同规模老年父母的养老困难，这样不仅会增加政府的财政负担，还会加重社会保障工作的压力。如何解决这一具有一定规模、面临更多养老困难的大龄未婚男性父母的养老问题，对缓解农村严峻的养老压力、提高农村老年人生活福利，以及制定有针对性的社会养老保障政策具有较强的政策启示和重大的现实意义。

三 农村社会养老保障体系的不完善

社会化养老是大势所趋，早在 20 多年前我国就开始了农村社会养老保障制度的建设工作。在中央及各级政府的重视下，农村社会保障工作也取得了很大的成效，但与人口老龄化的增长速度和婚姻挤压的持续状况相比，农村地区的社会养老保障依旧存在诸多待解决的问题。例如，目前我国农村较为主流的社会养老保险政策为政府大力推行的新型农村社会养老保险制度（以下简称"新农保"），该制度的推行对完善国家整体的社会养老保障体系具有举足轻重的作用，但该制度的推进也面临着重重困难。有研究通过分析中央和地方政府对新农保年补助数额的测算，得出中央和地方政府财政能力可以实现新农保的全覆盖，然而对于农业人口较多的省份或者贫困县来说，依旧具有较大的财政负担

（薛惠元，2012）；其次，新农保的缴费方式依旧参照过去的"老农保"的定额缴费方式而设定，缺乏动态调整的缴费机制，随着农民收入的提高，现有的缴费档次可能已经不能满足高收入农民的养老需求（薛惠元，2012；陈婷婷，2013）；再次，新农保的养老金待遇水平较低，不少农民由于对新农保不了解，大多带着尝试心态选择了最低一档的缴费金额，由此可能造成未来所领取的养老金过低而导致难以维持基本生活的尴尬处境（陈婷婷，2013）；最后，还有一些漏洞来自于制度内容本身，例如在《国务院关于开展新型农村社会养老保险试点的指导意见》中规定："新农保制度实施时，已年满60周岁、未享受城镇职工基本养老保险待遇的，不用缴费，可以按月领取基础养老金，但其符合参保条件的子女应当参保缴费。"规定中的"应当"可能导致一些子女不想参加新农保，进而影响了其父母享受养老金（谢晓赟，2011）。

在中国性别失衡态势不断加剧的现实背景下，新农保除了以上问题之外，还存在婚姻与性别视角的盲视。从婚姻视角看，部分地区的新农保实行家庭捆绑式参保，即假定"老人"符合参保条件的子女都已参保，"老人"才有资格按月领取基础养老金（谢晓赟，2011；薛惠元，2012）。该项假定忽略了普遍贫弱的大龄未婚男性家庭，如果大龄未婚男性因贫穷而未参保，不仅会影响其自身未来的养老，还阻碍了父母参与社会化养老。从性别视角看，在新农保实施过程中会面临"子女"概念界定的难题，例如对于多子女家庭来说，是否包括家庭中所有的儿子、儿媳、女儿及女婿；再如，如果女儿已经外嫁但户口没有迁移，是否还在捆绑式规定中"子女"的范围内？不少省份在实际操作中，明确规定"子女"的范围是不包括已外嫁女儿的，由此从制度上排除了已婚女儿的养老作用，其本质上依旧是性别不平等的表现。而且，对于贫困的大龄未婚男性家庭来说，外嫁的已婚女儿可能会比大龄未婚儿子更有能力赡养父母，而新农保政策中性别视角的盲视则可能剥夺大龄未婚男性父母的养老资源。因此，在完善农村社会养老保障制度过程中，有必要将婚姻和性别视角纳入国家新农保的创新中，要解决性别失衡下的养老困境不仅需要考虑到大龄未婚男性及其家庭贫困的特点，同时还需致力于促进儿子、女儿平等的赡养责任和义务，重视女儿的养老功能。

此外，除了近些年所推行的新农保制度，"五保户"和"低保户"也是当前被农村居民所熟知的保障制度，但该两项制度存在着申请程序复杂、资格审查程序不完善、待遇确定机制不科学等问题，同时该两项制度在绝大部分地区还存在指标限制，此种状况的存在势必也导致不少大龄未婚男性父母的养老问题难以得到真正的解决。因此，如何解决贫困地区大龄未婚男性父母的养老问题依旧是现行农村社会养老保障制度所面临的巨大挑战。在婚姻挤压不断持续的现实情境下，如何解决这一具有一定规模、面临更大养老困难的大龄未婚男性父母的养老问题，对提高农村老年人生活福利、及早制定有针对性的社会养老保障政策具有较强的政策前瞻性和重要的现实意义。

四　婚姻挤压下农村家庭代际支持的研究进展

养老问题是任何时期任何国家都不容忽视的基本民生问题，而家庭代际支持作为养老的核心内容一直备受国内外学术界的高度关注，这种关注不仅体现在有关代际支持的理论的构建与发展上（Becker & Tomes，1976；Caldwell，1976；杜亚军，1990；穆光宗，1999；张新梅，1999；Lillard & Willis，1997；杨善华、贺常梅，2004），更是体现在代际支持现状、影响因素以及后果的挖掘的深度研究上（Bian et al.，1998；张文娟、李树茁，2005；Koh & Macdonald，2006b；Cong & Silverstein，2008b）。首先，在代际支持内容上，学者们认为家庭成员提供的经济支持、器械支持（生活照料与起居照料）、精神慰藉三方面共同构成了代际支持（Shi，1993；左冬梅，2011），这与家庭养老的具体内容也是相一致的（陈彩霞，2000；姚远，2000），但有所不同的是代际支持包括了亲代与子代之间相互的支持，而家庭养老更加强调由子女向老年父母提供单向的支持情况。其次，在代际支持的理论构建上，西方研究对代际支持的理论解释主要涉及三种：权利协商模式、交换模式和合作群体模式（Goode，1963；Becker & Tomes，1976；

Bernheim et al.，1985）。国内学者在沿用这三种代际支持模式验证分析中国家庭代际支持的行为同时，也基于中国的文化情境和实际情况对三种代际支持模式进行了本土化的构建和研究，并提出了反馈论、差序格局论、需要论、责任内化论、社区情理和责任伦理等（费孝通，1983；熊跃，1998；张新梅，1999；杨善华、贺常梅，2004）。这些代际支持理论，有一定的交叉性，也存在一定的互斥性，但均为挖掘代际支持背后的动机与机制提供了丰富的理论基础。在代际支持现状研究上，与西方个人主义所不同的是，中国家庭更加受到集体主义以及光宗耀祖的文化诉求的影响，中国家庭成员之间有着比西方家庭成员之间更加密切和频繁的代际支持水平（边馥琴、约翰·罗根，2004）。但中国农村地区较为低下的社会经济发展水平，导致老年人对子女经济供养的需求更加迫切，而情感支持水平并未受到过多的重视。在影响因素研究方面，众多的研究均表明个体、家庭、社区乃至整个国家的文化因素都会对代际支持行为产生重要的影响，其中个体的性别、年龄、婚姻、职业、教育、身体健康状况，家庭中的子女数目、居住安排，以及社区整体的经济水平和孝道文化观念等都是影响代际支持行为的重要因素（Eggebeen & Hogan，1990；Rossi & Rossi，1990；Spitze & Logan，1990；宋璐、李树茁、张文娟，2006；左冬梅，2011）。最后，在代际支持的后果研究方面，代际支持的多寡也会对老年父母的生活福利产生影响，不少研究探析了代际支持对老年父母之间的生活满意度、心理福利和健康自评的影响程度（张文娟、李树茁，2005；宋璐、李树茁、张文娟，2006；王萍、李树茁，2011；郭秋菊、靳小怡，2012）。

然而，在男性婚姻挤压不断持续且日益加重的情境下，家庭代际支持已经呈现与传统代际支持模式所不同的特征与后果，目前已有少量研究开始关注男性婚姻挤压对代际支持的影响研究（靳小怡、郭秋菊，2011；靳小怡、郭秋菊、刘蔚，2012；靳小怡、郭秋菊、崔烨，2014）。就国内研究而言，学者一致认为男性婚姻挤压给家庭养老带来极大的负面影响与挑战（Hudson & Den Boer，2004；莫丽霞，2005；Ebenstein & Sharygin，2009；Ebenstein & Leung，

2010),难以成婚的农村男性不仅不能很好地赡养父母,反而还继续需要父母源源不断的支持,加重了父母的经济及心理负担(莫丽霞,2005;韦艳、靳小怡、李树茁,2008);在器械支持方面,部分质性研究发现一些大龄未婚男性非常懒惰,即使早已成年仍需父母的照料(莫丽霞,2005);此外,在情感支持上,学者们一致发现大龄未婚男性与父母呈现较差的情感,同时大龄未婚男性的存在还会不断激发家庭矛盾(莫丽霞,2005;韦艳、靳小怡、李树茁,2008;靳小怡等,2010)。再从国外的研究来看,虽然直接关注婚姻挤压与代际支持的研究较少,但有不少关注婚姻状态与代际支持关系研究为本书的研究提供了较好的参考资料(Szinovacz et al., 2001; Myers, 2004; Ha et al., 2006; Kalmijn, 2007)。在个体婚姻状况与家庭代际支持研究上,学者们普遍认定老年人自身的婚姻状况是影响其提供和接受代际支持的重要变量(Eggebeen, 1992; Logan & Bian, 2003),老年人的单身、离异、丧偶的婚姻状态都有可能接受更多子女的代际支持,同时还会降低老年人为子女提供代际支持的能力(Seltzer & Bianchi, 1988; Cooney & Uhlenberg, 1990);从子女视角来看,子女不好的婚姻经历,例如离异、丧偶、未婚先孕等情况也会导致家庭代际关系的改变(Spitze & Logan, 1990;边馥琴、约翰·罗根,2004)。此外,西方还有不少研究关注从未结婚人群老年时获得的社会支持情况(Choi, 1996; Barrett, 1999; Tamborim, 2007)。

综上所述,虽然有关代际支持的研究丰富多彩,代际支持的相关理论也得到了广泛的运用与证实,但是在引入婚姻挤压背景进行考虑时依旧存在较大的研究空间。首先,在研究对象上,虽然从单一及双向的老年父母视角和子女视角的代际支持研究已经相当普遍,但是很少有研究关注大龄未婚男性的代际支持行为,更少有研究关注大龄未婚兄弟的存在对其他正常已婚子女的代际支持行为的影响。代际支持行为并非家庭单个个体的独立行为,而是受到家庭成员之间的相互影响的,如果我们将大龄未婚男性个体、大龄未婚男性的兄弟姐妹以及整个大龄未婚男性的家庭作为代际支持研究的主体对象,可能会有更多有意义的发现。其次,从研究内容上看，一般学者都默认为代际支持主要就是包括经济支持、器械支持和情感支持这三方面的内容，但是在中国子女与父母同住比例相当高的现实条件下，大部分研究都忽略的子代与亲代之间的同住情况本身也是代际支持的一种。大龄未婚男性的大量出现，不仅会改变代际经济支持、器械支持和情感支持，更会对传统家庭居住安排形成极大的挑战，因此考虑男性婚姻挤压背景下的农村家庭居住形式有助于全面地了解农村家庭养老。再次，虽然有关代际支持的理论已经用于解释中国农村的代际支持行为，大部分研究都认为农村地区的代际支持行为展示了合作群体模式，但是基于男性婚姻挤压考虑，再次的理论讨论可能会有不同的发现。最后，在研究方法的运用上，由于个体定量数据较难获取，极少有学者利用定量数据对婚姻挤压下代际支持行为进行微观层面的分析，大部分研究是基于个案和质性访谈材料的分析，基于以往丰富的质性研究材料，本研究将结合经典的代际支持理论定量地分析婚姻挤压对中国农村家庭代际支持的影响。本研究将借鉴国内外有关代际支持的理论与实证研究发现，结合中国婚姻挤压的特殊情境，从家庭和个体两个层面探讨婚姻挤压对中国农村家庭代际支持的影响。

在以家庭养老为主导的农村社会，家庭作为获得养老资源的重要载体，对个体老年生活的质量起着至关重要的作用。选取大龄未婚男性、大龄未婚男性的兄弟姐妹以及整个大龄未婚男性家庭作为研究对象，前瞻性地深入分析婚姻挤压对中国农村家庭代际支持的影响，揭示并预测未来由失衡出生性别比带来的大规模的家庭养老危机，有利于深刻认识男性婚姻挤压对家庭养老功能的影响、及早掌握男性婚姻挤压有可能诱发的社会养老危机，从而对提高农村老年人生活质量、维护家庭和社会稳定以及及早制定有针对性的社会养老保障具有重要的现实意义。同时，基于男性婚姻挤压的代际支持理论的再讨论，有利于丰富和发展已有的代际支持理论，填补以往研究的空白，因此本研究还具有前瞻性和学术价值。

第二节 概念界定

一 代际支持

代际支持（Intergenerational Support）是指基于家庭纵向血缘关系的不同代际成员之间资源交换的行为，主要包括经济支持（Financial Support）、器械支持（Instrumental Support）和情感支持（Emotional Support）三方面的内容（左冬梅，2011）。经济支持是指父母与子女之间的现金、食品、衣物等实物的帮助；器械支持一般包括两方面的内容，一是父母与子女之间相互提供做饭、洗衣、打扫卫生等家务帮助（Household Chore Help），二是父母与子女之间相互提供穿衣、喂饭、洗澡等生活照料上的帮助（Personal Care）；精神支持是指父母与子女之间通过交流、沟通等多种形式来获得情感上的慰藉，是评价老年父母与子女之间情感是否融洽的重要指标。同时，还有学者认为代际支持是指不同代际成员之间在"金钱、时间和空间"（Time, Money and Space）这三方面的相互支持与帮助，其中"金钱"这一资源除了包括现金，还包括实物、财产或遗产，而"时间"则包括了器械支持和情感支持的内容，空间支持则主要是代际成员之间是否同住（Shared-house），当亲代与子代同住时代际支持情况最为复杂，会同时涉及金钱、时间和空间支持（Hill & Soldo, 1993）。

为了更加完整地理解男性婚姻挤压下农村家庭代际支持方式与变迁规律，本书将农村家庭的代际支持定义为以家庭为载体、子代与亲代之间相互的资源交换行为，这种交换行为包括经济支持、器械支持、情感支持和同住支持这四个方面的内容，其中经济支持和器械支持涉及子代给予亲代的支持，同时也涉及亲代给予子代的支持，而情感支持和同住支持本身就涉及两代的互动内容，因此未进行进一步的流向区分。

二 婚姻挤压

婚姻挤压（Marriage Squeeze），也有学者将其翻译为婚姻拥挤、婚姻压缩、婚姻紧缩、婚姻剥夺等,是对婚姻市场中供需关系失衡的反映,是指在婚姻市场中可供婚配的男性与女性数量不平衡的现象,表现为一方的数量明显超过另外一方,数量多的一方称之为过剩或者处于婚姻挤压中,由此导致适龄男性或女性不能按照传统偏好进行配偶选择,择偶偏好和婚姻行为发生了较大变化的现象即婚姻挤压现象(Muhsam,1974;郭志刚、邓国胜,2000)。依据不同的角度,婚姻挤压有多种分类方式,可按照性别分为男性婚姻挤压和女性婚姻挤压;按照年龄组划分可能是所有年龄段处于婚姻挤压中,或部分年龄段处于婚姻挤压中;按照可供婚姻市场选择范围的划分,一种是无论已婚未婚将所有男性和女性都纳入婚姻市场选择范围的静态婚姻挤压,另外一种则是只将未婚、离丧偶人口纳入婚姻市场选择范围的动态婚姻挤压。此外,还有不少学者依据影响婚姻市场供需关系的两大因素把婚姻挤压分为结构性婚姻挤压和非结构性婚姻挤压,结构性婚姻挤压主要是由数量供需失衡引起的,而非结构性婚姻挤压则主要是婚姻市场中潜在的配偶质量差异所导致的(刘利鸽、靳小怡,2012;李卫东,2013)。当前,中国的婚姻挤压表现为男性婚姻挤压,这种挤压现象的出现同时存在结构性和非结构性原因。

虽然男性婚姻挤压的原因不尽相同,但是结构性和非结构性的男性婚姻挤压的表现是一样的,即都是适龄的男性群体在婚姻市场中难以找到合适的结婚对象,而且这部分难以结婚的男性群体都呈现较为相似的个体特征与家庭特征,对人口、社会、经济以及文化等方面产生的影响也是相一致的。虽然因性别失衡的大规模婚姻挤压还没有大规模的出现,但是目前对婚姻挤压背景下的代际支持研究具有前瞻性与预测性。

三 大龄未婚男性(大龄未婚儿子)

目前学术界对大龄未婚男性的年龄界定并不统一,刘爽和郭志刚(1999)将"大龄未婚青年"定义为25~44岁,其中重点是指30岁以上的未婚人群,但他们的研究对象所在地为城市(刘爽、郭志刚,1999);韦艳和张力(2011)依据人口普查数据发现20~30

岁是中国人口普遍能结婚的年龄段，因此将大龄未婚男性群体定义为 30 岁以上（韦艳、张力，2011）；张春汉和钟涨宝（2005）认为 25~27 岁是农村男性晚婚的适宜年龄，而 28 岁以上的未婚男性才是真正找对象困难的群体（张春汉、钟涨宝，2005）；此外，刘利鸽和靳小怡（2011）在研究中则发现 27 岁是中国农村男性初婚年龄的拐点，28 岁以后成婚的概率就大大降低，28~30 岁是目前农村社会普遍认定被迫维持未婚状态的起始年龄（刘利鸽、靳小怡，2011）。在中国，尤其是在农村地区，由于农民受到普婚文化中"男大当婚，女大当嫁"观念的影响，人们总是习惯性地向大龄未婚者投去诧异的眼光，甚至是不经意的舆论指责。为了避免被周围的人视为异类，绝大部分处于适婚年龄的青年在谋求配偶时总会充分发挥积极主动性，因此农村地区心甘情愿放弃结婚念头的人群比例极小。依据男性群体的客观条件和主观意愿，我们可以将大龄未婚男性分为三种类型：一是有条件但自愿不婚的未婚男性，这部分男性一般拥有较好的社会经济地位而且大多分布在城市地区；二是个体的生理和心理方面有严重疾病而难以成婚的男性；三是拥有强烈的结婚意愿，并且积极的在婚姻市场上寻求配偶，但是家庭贫困或是可婚配的适龄女性较少而导致的被迫未婚状况。依据农村的实际情况，本书将大龄未婚男性定义为 28 岁及以上、持有农村户口、非自愿且从没有结过婚的男性群体，即研究对象为大龄未婚男性群体中的第三种类型。在本书中部分从父母与子女相对应的视角下的研究中，有时也将大龄未婚男性称为"大龄未婚儿子"。

第三节　研究目标

本书借鉴国内外解释代际支持行为的理论和经验研究成果，结合男性婚姻挤压日益凸显且不断持续的背景，基于婚姻挤压视角，分别从家庭和个体层次，深入系统地分析婚姻挤压下代际支持的现状及其影响因素，并试图揭示大龄未婚男性的各项代际支持状况与传统代际支持模式的差异。具体包括以下研究目标。

第一，通过对中西方经典代际支持模式的深入分析与总结，结合中国男性婚姻挤压与家庭养老的现实,提出适用于解释婚姻挤压情境下的代际支持子女婚姻差异模式与分析框架。

第二,从家庭整体层面研究婚姻挤压对家庭代际支持的影响。通过深入分析家中有无大龄未婚男性对父母获得和提供代际支持的影响,揭示婚姻挤压背景下家庭整体代际支持的改变情况。

第三,从儿子个体层面研究婚姻挤压对儿子个体代际支持的影响。通过分析婚姻挤压下儿子的婚姻状态以及已婚儿子有无大龄未婚兄弟对儿子提供和获得代际支持的影响,揭示婚姻挤压对儿子个体代际支持的改变情况。

第四,从女儿个体层面研究婚姻挤压对女儿个体代际支持的影响。通过分析子女的婚姻状况以及已婚女儿有无大龄未婚兄弟对女儿提供和获得代际支持的影响,揭示婚姻挤压对女儿个体代际支持的改变情况。依据父系文化传统,女儿婚后极少与父母同住,因此在研究婚姻挤压对已婚女儿的代际支持影响时并不考虑同住支持。

第四节 研究内容与研究框架

依据本书的研究目标和已有的研究基础,本书提出婚姻挤压对中国农村家庭代际支持影响的研究框架,如图1-1所示。本书的研究内容主要包括以下几个方面。

一 理论研究

在已有的代际支持模式的基础上,结合婚姻挤压与家庭养老的现实,改进交换模式与合作群体模式,进而构建适用于解释婚姻挤压下代际支持子女婚姻差异模式与分析框架,为本书的实证研究提供理论支持。

二 实证研究

基于婚姻挤压视角,从家庭和个体两个层面定量探索婚姻挤压下代际支持的现状及影响因素,具体包括以下内容。

第一,婚姻挤压对农村家庭整体代际支持的影响。从父母视角分析其获得和提供代际支持的现状及影响因素，分析家中有无大龄未婚儿子对家庭整体代际支持的影响，以全面系统地揭示大龄未婚男性的存在对传统代际支持模式的改变情况。

第二，婚姻挤压对儿子代际支持的影响。从儿子的视角分析其提供和获得代际支持的现状及影响因素，首先分析比较大龄未婚儿子与已婚儿子代际支持婚姻差异，并通过建立回归模型来确定婚姻挤压是不是造成不同婚姻状态儿子的差异化养老的关键因素；其后剔除大龄未婚儿子群体，进一步比较有无大龄未婚兄弟对已婚儿子代际支持的影响，以发现婚姻挤压是否削弱了家庭养老功能。

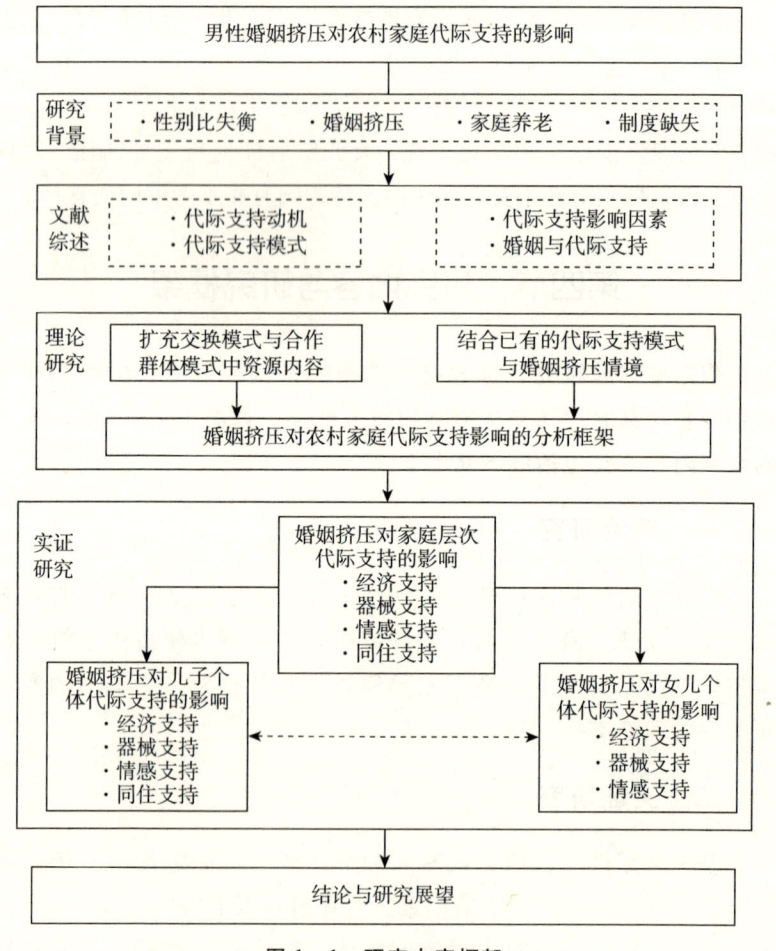

```
         男性婚姻挤压对农村家庭代际支持的影响

研究    ·性别比失衡  ·婚姻挤压  ·家庭养老  ·制度缺失
背景

文献    ·代际支持动机        ·代际支持影响因素
综述    ·代际支持模式        ·婚姻与代际支持

理论    扩充交换模式与合作    结合已有的代际支持模式
研究    群体模式中资源内容    与婚姻挤压情境
                 ↓
        婚姻挤压对农村家庭代际支持影响的分析框架

实证                婚姻挤压对家庭层次
研究                代际支持的影响
                    ·经济支持
                    ·器械支持
                    ·情感支持
                    ·同住支持

    婚姻挤压对儿子个                婚姻挤压对女儿个
    体代际支持的影响                体代际支持的影响
    ·经济支持                        ·经济支持
    ·器械支持                        ·器械支持
    ·情感支持                        ·情感支持
    ·同住支持

                结论与研究展望
```

图1-1　研究内容框架

第三,婚姻挤压对女儿代际支持的影响。从女儿的视角分析其提供和获得代际支持的现状及影响因素,首先分析比较大龄未婚儿子与已婚女儿代际支持婚姻差异,并通过建立回归模型来确定婚姻挤压对已婚女儿的影响;其后剔除大龄未婚儿子群体,进一步比较有无大龄未婚兄弟对已婚女儿代际支持的影响,以发现婚姻挤压是否提升了已婚女儿的养老地位。

第五节　数据与方法

一　数据来源

本研究所用数据来自西安交通大学人口与发展研究所于2008年8月在安徽省CH市乙县四个乡镇进行的"农村人口生活状况与性别平等促进"调查。此次调查采用了分层多级抽样,调查的目标人群主要包括大龄未婚男性及其父母、已婚男性及其父母、已婚女性及其公婆、小龄未婚女性父母,对大龄未婚男性和已婚者的调查是基于当地政府提供的抽样框进行的相对宽松的配额调查,对其余人群的调查则是以家庭为单位进行的"顺访"调查,具体的抽样方法和质量控制可以参见李艳和李树茁所著的《农村大龄未婚男性的社会支持网络》(李艳、李树茁,2011)。调查利用结构化问卷收集到了518份"父母卷",每位父母不仅提供了自身及其所有子女的基本信息,还提供了两代之间的代际支持情况,518位父母共提供了1583名子女信息,为研究家庭和个体层面代际支持提供了丰富的一手数据。

为了更加全面地把握男性婚姻挤压对个体、家庭以及社会的影响后果,西安交通大学人口与发展研究所除了2008年在我国中部省份进行性别失衡专项调查之外,还先后于2009年11月在福建省X市、2010年1月到3月在涉及全国28个省份的162个行政村进行了有关男性婚姻挤压的专项调查。三次系列调查均说明随着性别失衡的持续,我国男性婚姻挤压现状也在不断加重,而且呈现部分大龄未婚男性向城市流动或向农村聚集之态势。从2009年的福建发达城市的调查结果来看,部分条件尚可的大龄未婚男性流动到城市后提高了对父母赡养能力;但2010年涉及全国百村的农村地区调查结果与本研究中所使用的2008年数据显示出的趋势大体一致,由此说明本书所使用的数据依旧具有一定的代表性。

(一) 调查地情况简介

乙县位于长江下游西北岸,处于安徽省东部,其隔江面对南京、马鞍山、芜湖三大城市,矿产资源丰富、交通便利而且气候温和。乙县的地势较为平坦,具有东西窄、南北长的特点,该地的气候条件也非常良好,比较适宜发展农业。作为具有农业种植传统的县城,该县有50余万亩的蔬果种植面积。同时该县的工业门类众多,具有食品、服装、纺织、印刷、煤炭、机械、化工、建筑等多种门类,作为现代工业制造基地,乙县在经济上具有较好的发展前景。在人口结构方面,新中国成立之后的大多数年份,该县男性人口均多于女性,截至2006年,乙县男性人口为341607人,女性为308120人。在经济状况方面,2007年该地区的生产总值为52.51亿元,人均地区生产总值8062元,农民人均纯收入4383元,处于全国中等水平。

(二) 调查地男性婚姻挤压现状

此次调查选择安徽乙县为调查地是由当地的人口、经济、地理环境等特征所决定的。2005年全国1%的人口抽样调查显示,安徽省出生性别比超过130,此外2000年人口普查数据显示,乙县的出生人口性别比更是高达145。前期调查表明,乙县农村各乡镇都存在28岁及以上的未婚男性成婚困难问题。以此次调查的四个乡镇为例,依据当地政府提供的抽样框,四个乡镇成年男性总量为35474人,共有1757名大龄未婚男性,占成年男性的4.95%,其中四个县镇的数量分别为352、377、420、608,调研组实际调查了323名大龄未婚男性,其中又调查了155名大龄未婚男性的父母,大龄未婚男性的抽样比例接近20%,因此具有一定的代表性。可以说这四个乡镇都是比较典型的性别失衡灾区,能够较为直观地反映男性婚姻挤压对家庭代际支持的影响情况。此外,该区域的大龄未婚男性的形成不仅仅是偏高的出生性别比所致,同时也与历史、流动以及婚姻习俗等因素有关。在民国时期该区域就处于性别失衡状态,而且历次人口普查数据显示40岁以前的各个年龄组的性别比例均超出了正常范围。以往研究认为,婚姻挤压的后果往往由弱势男性承担,女性往往通过迁移与流动,转变不同地域的婚姻挤压程度,在调查地进行考察时就发现当地农村省际迁移比较普遍,可能进一步地加剧当地的婚姻挤压程度。在婚姻习俗方面,该区域普遍存在对住房、房屋设备以及彩礼要求越来越高的现象,该现象的出现也可能加剧贫困男性的成婚困难。

表1-1提供了调查中"父母卷"中的基本样本信息。

表1-1 父母卷样本分布与基本特征

基本特征	父母信息	父母提供的大龄未婚儿子信息	父母提供的其他子女信息
性别			
男性(%)	41.55	100.00	60.40
女性(%)	58.45	0.00	39.60
年龄			
平均年龄(岁)	62.94	38.78	32.53
受教育程度			
不识字(%)	64.47	42.00	17.10
小学(%)	21.94	28.70	26.90
初中及以上(%)	13.59	29.40	56.10
职业			
农业(%)	79.42	50.40	35.50
非农业(%)	20.58	49.6	61.80
父母收入(元)	6210.70	—	—
孩子的经济收入			
高于平均水平(%)	—	2.10	11.20
平均水平(%)	—	28.70	74.40
低于平均水平(%)	—	69.20	14.50
样本量(个)	518	143	1440

二 研究方法

本研究将以定量研究方法为主，采取管理学、社会学与统计学相结合的方法，依据代际支持理论的研究范式构建婚姻挤压对农村家庭代际支持影响的分析框架。研究不仅考察了婚姻挤压对家庭整体层面代际支持的影响，还关注了婚姻挤压分别对儿子和女儿代际支持的影响。在家庭整体层面，对于父母获得和提供的代际支持情况采用普通的 Binary Logistic 模型、Tobit 模型以及 OLS 模型；在子女个体层面，由于不少农村家庭为多子女家庭，为了消除不同子女因为同一父母的共同特征而产生的相关性，本研究将采用随机效应模型来对代际支持进行分析，利用随机因子来消除因同一父母而产生的整群效应，主要采用的方法有分层的 Binary Logistic 随机截距模型、分层的 Tobit 随机截距模型以及分层的 OLS 模型。

第六节 章节安排

本书共分七章，其中第三、第四、第五、第六章为核心内容。具体的章节安排如下。

第一章为绪论，介绍了本书的研究背景，明确选题意义。在相关概念界定的基础上，指出了本书的研究目标、研究内容与本书的整体研究框架，并对本书所使用的数据与分析方法进行了初步的介绍。

第二章为文献综述，首先阐述和比较中西方经典代际支持理论，梳理分析代际支持的影响因素，最后总结婚姻与代际支持之间的关系，进而指出本书研究空间。

第三章为模式提出与分析框架构建，在已有的代际支持模式基础上，结合婚姻挤压与家庭养老的现实，构建婚姻挤压下代际支持子女婚姻差异模式与分析框架。

第四章为婚姻挤压对农村家庭整体代际支持影响的实证分析。从家中有无大龄未婚儿子的视角，分析婚姻挤压对家庭整体代际支持影响情况，在解读数据分析结果的同时对婚姻挤压下家庭养老模式的变迁趋势进行了总结归纳。

第五章为婚姻挤压对儿子个体代际支持影响的实证分析。分别从家中有无大龄未婚儿子以及已婚儿子有无大龄未婚兄弟的视角，分析了婚姻挤压对儿子代际支持行为的影响，在解读数据分析结果的同时对婚姻挤压下儿子的养老地位进行重新审视。

第六章为婚姻挤压对已婚女儿个体代际支持影响的实证分析。以已婚女儿为参考，分析大龄未婚儿子的代际支持行为，再次审视婚姻挤压下大龄未婚儿子的养老地位改变；此外，还通过建立分层统计模型分析有无大龄未婚兄弟对已婚女儿代际支持影响情况，探析婚姻挤压下女儿的养老地位的改变。

第七章为结论与展望。对本书的研究结论进行全面而系统的归纳总结，提炼出本书的主要创新点，并在研究结论的基础上结合婚姻挤压现实，提出缓解中国农村养老压力的对策建议，最后还会对本研究的局限性与未来研究空间进行讨论与思考。

第二章　国内外相关研究评述

目前，学术界有关代际支持的研究丰富多彩，从理论到实践、从具体到抽象、从外在到内在、从宏观到微观都有相对应的发掘与研究。本章将梳理和回顾以往的研究，分析现有代际支持研究的不足与空白，进而提取本书的研究空间，并为后文的研究奠定理论基础。首先，本章将对代际支持动机模式进行系统的阐述，并对各种代际支持动机与模式在中国农村的验证进行深入分析，掌握现有代际支持理论，并将此作为本书理论基础；其次，依据以往的实证研究，从个体、家庭和社会三个层面总结、归纳并评述代际支持的各种影响因素研究；再次，总结、归纳婚姻与代际支持之间关系的研究进展、分析路径与研究方法，以及在中国农村中的实际应用；最后，就已有的研究现状进行评述，指出本书的研究空间，确定本书的研究内容、研究视角与研究方向。

第一节　代际支持理论的研究

一　代际支持动机

对代际支持动机的研究不仅有助于对代际支持行为的规模与质量的理解，还有利于理解家庭成员在家庭关系中的地位（Kohli & Künemund，2003）。在以往的研究中，有很多假说都是基于家庭内部交换行为的发生而提出的，动机的给出是可以让研究者较为清晰地发现代际支持关系中提供者与接受者所分别拥有的个体特征的（Lillard & Willis，1997）。目前，国内外学者围绕着代际支持动机展开了较为系统的论述。

1. 国外代际支持动机

基于经济学、社会学以及心理学的发展，目前主要有以下几种有关代际支持动机假说。

（1）老年保障假说（Old and Security Hypothesis）

老年保障假说是代际支持研究中最早的假说之一，该假说强调一些处于发展中国家的个体为了解决各种难以解决的现实问题而提前为自身谋求老年生活保障的方式，这些现实问题包括金融体系的不完善、财产权的不稳定、货币的通货膨胀，以及政府的社会养老保障体制、私人养老保险体制和健康保险制度的缺乏（Willis，1979）。老年保障假说里最为常用的方式就是依靠子女提供的资源进行养老，子女提供的资源形式包括经济支持、家务帮助以及对脆弱或生病父母的生活照料。然而，依靠子女也是有风险的，子女可能死亡，或陷入经济困难，或背叛父母，这些风险的入侵使得父母选择多样化的投资组合，例如在依靠子女的同时也进行养老储蓄。同时，老年保障假说还认为随着社会经济水平的提高以及生育率的降低，依靠子女进行养老的方式会逐渐消亡，而依靠政府部门提供的公共养老保障体系趋势将会越来越明显。但是一些深受儒家文化影响的东亚国家和地区，即使人们有着高储蓄率，例如被称为"亚洲四小龙"的韩国、新加坡、中国台湾、中国香港人们依旧把依靠子女养老作为养老保障的首选方式（Lee et al.，1994；Krueger，1995）。

（2）投资回报假说（Parental Repayment Hypothesis）

投资回报假说认为，有一个无形的资本借贷市场隐藏在家庭内部，子女接受父母代际支持的方式是父母在这个隐形市场中对子女进行投资，而且这种投资多体现在人力资本上。例如，在孩子幼年时父母加大对子女健康、就业及教育的方面投入，在父母进入老年时，子女又通过为父母提供养老资源来回报父母对其在人力资本上投资。子女成年后挣钱的能力以及回报给父母的能力依赖于父母对其的早期投资，即父母的投资与子女的回报之间呈现增函数关系（Becker & Tomes，1976；Lillard & Willis，1997）。不同于养老保障假说中的"储蓄"论，该假说更加强调"借贷"，这种借贷并不是指从未来的收入中借贷，而是与子女之间形成一种长期的"借贷"关系。最有效的投资方案就是通过父母对子女的投资行为而达到父母和子女共同财富的最大化，即达到边际回报率与市场利率相等的状态。但是父母的投资回报也是有风险的，因为随着经济不断推进，劳动力市场所要求的技能水平和教育程度就越来越高，这时父母就需要压缩自己的开支、削减自己的储蓄甚至是降低自己的消费水平（Lillard & Willis, 1994；Lillard & Kilburn, 1995）。

（3）风险与保险假说（Risk and Insurance）

风险与保险假说认为，在低收入的发展中国家，人们由于面临着收益较低的风险挑战，通过各种市场和非市场机构来分担和传播风险的方式即进行消费平滑的保障方式，而家庭就是有效分担风险的非市场组织机构（Besley, 1995；Townsend, 1995）。家庭内部的代际支持可以帮助家庭成员进行消费平滑，从而为家庭成员提供了隐形的保险。从某种程度上说，家庭成员所面临的风险与其他家庭成员所面临的风险之间属于"不完全关联"，即每个家庭成员所面临的风险是相互独立的，家庭成员之间商定的降低风险的协议是可以降低每一位家庭成员所面临的风险的。有研究证实，家庭中丈夫与妻子协定的为子女遗留财产的方式就可以降低夫妻双方所面临的风险，但是如果能够在一个公平的市场中购买到养老金，则有更多的人可以帮忙承担风险（Laurence & Spivak, 1981）。

（4）利他假说（Altruism Hypothesis）

利他假说认为，家庭成员对其他的家庭成员是有利他主义思想的，一个控制着家庭所有资源的"一家之主"如果拥有利他思想，就会将家庭资源转移给能够使得家庭福利得到最大化的家庭成员（Becker & Tomes, 1976；Becker, 1983）。利他，顾名思义，主要是考虑他人的利益而非为自己谋求利益的社会行为（Rushton, 1982），利他动机出发点是纯粹只考虑接受支持者的福利或者是整个家庭的福利，而不期望自身获取回报（Cox, 1987）。在 Becker 和 Tomes（1976）的研究中，他们认为利他动机是解释家庭成员很多行为的关键因素，拥有利他动机的父母会加大对子女进行人力资本投资而较少地考虑从子女处获得回报（Becker & Tomes，1976）。虽然有不少学者将利他行为视为最有效的资源分配方式之一，但是资源的相互转换过程本身就是资源重新配置的过程，所以我们很难评定利他的资源分配效率。此外，还有研究指出，利他行为其实是由家庭成员之间的情感偏好而导致的行为（Lillard & Willis，1997）。

（5）交换动机（Exchange Motive）

交换是指人们之间相互交换活动或交换劳动产品的过程，人们进行交换的目的是追求最大利益的满足。代际支持中的交换论认为代际关系是基于互惠的原则，家庭成员在进行代际支持时具有自私想法，他们在帮助其他家庭成员时是希望有所回报的，只是这种回报行为可能是即刻发生也有可能在将来才发生。Greenhalg（1985b）则将交换划分为三种类型：一是平衡的交换，即在相对比较短的时间期限内进行等价值支持的交换；二是一般化的交换，即代际的支持似乎呈现利他的动机，对支持的回报可能是发生在较远的将来；三是负向交换，即没有交换行为发生的状况，支持只是单向的流动（Greenhalgh，1985b）。同时也有研究将交换分为短期交换和长期交换两种类型：一是短期交换，例如利用"时间"交换"金钱"的形式，即常见的父母帮助照料孙子女或帮子女做家务换取具有经济价值的资源，或是父母通过支持子女来获取子女的探望的形式（Cong & Silverstein，2008b）；二是长期交换，长期的交换则与投资回报理论类型相似，即父母对子女进行人力资本的投资，子女则在父母老年时提供代际支持（Cox，1987；Lee et al.，1994）。

（6）家庭内部"谈判力"（Bargaining Power in the Household）

经济学家对家庭中夫妻双方的资源掌控程度与家庭消费安排之间的关系进行了研究，得出的基本结论为拥有资源越多的家庭成员具有越强的谈判力，也就越掌控家庭消费的决定权（Schultz，1990），即在家庭中所拥有的资源控制能力直接决定了家庭资源分配（Thomas，1990）。代际的资源分配也是受到资源控制力度的影响的，早在1963年Goode就提出父母从子女或其他家庭成员处获得的支持的程度也与其所控制的资源有关,拥有较多资源的老年父母更加容易获得子女的支持和关注(Goode,1963)。

2. 国内代际支持动机

国内专门关于代际支持动机的研究并不多见,除了基于经济的视角,少量学者多从文化视角对中国的代际支持动机进行分析,总结起来包括以下几类。

(1)"养儿防老"说

在儒家道德秩序和父系家族制度的影响下,只有儿子结婚后才会仍然与父母同住,而女儿结婚后赡养义务则转入对丈夫父母的身上。由此,在传统社会中只有男性成年子女才被视为赡养父母的主要家庭成员,即我们俗称的"养儿防老"。众所周知,养儿防老观念在中国已经延续了上千年的时间,"在农村没有儿子不行""没有儿子就没有人给养老"等观念似乎早深入人心,"养儿防老"似乎成为一个不需要解释的"公理"。在以往的研究中,"养儿防老"直接被解释为养育儿子而非女儿来作为老年父母生活的保障(费孝通,1983),然而随着社会的进步,已经开始有不少研究将"养儿防老"中的儿子解读为所有子女,也包括了女儿对亲生父母的赡养责任(刘中一,2005)。

(2)孝道伦理说

孝道是在中国传统社会中形成的指导人们行为的家庭伦理道德规范和社会基本行为的规范,封建社会中"以孝治天下""举孝廉""设孝经科"等制度的确立更是强化和升华了孝道伦理的重要作用(肖群忠,2005)。孝道的主要内容是"事亲、敬亲、爱亲",传统社会的孝道不仅强调子女在经济支持上要给予父母大力帮助,还强调在赡养父母时需有毕恭毕敬的态度,以及尽量要让父母在精神上也感到愉悦(张践,2000)。孝道规范通过社会化的作用,已经内化成人们的自觉意识(杨国枢,1989),"为人子女者应尽孝"成为人人信服的观点,不少研究显示孝道伦理在解释代际关系上具有很大的说服力和解释力(Liu et al.,2000;杨珞,2010)。

(3)回报养育之恩

有研究通过对质性访谈材料的分析,发现不少被访者提到父母为子女操劳了大半辈子，将子女养大非常不容易，在父母年老体衰无法自理的时候，子女为父母提供帮助是理所应当的（黄艳，2006），由此回报父母早年的养育之恩就成为成年子女赡养父母的重要动机之一，这与费孝通先生所提出中国家庭的子女对父母的"反哺"形式也是相一致的（费孝通，1983）。

3. 代际支持动机比较与评述

从上述代际支持动机的阐述可以得知，虽然有些动机之间具有一定的互斥性，但也有些动机具有一定的相同之处以及互补之处。国外的老年保障假说与中国本土的"养儿防老"说非常相似，父母养育子女的目标都是规避风险的理性行为，都是提前为自己谋求老年生活保障的有效形式。这两者之间不同之处在于，国外发展的老年保障假说更多的是基于"理性经济人"的假设，从规避市场风险的角度进行考虑的，虽然最常用的方式是依靠子女，但是同时为了避免子女本身的困境带来的养老风险，老年父母还会考虑提前进行养老储蓄，而且他们对所依靠子女并不存在明显的性别偏好；而中国的"养儿防老"说，更多的是从中国传统文化中发展而形成的规范，虽然随着时代的发展，学者们把子女解说为所有子女，但是"依靠儿子"的性别偏好依旧存在。老年保障说和风险与保险之间都是从经济学发展而来的，都非常注重市场风险的规避，都注重寻求能够共担风险的可靠人员；但是有所不同的是，老年保障假说更加倾向于采用多样化的投资组合来降低老年时的风险，而风险与保险学说则更加倾向于采用"契约"的方式来降低未来养老的风险与不稳定性。

利他动机与交换动机支持之间就具有一定的互斥性，利他假定家庭成员都受利他主义思想所指导，会自觉主动地为其他家庭成员所考虑，而不期望获取回报；而交换动机则假定家庭成员是比较自私的，在为其他家庭成员提供代际支持时带有较强的目的性，这个目的主要是希望得到相应的支持回报。Cox 在 1987 年的研究中指出在子女需要帮助时，父母会用一种较为委婉的形式补偿子女对父母的帮助，例如为曾经照料过他们的子女提供金钱帮助。如果父母不愿意为低收入子女提供支持，而只倾向给高收入子女提供支持,那么父母与子女间的相互支持的交换形式就非常明显,而拥有利他动机的父母给予高收入子女的支持是较少的(Cox,1987)。与此同时,利他与交换之间也有相同之处,虽然交换动机更加强调互惠原则,但是利他动机在本质上也是基于互惠原则的,利他是期望通过对家庭成员的支持达到家庭成员福利最大化,即使不能提高每个家庭成员的福利,也是力求家庭资源达到帕累托最优状态,即在不降低其他家庭成员福利的前提下,至少提供一个家庭成员的福利。

投资回报假说与交换动机之间也存在异同之处,相同之处在于两者都具有一定的自私动机,在给予支持的同时希望在短期或长期内获得相应的回报,互惠依旧是这两者的基本原则。然而,投资回报假说更加强调父母对人力资本的投资,这种投资可以增加子女在市场上的竞争力,而且父母的投资行为多半发生在子女生命历程的早期,例如投资子女的教育、健康或者是帮助其找工作等(Becker & Tomes,1976;丁士军,1999;Lillard & Willis,1997);而交换动机对交换的内容并没有特殊规定,可以是物质交换也可以是非物质交换,例如财产、情感、探望、照料以及服从等内容,交换动机的交换内容比投资回报的内容更加的宽广。国外的投资回报假说与中国的回报养育之恩之间也是存在一定的关联,都是"投资-回报"的组合模式,但是前者更加理性,后者更加感性。

此外,"养儿防老"假说与孝道伦理说其实就是中国家庭养老问题的两个方面,两者的实质内容一致,只是"养儿防老"更加强调养老的主体,而孝道伦理则更强调子女在对父母进行赡养过程中应该遵循的原则与规范,是在文化视角的再次强调。

4. 代际支持动机在中国的验证

许多研究者沿用代际支持动机来验证和分析中国家庭养老方式下的代际支持行为,但学者们并没有达成一致的结论。陈皆明(1998)基于中国城市居民代际支持模式验证了投资回报动机,发现了父母对子女的投资有效地提高了子女赡养父母的概率(陈皆明,1998);靳小怡和郭秋菊(2011)基于农村的研究也验证了老年父母获得经济回报的多少依赖于父母对儿子的早期投资（靳小怡、郭秋菊，2011）。有关中国家庭是属于利他动机还是交换动机之间存在诸多讨论，但到目前为止，学术界也没有一致的结论（Shi，1993；Sun，2002）。其中，有不少研究认为中国家庭内部的代际支持是符合利他动机的，无论是否会提到回报，代际支持始终是提供给了最需要帮助的家庭成员，例如老年父母、贫困或不健康的家庭成员（Shi，1993；Lee et al.，1994；Lee & Xiao，1998）。还有部分研究则支持了交换动机，尤其在劳动力大量外流的农村，老年父母以为子女提供孙子女照料的服务换取子女提供的经济支持，即"时间"换取"金钱"的形式就有力支持了交换动机（Lee et al.，1994；Cong & Silverstein，2008b）。但就目前的研究趋势来说，越来越多的研究利用多动机来同时解释中国家庭内部的代际支持，不少研究发现利他与交换动机是难以完全分离的，是有可能同时存在的（Secondi，1997；Sun，2002）；Cong 和 Silverstein（2011）通过研究儿子的外出务工行为对家庭代际支持的影响，不仅证实了投资回报理论，同时还证实了交换和利他动机的存在（Cong & Silverstein，2011）。Lee 等（1994）在台湾的研究中还发现，对于已婚夫妇来说，随着妻子收入的提高，妻子父母得到代际支持的可能性也会随之提高，这与家庭谈判力假说是相一致的（Lee et al.，1994）。还有不少研究则支持了孝道伦理动机，孝道文化和儒家文化中所不断强调的子女责任早已经深入子女的信念与骨髓里，子女会自觉地承担起赡养父母的责任（Lin & Fu，1990；Yang，1996）。此外，运用中国本土的"养儿防老"解说代际支持的研究就更是数不胜数，虽然有不少研究认为随着个人权利意识的增长、乡土社会约束力的降低，孝道观念已经开始衰落，"养儿防老"已经受到极大的弱化，但是依旧不可否认"养儿防老"观念在中国农村家庭养老中的重要地位（阎云翔，2006；郭俊霞，2008；王文娟、马国栋，2011）。

从以上实证研究的结论中不难发现，目前有关中国家庭代际支持动机的研究有着以下明显的发展趋势：其一，从"经济人"视角的研究转变到"社会人"的视角研究，进而再发展为两者相结合的解释路径；其二，由于人的心理与行为是复杂多变的，单一的动机研究已经难以解释中国家庭代际支持的行为，学者们从单一的动机视角研究分析发展为多视角的动机分析；其三，从单纯套用国外的代际支持动机解释中国家庭的代际支持行为，发展到国内外理论相结合的研究方法，再发展为基于中国实际情况进行理论的修正、改进与整合，这些发展趋势为本书的研究提供了很好的研究方向。

5. 代际支持动机研究的不足

从前人的研究中我们可以明显发现，目前有关代际支持动机的研究虽然丰富但不成体系、相当零散，而且国内外的代际支持动机存在相互重合、相互包含的现象。正如前文所分析的那样，国外的老年保障假说与国内的"养儿防老"说相一致，投资回报说又与回报养育之恩相一致。此外，随着社会经济的快速发展，部分代际支持动机已经不适合解释当前农村的代际支持行为，例如老年保障说和"养儿防老"说已经不太适用于相对严格的生育制度以及养育孩子的成本不断攀升的当下。另外，在婚姻挤压下，大龄未婚男性接受到的父母帮助其成婚的支持必然少于已婚男性，投资回报假说或者回报养育之恩是否还能用于解释大龄未婚男性与父母之间的代际支持行为还有待于进一步的检验。由此可见，在代际支持动机研究方面，非常有必要依据现实的社会情境对繁杂零散的代际支持动机进行进一步的甄别、融合与修正，使之不仅能够用于现有的社会经济环境，同时也使其能够用于解释婚姻挤压情境下的代际支持动机。

二 代际支持模式

基于各种代际支持动机研究，国内外学者总结了几类最常见的代际支持模式。相比于动机研究，模式研究的层次更高、更深入，而且动机更多侧重于研究个体行为产生的内在驱动力，而模式研究则更多侧重于整个家庭代际支持行为的内在驱动力。

1. 国外代际支持模式

与代际支持动机研究类似，国外的代际支持模式研究也是主要基于经济学、家庭社会学以及心理学而发展的，最为常用的包括以下几种。

（1）权力与协商模式（Power and Bargaining Model）

该理论认为子女给予老年父母代际支持的多寡是基于父母掌控的权力与资源，掌握资源（如土地、财产）越多的老年人就越能够获得子女的支持与关注（Goode，1963；Chen & Silverstein，2000；Lillard & Willis，1997）。权力与协商模式强调资源与权力变更，与家庭"谈判力"动机内容是相一致的。学者们对该理论的共识是，随着老年父母对土地、家族生意、财产等资源控制力的下降，老年父母在家庭中的权力地位也将随之降低，其子女或其他家庭成员对老年父母的服从度和支持也会因此而降低，而且大众媒体和教育对个人主义的宣传将导致老年父母无法扭转权力下降的尴尬局面（Goode，1963；Caldwell，1976；Cain，1981；Nugent，1985；Lee et al.，1994）。另外，父母权力的丧失也改变了原有的财富转移方向，从以往的子女支持父母的向上流动变更为父母支持子女的向下流动，养育子女的成本也越来越高，父母从养育子女中的获利却在不断减少，由此人们倾向于少生孩子，只有富裕家庭中的父母才会利用充足的遗产来获得子女的支持与关注（Bernheim et al.，1985）。

（2）互助/交换模式（Mutual Aid/Exchange Model）

互助/交换模式是按照"投桃报李"的互惠原则进行的资源交换的行为（Morgan & Hirosima，1983；Cox，1987），交换的目的是各自福利的最大化（Simpson 1972；Cox 1987）。有研究认为在现代社会，代际支持之所以还能够持续存在的原因就在于家庭成员之间存在相互的帮助与支持（Lee & Xiao，1998）。与交换动机相一致，学者们将互助/交换模式也分为短期与长期两种类型，短期交换，主要包括照料婴儿、做家务、住房的分享、物品与资源的共享。例如，随着性别平等的推进，不少已婚女性已经加入劳动力市场，由此她们只能通过给老年父母提供经济支持的形式来换取老年父母的家务帮助或子女照料服务（Morgan & Hirosima，1983）；另外日益上涨的城市房价推后了子女独立门户的时间，从而强化了家庭成员之间的住房互助的模式（Lee et al.，1994）。在以往对日本、中国台湾、马来西亚的实证研究都验证了短期交换模式在家庭中是广泛存在的，相比于没有提供孙子女照料或家务帮助的父母，提供这些支持的父母获得了子女更多的经济回报（Morgan & Hirosima, 1983; Lee et al., 1994; Lillard & Willis, 1997）。长期的交换则表示，子女给予老年父母的帮助，是由于早期父母给予他们的大力支持与帮助，获得越多教育资源的子女越愿意为父母提供更高水平的经济支持，这与"投资回报动机"也是相吻合的。

（3）合作群体模式（Altruism/Corporate Group Model）

该模式认为，随着经济的快速发展，家庭不同代际通过跨时间的契约安排来实现所有家庭成员利益的最大化，家庭成员之间的关系犹如合作群体（Lee et al., 1994; Lillard & Willis, 1997）。模式指出，在这个合作群体中，一个拥有利他主义思想的"一家之长"控制并有效地分配家庭资源，以达到所有家庭成员利益的最大化（Becker, 1974; Becker, 1983）。经济的快速发展导致劳动力市场对技术人才的需求也急剧上升，最为理想的家庭策略就是亲代加大对子代的人力资本投资，到后期时老年父母就能够享受到对子女教育投资的高回报，从而最终实现整个家庭利益的最大化。成年子女对老年父母回报的规模则主要取决于两类因素，一是父母早年间对子女的投资，二是父母本身的需求。同时，该模式还认为，在这个合作群体中家庭成员提供支持的动机是利他的，无论他们是否会得到相应的回报，家庭内部最需要帮助的人，通常是老年人、贫困的或身体较差的家庭成员，这些人会获得更多的代际支持（Lee & Xiao, 1998）。从这里可以看出，合作群体模式是对多种代际支持动机的整合与发展，不仅涵盖了利他动机，还包括了基于互惠的投资回报动机（Cox, 1987; Lee & Xiao, 1998; Lillard & Willis, 1997）。

2. 国内代际支持模式

由于中国与西方国家之间的文化差异，深受儒家文化影响的中国家庭具有自身特定的文化习俗与传统，因此直接套用西方的代际支持理论未必适应于解释中国家庭内部的代际支持行为。基于经济学和社会学，中国学者从中国特有的文化背景出发提出了一些本土化的理论假说，包括交换伦、反馈论、责任内化论以及需要论等（姚远，2001）。

（1）交换论

交换论包括两类，一是经济交换论，二是社会交换论。经济交换论认为，由于不同年龄的人在经济、社会活动中占有不同的地位，各自占有的资源不同，所能创造的产品和提供的劳务不同，对社会产品及劳务服务的需求也不同，由此代与代之间就产生了交换的必要（杜亚军，1990）。成年人是处于未成年人和老年人中间的一代，即我们常说的"三明治"一代，因为这一代不仅要向未成年一代提供抚育义务，即为其子女提供基本的生活与学习资源，让其长大后有能力回报自己的养育；同时成年人还需要向老年人提供赡养义务，为其父母提供基本的生活照料与服务，从成年人角度来说是回报父母养育，从老年人角色来说是回收早期对成年人的养育投资。社会交换论认为，家庭对老年人的"照顾"行为，其实就是子女用经济、劳务或精神安慰等形式回报父母养育之恩（Abel，1990）。社会交换论自20世纪70年代开始就被广泛运用于阐释有关权力关系、互惠、平衡等因素，其中用于解释赡养老人问题又是最为突出的主题（Dowd，1975；Stevens，1992）。从本质上来看，社会交换论是基于个体经济学而发展的，是源于"经济交换"的概念，但与此同时又与社会交换有着明显差异，经济交换论基于利益考虑，以货币为计算方式，但社会交换是基于社会道德、情感支持或公义维护的资源重新流动或分配。

（2）反馈论

在费孝通先生（1982）提出的反馈论中，亲子关系是整个社会的基本关系，亲子关系包括抚育和赡养两方面的内容（费孝通，1982）。在中国，不仅父母对子女具有抚育的义务，同时子女也具有对父母的赡养义务，用公式表示是 $F_1 \leftarrow\!\rightarrow F_2 \leftarrow\!\rightarrow F_3 \leftarrow\!\rightarrow F_N$（F代表世代，→代表抚育，←代表赡养）。即在中国是亲代抚育子代，子代成年后又需要回过头来赡养亲代，即"甲代抚育乙代，乙代赡养甲代"的模式，下一代对上一代都是要回馈的模式，被简称为"反馈模式"。而西方所具有的模式与中国有较大的不同，在西方社会虽然父母对子女依旧负有抚育义务，但是所不同的是子女对父母并没有赡养的义务，用公式表达为 $F_1 \rightarrow F_2 \rightarrow F_3 \rightarrow F_N$，即甲代抚育乙代，乙代不需要赡养甲代但需抚育丙代，一代一代往下接，简称为"接力模式"。中国反馈模式基础就是用"养儿防老"这种均衡互惠原则，来维持家庭经济共同体。

（3）责任内化论

有关代际支持的责任内化论，认为由于几千年儒家文化对"孝"的强调，赡养老人的义务已经变成了每一个中华儿女的责任要求和自主意识，已经成为其人格的一部分（张新梅，1999）。责任内化论的哲学依据可以追溯到思想家李泽厚先生的文化积淀说，以及心理学家 E. 弗洛姆的"集体无意识"论。陈树德（1990）认为尊长养老的传统道德，在历经两千多年后，早就扎根于民族深层心理之中，凝结成为一种文化现象和心理情感（陈树德，1990）。从某种程度上可以说，责任内化论是基于"孝道伦理"的代际支持动机发展而来的，直至今日"孝道"在社会上乃至整个"华人社会"都具有非常广泛的影响。

3. 代际支持模式的比较与评述

中西方基于不同的文化情境发展而来的代际支持模式虽然并不完全相互排斥，但也存在明显的差异性。西方文化更加推崇个体主义，更加注重投资－受益、资源、经济利益，在研究过程中多使用"理性经济人"的思维方式，将经济支持、时间支持（如器械支持）都按照市场价值、劳动力时间进行量化研究（Bhaumik, 2001; Bonsang, 2007）。虽然量化研究有利于清晰观察代际关系中的变动、流向与因果关系，但是现实生活中的代际关系远比量化后呈现的结果要复杂得多，家庭成员关系会因为不同社会的文化伦理以及社会经济发展水平而有所不同，简单的线性经济关系并不能真实反映现实的代际关系。中国文化则更加推崇"集体主义"和"家族荣耀"，更加强调文化、伦理、孝道、养儿防老，在研究过程中更多地使用了"社会人"的思维方式，也引入了更多的社会情感因素的考虑，在解释中国家庭养老行为上具有一定的合理性，然而由于量化的困难也就缺乏了实证研究的支撑。由此，较好的研究方式就是将中西方代际支持理论进行有机结合，相互补充，从不同角度为中国家庭代际支持研究提供新的研究思路。

(1) 西方代际支持模式比较与评述

首先,从西方三种主要代际支持模式的内在动机来看,三种代际代际支持模式在主导动机上具有明显的区分,但是三种模式都同时蕴含着互惠动机,无论是哪一种代际支持模式,家庭成员意图达到的最终目的都是互惠或是"老有所养"。在权力与协商模式中,老年父母希望通过自身拥有的资源来诱使子女提供养老资源,这种家庭内部的实力谈判的结果是子女获得父母的财产或遗产,而父母则获取子女的日常照料,在一定程度上可以说这种互惠的结果是谈判过程中无意识的产物;在互助与交换模式中,无论是短期交换还是长期交换,家庭成员进行交换的动机是各自利益的最大化,家庭成员在付出资源时都是期望有所回报的,最终互惠结果的产生是交换过程中有意识、刻意的产物;在合作群体里,虽然利他是主导动机,虽然家庭成员在付出时并不期望着回报,但利他动机的最终目的是达到所有家庭成员利益的最大化,也就是家庭整体获利的结果,这种互惠如同权力与协商模式一样,也是无意识的产物(见表 2-1)。

表 2-1 西方代际支持模式与代际支持动机

代际支持模式	主导动机	次要动机
权力与协商模式	家庭谈判力	互惠
互助/交换模式	交换、投资回报	互惠
合作群体模式	利他	互惠

其次,从这三种代际支持模式所关注的内容上来看,三种代际支持模式的共同之处是均比较注重资源的控制、分配和利益的获取,对代际经济支持的关注程度远高于对器械支持和情感支持的关注程度。在代际模式中,代际支持的提供者(Donor)与接受者(Receipient)的经济收入与交换水平之间的关系是判断代际支持模式的关键因素。在权力与协商模式中,提供者与提供者收入水平之间呈现正向增长关系,而且这种正向关系的存在是以接受者拥有资源超过提供者所拥有的资源为前提才会发生的支持行为;

在交换模式中，两种互惠资源之间具有正向关系，假如把经济支持作为交换的对象，提供经济支持的规模将随着接受者经济收入的增加而增大，随着接受者经济收入的降低而减小。由此可看出，在交换模式中提供支持的多寡是基于对方提供支持的多少而产生的，而合作群体模式中提供支持的多寡则是基于对方的需求而产生的，交换与利他在资源交换动机上具有较大的差异。然而，随着社会经济水平的提高，个体在劳动力市场中的收入也得到了不断提高，成年子女为老年父母提供的生活照料的时间成本逐渐被纳入研究对象。有研究发现，在权力与协商模式中，子女间会通过收入的较量来决定为父母提供日常照料的提供者，经济收入较高的子女会通过提高对父母的经济支持来避免与父母的同住以及日常照料，而劳动价值较低的低收入子女则需承担起与父母同住及日常照料的责任（Hermalin et al.，1990）。在交换模式中，经研究发现老年父母与子女之间存在"金钱－时间"的交换，即老年父母通过照料孙子女或提供家务帮助来换取子女的经济帮助（Cong & Silverstein，2008b），同时父母也会通过付出经济支持帮助来获取子女的日常照料（Cox，1987）。由于不少研究指出，经济支持与日常照料之间具有一定排斥性，为了达到家庭内部的公平性，家庭成员之间有着隐形的公平原则。对于子女来说，经济实力较强的子女提供经济支持，经济支持较弱的子女则需要提供日常照料生活；对父母来说，也是存在隐形公平的，如为经济实力强的子女提供日常照料，为经济实力弱的子女提供经济支持，以达到家庭整体的公平与平衡。另外，在物质生活不断丰富的当今，精神层面的生活受到了越来越多的重视，代际支持中的情感支持也日益受到关注。要测量亲代与子代之间是否具有和谐融洽的关系，需要借鉴情感支持这个关键指标，与经济支持、器械支持相比，情感支持具有其独特的地位与作用，不少有关西方家庭的研究认定了情感支持是一种可以满足未来需求的支持资源，是一种潜在的支持源泉（Krause et al.，1990；Thompson & Krause，1998）；但在中国家庭的研究中更多证明情感支持是其他几类代际支持的调和剂，代际情感间关系越好越有可能带来其他几类的代际支持（宋璐、李树茁, 2011)。

最后,从三种代际支持发展趋势来看,从农业社会向现代社会转变的过程中,劳动力市场对教育与技能要求的不断提高,导致老年父母对资源的掌控能力逐渐降低,单纯利用权力与协商模式已经难以解释现代社会中的家庭代际支持行为,但是代际支持研究中有关交换模式与合作群体模式之间的争论却从未停止过,且至今也没有统一的结论。有学者指出,交换与合作群体模式之间没有明显的界线(Kohli & Künemund, 2003),单纯利用交换模式或合作群体模式都难以解释复杂的代际支持行为。而且,对于一个家庭来说,处于不同年龄段的家庭成员对资源的需求也不尽相同,在家庭生命早期子女的需求占主导,但在家庭生命后期父母的需求又占主导(Chen, 2005);同时,重要生命事件的发生,例如新生命的诞生、家庭破裂、父母丧偶等,都可能改变家庭资源的流向或改变家庭居住方式(宋健、黄菲, 2011;宋健, 2013),进而改变整个家庭的代际支持模式。由此,在代际支持研究中,不仅多动机是发展趋势,利用多种代际支持模式解释代际支持行为也是研究的发展趋势。

(2) 中国本土代际支持模式比较与评述

中国本土化的代际支持模式在内在动机上与西方有相同之处,但更多的是不同,本土化的代际支持模式更加注重文化与情感。交换论与西方交换模式内在动机一致,但前者更加强调需求,后者更加侧重利益;反馈论的基础就是"养儿防老",想要达到的目标就是"老有保障",同时子代也被抚育成人,也是互惠的体现;责任内化论,则更多强调孝道伦理对代际支持的影响,这种集体无意识行为带来的也是老有所养的后果(见表2-2)。

表2-2 中国本土化代际支持模式与代际支持动机

代际支持模式	主导动机	次要动机
交换论	交换、投资回报	互惠
反馈论	养儿防老、老年保障说	互惠
责任内化论	孝道伦理	—

在代际支持内容研究上，中国家庭养老核心内容是代际所具有的经济支持、器械支持、情感与同住支持，有学者认为这些内容只是家庭养老模式的外表，并不具有稳定性，只有模式才具有稳定性（姚远，2000）。在识别模式的方式上，中西方学者具有不同的判别依据，西方学者对代际支持模式的划分主要依据资源提供者与接受者之间互动程度与交换水平，而中国学者对代际支持模式的发展主要是基于历史发展、文化传统以及相关的社会经济条件、实际需求，是对中国深远的孝道文化、家本位思想的探究，体现了中国特有的家庭体系与社会文化特征。此外，虽然反馈论、责任内化论成为了解释中国代际支持行为的强有力武器，但也并非唯一的理由，而且随着现实条件的改变，代际支持模式也是有可能发生改变的。早在1990年，车茂娟就指出，在城市地区随着老年人自给能力的提高，需要家庭在经济和物质上"反哺"的老年人越来越少，反而出现了很多需要父母资助的成年子女，即"逆反哺"模式（车茂娟，1990）。同时，随着现代化观念的冲击，年轻人自我意识的不断增强，"养儿防老"的传统观念便出现了弱化的趋势，由此采用中西方代际支持理论相结合的方式成为更有效的解释路径。

4. 代际支持模式在中国的验证

西方代际支持模式在中国的运用是比较广泛的，虽然有很多关于中国家庭代际支持的研究支持了合作群体模式，但利用多种代际支持模式共同解释中国家庭的代际支持已经发展为一种趋势。不少研究发现，子女给予父母的经济支持是基于父母的需求而产生的，丧偶、贫穷、身弱多病的老年人能获得更多的经济支持，因此有力地支持了合作群体模式（Shi，1993；Lee et al.，1994；Lee & Xiao，1998；张文娟，2012）。与此同时，还有不少研究认为单一的代际支持模式难以解释复杂的家庭代际支持行为，在Secondi（1997）的研究中发现代际支持交换模式与合作群体模式是同时存在于中国家庭的，经济支持主要是从成年子女流向老年父母，而照料孙子女则是父母用于交换经济支持的主要手段（Secondi，1997）；在Cong和Silverstein（2011）的研究中，以中国农村大规模人口流动为背景，发现了外出的子女给予了父母更多的经济回报，而留守老人则承担起了照料孙子女的责任，该文章不仅支持了互助/交换模式，同时也支持了权力与协商模式（Cong & Silverstein，2011）。此外，随着社会经济的发展和家庭内部行为的变更，学者们在运用代际支持模式时对模式中所强调的"资源"的内容也有所变更，例如在权力与协商模式中，早期研究比较强调父母利用手中的"土地"资源与子女进行支持的谈判，而目前的研究用于测量家庭谈判力的资源主要是"工资和非工资的收入"（Chau et al.，2007），在劳动力流动背景下有的研究将父母提供孙子女照料也视为获得支持的有效资源（Cong & Silverstein，2011），甚至于还有研究依据中国强烈的男孩偏好，将已婚女性所生育的第一个孩子是否为儿子作为女性的家庭谈判资源（Li & Wu，2011），大体的结论均为拥有越多资源的家庭成员就拥有越强的家庭谈判力，也就能获得家庭成员更多的支持与关注。

由于中西方文化差异，不少学者在利用西方代际支持模式研究中国代际支持时也会考虑到中国的孝道文化。例如，交换模式中比较注重成本与收益之间的讨论，收益不仅仅包括物质性的收益还包括非物质性的收益，帮助、财产、喜欢和服从都可以视为收益，而服从与帮助父母又是孝道中常常强调的重要内容，由此有研究认为代际支持的交换模式，即使是出于互惠的目的，也涉及孝道，虽然孝道一贯被解释为社会规范和代际期望，但更准确地说孝道在代际支持中的作用是有助于亲子之间建立起"互惠关系"的（Ng et al.，2002）。还有研究认为，中国家庭由于血缘、婚姻和家庭成员的共同利益等因素一直就被描述为合作群体（Greenhalgh，1985a；Tu et al.，1993），在这个合作群里中赡养老人一直是儒家文化所强调的孝道与子女责任，而且这些孝道文化早已经通过品德教育和父母早期的投资深入子女的信念之中（Lin & Fu，1990；Yang，1996），这与中国本土发展而来的"责任内化论"的内容意识是相一致的。此外，还有研究基于中国特有的家庭养老文化，用血缘、亲情、社会舆论对子女的约束和监督来代替合作群体模式中的老年人对家庭资源的控制支配权，使得改进后的合作群体模式更加符合中国的代际支持实情（张文娟，2004）。

5. 代际支持模式研究的不足

目前代际支持模式的研究与代际支持动机类似，依旧存在各种代际支持模式相互重合、相互包容、零散以及不成体系的缺陷。国外的互助/交换模式与国内的交换论相一致，中国农村代际支持体现出来的合作群体模式也是被传统孝道所约束的（张文娟，2004）。此外，在婚姻挤压的背景下，父母帮助子女尤其是帮助儿子成婚不仅是提高儿子生活福利的有效手段，更是提高其自身生活福利的有利途径，从而达到家庭整体福利的最大化，这与合作群体模式的基本动机是相一致的。然而，随着性别失衡的持续，可婚配女性数目的减少意味着必然有"剩男"，那么遭受了婚姻挤压的家庭和个体的代际支持行为是否还会体现出合作群体模式还有待于进一步的研究。因此，在代际支持模式研究方面，依旧需要根据现实的社会情境尤其是持续的婚姻挤压情境对已有的代际支持模式进行进一步的甄别、融合与修正。

第二节 代际支持的影响因素研究

一 个体特征因素

代际支持水平，不仅与子女的特征因素有关，还与父母的个体特征有关。

1. 子女特征因素

代际支持水平的高低会受到子女的一些个体因素的影响，例如，子女的性别、年龄、教育、职业、收入状况等。首先来看性别差异，在中国传统父系家族文化的影响下，子女赡养父母的性别差异是显而易见的，不少有关中国农村的研究一致认为儿子为父母提供了根本性的老年支持（Yang，1996），在实际性的经济支持中发挥了非常重要的作用（徐勤，1996），儿子为父母提供经济支持的可能性和实际数量都超过女儿（张文娟，2004）；而女儿提供的主要是辅助性的支持，例如给予父母情感慰藉、生活照料。但目前也有不少研究认为，女儿的养老功能是不断提升的，尤其是女性不断加入劳动力市场之后，子女在给予父母经济支持的差异在逐渐缩小（宋璐、李树茁，2008），而且那些外出务工的女儿拥有了更多家庭决策权力（肖金香，2007），同时也拥有了更多的经济资源去帮助父母（张烨霞、靳小怡，2007）。基于中西方的性别分工模式，已有不少学者提出了中国农村代际支持的性别分工模式，这种性别分工模式不仅很好地体现了性别偏好和性别分工特点，还体现了子女在家庭养老中的性别角色定位和资源控制程度（石春霞，2010）。年龄作为与人生命进程密切相关的重要变量，不仅可以作为子女是否还需父母抚育的识别点，还可以作为判断子女给予父母代际支持能力的依据。在子代年龄方面，有研究认为随着子女年龄的增长，子女给予父母代际支持的水平是不断提高的（宋璐、李树茁、张文娟，2006；左冬梅，2011）。在左冬梅（2011，2012）的研究中，采用生命历程理论框架，基于年龄的三种时间维度（生命时间、历史时间和家庭时间），即用年龄、出生队列和个体在家庭生命历程中所扮演的角色，提出了当代农村老年人家庭代际支持的年龄模式，并发现随着成年子女的增龄，代际交换水平也会随之变化（左冬梅，2011；左冬梅、李树茁、吴正，2012）。再从子女的社会经济地位与代际支持之间的关系来看，社会经济地位也是重要影响因素，父母获得代际支持水平的高度与子女的社会经济地位之间具有正相关关系。子女人力资本中的教育资本，不仅对子女的工资收入和职业获得具有重要影响，更会影响到子女给予父母代际支持的能力。不少研究证明了子女教育程度越高，回报给父母的经济支持水平也就越高，这与投资回报理论是相一致的（Becker & Tomes，1976；Lillard & Willis，1997）；从事非农业职业的子女拥有着比从事农业职业的子女更高的经济收入和社会经济地位，因此提供给父母的经济支持水平也是较高的（张文娟，2004）；收入越高的子女，越倾向于给父母提供经济支持，但高收入子女同时也比较倾向通过为父母提供高水平的经济支持来避免与父母同住以及为父母提供较为耗时间的器械支持（Hermalin et al.，1996）。

2. 父母特征因素

父母自身所具有的人口与社会经济特征对其代际支持的提供与获得也有着密切联系。不少研究证明，女性较长的平均期望寿命和较低的生活自理能力，导致老年女性的经济状况最为恶劣，因此老年女性比老年男性更加依赖子女，也更容易获得子女的帮助与支持（Rossi & Rossi, 1990; Lee & Xiao, 1998）。亲代的年龄也是影响代际支持的重要因素之一，有研究发现随着亲代年龄的增长，他们提供代际支持的能力在降低而接受代际支持的水平在提高（Rossi & Rossi, 1990; 张文娟、李树茁, 2005; 宋璐、李树茁, 2008; 左冬梅, 2011）。而且对于处于不同年龄的老年人来说，代际支持需求的内容也有所不同，相比于经济支持，高龄老人更需要子女的生活照料支持（周云, 2001）；同时还有研究认为中国农村老年人是活到老做到老，只要身体健康状况允许，老年人就会继续为子女提供各种支持（Pang et al., 2004），也就出现了当今的"逆反哺"和"啃老"现象。左冬梅（2011, 2012）的研究中还发现了老年父母代际支持的年龄模式，随着老年人生理衰老，老年父母与子女间的代际交换水平随着父母年龄的增长而下降，而且随着子女外出务工的增多，虽然老年父母能获得更多外出子女的经济支持，但与此同时也为子女提供了更多的孙子女照料和器械支持（左冬梅, 2011; 左冬梅、李树茁、吴正, 2012）。

拥有较高社会经济地位的父母，给予子女代际支持的能力也就越高，相比于低教育水平的父母，高教育水平的父母更愿意给予子女更多的经济帮助，而不愿意接受子女的经济支持；那些文盲、从事农业、收入较低的父母则容易获得子女的代际支持，这与合作群体模式相一致。此外，老年父母与子女的代际支持水平还会随着老年人丧偶、健康的改变而改变。有大量研究分析发现丧偶的老年女性独立居住的概率较小，同时也更加容易受到子女各种代际支持（Logan & Bian 2003; Yount & Khadr, 2008）；一般来说，身体状况较差的父母需要子女更多的起居生活照料，且更愿意与子女同住（Zimmer & Kwong, 2003），但也有不同结论认为父母的健康状况与子女的赡养行为并没有显著关联，子女对父母的支持并非完全是出于父母的需求，更多的是出于孝心的表现（谢桂华，2009）。

二 家庭特征因素

在以家庭养老为主导的农村，家庭成员的多寡尤其是子女数目与老年人代际支持的获得具有密切关系。从已有研究可知，子女数目与代际支持之间的关系是复杂多变的，虽然在传统社会中，大多数人认为"多子多福"，拥有越多子女的父母，其晚年越享福，有学者通过定量的实证研究也证明了子女数越多，父母获得代际支持的可能性就越大的结论（Lee et al.，1994；Zimmer & Kwong，2003），但也有研究指出父母所获得的经济资助并不随着子女数的增加而增加（夏传玲、麻凤利，1995）；而家庭内部的竞争机制、攀比心理以及潜在的公平感知等因素，也会影响子女与父母之间的代际支持行为（许艳丽、谭琳，2001）；此外，还有不少研究依据中国男孩偏好的现实，将子女数目划分为儿子数与女儿数，发现了子女数目中的性别构成对代际支持的影响是不相同的，有研究发现儿子数的增多或者是女儿数的增多都会增加父母获得经济支持的可能性，其中儿子数的增多对父母经济支持的影响力更大（陶涛，2011）。但在生活照料方面，尤其是父母生病或住院期间，女儿数的多少显著影响父母的生活照料问题（陈卫、杜夏，2002），再次证实了在代际支持中女儿辅助养老功能是不可忽视的。

三 社会特征因素

社会在人口、经济、文化以及制度方面的变迁对家庭代际支持也会产生一定的影响，但是由于宏观社会特征的测量及量化困难度，不少研究都将社会特征因素作为宏观研究背景解释家庭代际支持的变迁。虽然宏观的社会背景难以直接测量，但或多或少也能在个体身上找到印记，因此也有不少研究利用社会特征在个体身上的反映进行因果关系研究。在人口变迁方面，由于生育率的降低，学者们将研究视角从多子女家庭转为研究独生子女家庭的代际支持（原新，2004；宋健、黄菲，2011），有学者得出家庭规模的骤减导致老年父母获得的养老支持也随之减少的结论（唐灿，

2005；朱静辉，2010）；也有学者认为由于生育率的下降和一孩政策的控制出现了诸多"4-2-1"的家庭结构，在这种家庭结构中独生子女的养老负担异常繁重（徐俊、风笑天，2011；宋健，2013）；但也有学者认为以往相关研究过分夸大了独生子女家庭的老年人赡养的严重性，认为在大多数情况下独生子女是可以胜任老年人生活照料的（原新，2004）。以往的调查数据显示，独生子女家庭的经济收入高于非独生子女家庭，而且相对稳定（边燕杰，1986），由此为独生子女的"养老育小"奠定了稳定的经济基础，因此独生子女负担的养老责任不如我们想象中那么严重。中国性别失衡和婚姻挤压现象的持续，反映在个体身上就是男性个体难以成婚，在中国农村，结婚在家庭代际角色转换上具有重要的里程碑意义，帮助儿子娶妻生子的父母可以心安理得地享受儿子儿媳的养老服务，但是如果老年父母未能顺利完成这项具有重要意义的家庭任务，即使其得不到未婚儿子的赡养也不会进行过多的谴责，而且这会加重老年父母内心的愧疚与自责（莫丽霞，2005；韦艳、靳小怡、李树茁，2008）。由此可见，性别失衡虽然是整个社会凸显的现象，但也会在一定程度上改变家庭代际关系。另外，农村青壮年劳动力的大规模城乡流动，造成的家庭成员的城乡分割，不仅使得留守老人面临着生活照料不足的问题，同时还使得他们面临着孙子女照料和家务农活繁重的难题（杜鹏等，2004；孙鹃娟，2006）。已有不少学者分析劳动力外流背景下的家庭代际支持变化，初步的结论为劳动力外流可以提高子女给予父母经济支持的水平，还可以提高女儿的养老地位，缩小了子女养老的性别差异（张文娟、李树茁，2004a；宋璐、李树茁，2008）。在经济发展方面，国家整体的经济发展必然可以有效提高国民的收入水平，进而提高个体在老年时期的自养能力；而且随着市场经济的不断完善与发展，市场完全可以接替家庭和政府承担个体的养老责任。有关文化变迁对家庭代际支持的影响研究中，最多的莫过于研究孝道文化对家庭代际支持的影响，有研究发现在现代化观念的冲击下，上下两代人对孝道的理解也出现了差异，亲子间平衡的代际关系已经被打破（郭于华，2001）；也有研究认为随着个人权利意识的增长而导致了农村孝道的衰落，市场化的经济改革打破了传统赡养老人的机制，由此导致了老年人的养老问题（阎云翔，2006）；同时还有研究发现自改革开放以来，孝道文化的衰落导致了农村代际关系的失衡，失衡的表现主要是父母对子女的责任远高于子女对父母的义务（贺雪峰，2008）。从这些研究中可以得知，多数学者持有的观点是农村传统孝道的弱化导致了家庭的养老功能、保障功能的缩减。最后，再从国家相关制度对家庭代际关系的影响研究来看，阎云翔（2006）认为国家以多种方式直接参与了对家庭变革的推动，国家在集体化变革期间发动了对父权和传统家庭观念的批判，在非集体化后，老一辈的权威继续下跌，国家在私人生活转型和个人主义发展中扮演了重要的角色（阎云翔，2006）。王跃生（2009）在研究中，也认为中国农村自20世纪40年代以来的一系列制度变革，尤其是集体经济的影响使得父母制约子女行为的能力大幅度下降，从而削弱了家庭的赡养功能（王跃生，2009）。同时，国内外还有很多学者研究公共的社会保障制度的变更对家庭代际支持的影响，社会养老保障体系的完善是可以逐步替代家庭养老功能的，而社会保障体系的弱化则会加重个体养老负担（Brandt，2011），可以说社会养老保障体系与家庭养老之间具有一定的替代功能。从可持续和稳定性的视角来看，将社会养老定义为支撑地位而非补充地位才是富有远见的选择（穆光宗，2012）。

依据王跃生（2010）的经验之谈，在进行当代农村代际关系研究时应该注意到宏观与微观的结合，即需要把"制度变迁、社会转型与家庭代际关系"这三者结合起来（王跃生，2010b）。在本书的研究中，也会注重将男性婚姻挤压这个大的社会背景与家庭代际支持的结合。

四 代际支持影响因素研究的不足

从已有的代际支持影响因素研究中可知，目前有关代际支持影响因素的研究非常丰富多彩，不仅涉及亲代和子代两代人的个体特征，同时也涉及家庭整体与社会特征，但依旧存在少量的不足，例如：在代际支持影响因素的研究上，对亲代特征的关注多于对子代特征的关注,虽然中国传统的家庭养老行为主要围绕着父母需求而发生,但满足父母的需求也与子代所具有的资源与能力息息相关,因此在关注亲代特征时也不能忽略子代特征对代际支持的影响;此外,目前的代际支持影响因素研究中还缺乏宏观与微观相结合的视角,大多研究仅将宏观的社会特征作为大的研究背景进行阐述,而对宏观社会特征在微观个体上体现的考虑还不足。而目前中国现实的婚姻挤压现象则为弥补宏微观的结合提供了很好的研究素材,因为男性个体的婚姻状况在一定程度上可以反映我国婚姻挤压的程度,基于男性婚姻状况研究子女婚姻状态对家庭和个体代际支持的影响,有利于把握宏观婚姻挤压对代际支持影响的社会后果。

第三节 婚姻对代际支持影响的研究

一 西方代际支持的婚姻差异研究

由于代际支持涉及亲代与子代两代间的互动关系,代际支持的婚姻差异研究必然也应该涉及两代人的婚姻状况,然而目前西方大多数研究都集中于关注亲代婚姻状况对家庭代际支持的影响,但是较少涉及子代婚姻状况对家庭代际支持的影响。此外,由于与生俱来的生理性别差异以及社会化过程中性别角色意识差异,目前大多有关亲代代际支持的婚姻差异研究是建立于性别分工模式基础上进行的 (Cooney & Uhlenberg, 1990; Amato & Keith, 1991; Aquilino, 1994; Kalmijn, 2007)。相比于东方社会,西方社会更加多元与开放,由此导致亲代婚姻状态的分类具有多样性,总体来说有未婚、已婚且配偶健在、离婚、再婚、丧偶等多种状况的存在,其中已婚且配偶健在的婚姻状况作为主流婚姻模式多作为分析婚姻差异的参照项。与已婚父母相比,未婚父母获得的代际支持要多于已婚父母 (Silverstein et al., 1996)。在以往的研究中已证实已婚父母与成年子女间存在较强的代际关系 (Amato & Keith, 1991; Aquilino, 1994),但离异父母与成年子女之间的代际支持水平是比较低的（Amato & Keith，1991；Orbuch et al.，2000）。父母的离异会导致亲子关系的重塑（Amato & Keith，1991），离婚的父母往往更加需要子女的经济和器械支持（Rossi & Rossi，1990）。同时在以往的研究中发现，传统性别角色的分工导致父亲与母亲在孩子成长过程的中时间与精力投入的差异（Cooney & Uhlenberg，1990；Spitze & Logan，1990），进而导致父亲获得的代际支持水平也是低于母亲的（Silverstein & Bengtson，1997；Barrett & Lynch，1999），而父母间的离婚行为则会进一步地拉大性别差异，离婚后的父亲将会获得子女更少的代际支持（Amato & Keith，1991；Aquilino，1994；Pezzin & Schone，1999），而母亲则可能因离异获得子女更多的经济支持（Seltzer & Bianchi，1988）。还有学者基于子女的性别视角，发现儿子更有可能从已婚父母或离婚父亲处获得代际支持，而女儿则更有可能为已婚父母和离婚的母亲提供代际支持（Myers，2004），从而再次证实了Silverstein和Bengtson（1997）认为的子女的性别和父母的婚姻状态都是影响代际支持的重要变量（Silverstein & Bengtson，1997）。在父母离婚与代际支持关系间的研究中也存在不同的观点，有的认为父母的离婚对代际支持并没有显著影响（Eggebeen，1992），同时还有研究发现离婚并不影响母亲代际支持的获取（Tomassini et al.，2004）。父母的再婚对家庭代际支持的影响与父母的离婚类似，即对父亲的负面影响是大于母亲的，虽然父亲的再婚可能意味着可以从新配偶处获得新的支持，但是也有可能会降低从原来家庭和子女处获得的支持（Kalmijn，2007）。相比于以上几类婚姻模式来说，西方学者们对丧偶父母关注更多，较为一致的结论是认为丧偶的父母比已婚且配偶健在的父母更多地依赖于子女的代际支持（Yount & Khadr，2008），丧偶带给父亲的负面影响依旧大于带给母亲的负面影响（Bulcroft & Bulcroft，1991；Aquilino，1994）。在家庭生命历程的晚期，老年父母面临丧偶的风险也随之提升，这时父母更加需要子女的经济支持、日常照料以及同住的支持（Ha et al.，2006；Yount & Khadr，2008）；亲代的丧偶不仅会增加父母对子女代际支持的需求，同时也会增加子女主动为丧偶父母提供代际支持的概率（Cantor, 1979）。

相对于亲代代际支持婚姻差异的丰富研究来说，有关子代代际支持婚姻差异的研究较为少见。目前西方学术界极少有研究专门论述子代婚姻状况对代际支持的影响，大多只把子女的婚姻状况作为控制变量进行简单描述。有研究发现子女的婚姻危机会增加父母对其的代际支持（Spitze & Logan, 1990），如果中年子女是处于分居或者是离婚状态，则会增加其从父母处获得经济支持的可能性，经济支持流向了陷入危机的人，这与利他动机是相符合的；但是中年子女的从未结婚或者丧偶状态对家庭代际支持并没有显著的影响（Künemund et al., 2005）。也有学者发现与已婚子女相比，离婚或者分居子女很难与父母形成亲密的代际情感关系，而是形成了一种有距离的情感关系；而从未结婚的子女对家庭代际支持的改变并不存在任何显著的影响（Mitchell, 2003）。此外，还有学者通过对泰国的实证研究发现，子女结婚后大部分会选择搬出原来与父母一起生活的家庭，如果不搬则有可能因为长期的同住而与父母产生各种冲突与矛盾；而从未结婚的子女则会选择与父母持续同住，因为配偶与子女的缺失意味着其不需要处理照料父母与照料自己小家庭之间的利益冲突（Moriki, 2011）。

通过前文对婚姻与代际支持关系的梳理，我们可以初步得出这样的结论：婚姻状况如同性别一样都是影响代际支持的重要变量，在西方社会中亲代的婚姻状况可能比子代的婚姻状况更能影响代际支持水平。虽然这些关于婚姻状况对代际支持的影响的方向并不一致，但可以肯定的是如果代际双方都处于已婚且配偶健在的状况是有利于促进代际支持交流的。

二 中国代际支持的婚姻差异研究

与西方代际支持婚姻差异研究相比，中国本土的代际支持婚姻差异研究就更加鲜见了，而且还存在与西方研究完全不同的趋势，即关注子女婚姻状况对代际支持的影响要多于关注父母婚姻状况对代际支持的影响，这与中国的现实情况也是较为相符的。虽然随着社会经济快速发展以及现代化观念的冲击，离婚率和再婚率的比例都有所提高（杨记，2007；徐安琪，2011），但相比于西方社会，中国尤其是农村地区的离婚率、再婚率依旧处于低水平（叶文振、林擎国，1998；徐安琪，2011）。再从代际进行分析，随着年轻一代教育水平的提高、自我意识的增强以及传统文化观念的弱化，年轻一代人的婚姻稳定性明显差于老一代的婚姻稳定性，一项调查结果显示超过六成人认为80后婚姻稳定性差于上代人（王聪聪，2010）。在一定程度上，我们甚至可以说在现代社会中子代的婚姻状况比亲代的婚姻状况更多样与多元，这或许就是造成中国学者在代际支持的影响研究上更关注子代婚姻的重要原因。

虽然在亲代婚姻状况对代际支持影响研究中，极少有学者研究关注老年父母离婚或再婚对代际支持的影响，但是学者们对父母丧偶所带来的代际支持的改变还是有所关注的。因为在快速老龄化的趋势下，必然将会有越来越多的老年人面临着丧偶的风险（Poston & Duan，2000）。在以往有关中国的代际支持研究中，有研究发现丧偶不仅会降低老年人所获得的社会支持，同时还可能提高老年人死亡和发病的概率（Ho，1991；Poston & Min，2008），但父母的丧偶状态会增加其子女提供的代际支持水平（Li et al.，2005），子女提供的经济支持、情感支持以及同住支持都可以有效地保护丧偶父母的生活福利（Zhang et al.，2005）。父母的丧偶状况会增加其与子女同住的需求，对于老年女性尤为如此，因为女性在健康、教育、劳动力市场上都处于相对弱势的地位，而且在中国还有不少老年女性是依靠配偶的经济资源进行生活的（Li et al.，2005），一旦配偶去世，老年女性就会面临更加困难的局面（Poston & Min，2008）。此外，伴随着丧偶而来的，可能还有贫困的加剧与健康状况的进一步恶化，因此不少子女会通过与丧偶父母的同住来给予父母更多的代际支持（Frankenberg et al.，2002），单从这个视角可以看出与丧偶父母的同住是出于满足父母的需求，这与利他的代际支持宗旨相一致（Zeng & Linda，2000）。

中国农村普婚的社会文化制度赋予了结婚丰富的社会意义与社会功能（Davin，1985；费孝通，1998；Das Gupta et al.，2003；

Greenhalgh & Winckler，2005），因此早有研究关注到了子女婚姻与父母代际支持之间的关系。依照传统的父系文化制度，儿子结婚后仍与父母同住并承担着赡养父母的责任，而女儿结婚后并不需要承担对自己亲生父母的养老责任，已婚女儿的养老责任主要转移到对公婆的赡养上（Bray，1997），由此可见，在父系文化制度下，儿子的养老功能大于女儿，进而导致了绝大多数的有关子女对老年代际支持性别模式的研究都是基于最为传统的嫁娶婚姻模式（张文娟，2004；宋璐、李树茁，2011；左冬梅，2011）。无论是从传统文化的角度还是现实需求的角度，已有不少研究认为父母对子女进行的婚姻安排的行为不仅是出于家族延续的需要，也是父母考虑自身老年保障的需要（张俊飚、丁士军，2001；王德福，2012）。有研究发现，在传统的嫁娶婚姻中，父母在处理儿子的婚事时不仅会考虑儿子与其娶进来的配偶之间的情感关系，同时也会考虑儿媳是否能够为自己老年生活提供照料，因此父母在选择儿媳时更侧重于儿媳的教养、脾气、持家能力；父母处理女儿婚事时则会首先考虑女儿嫁娶对象所在地域的经济状况、与自己所在村庄的距离远近、嫁娶对象的家庭情况等，以便女儿将来能有一定的物质基础和地理条件对其老年生活进行帮助（张俊飚、丁士军，2001）。还有研究甚至于发现由于一些父母出于自身养老的考虑，催生了"养老倒逼婚姻"现象的出现，即父母希望早日完成为子女婚嫁的人生任务以便趁着年轻力壮还能为自己老年积攒养老资源，而子女在接受早婚要求的同时也通过婚姻向父母索取了大量财富，这种代际的理性博弈推动了早婚现象的发展（王德福，2012）。此外，随着社会大环境的变迁，学者们也会结合现实背景完善代际支持的研究，例如，随着低生育率造成的有女无儿户比例的上升，吸引了不少学者开始关注招赘婚姻下的代际支持模式（靳小怡、李树茁，2002；李树茁、费尔德曼、靳小怡，2003；李荣，2008），这些研究得出的基本结论为嫁娶婚姻夫妻和招赘婚姻夫妻在家庭的养老功能上基本是相同的，而且招赘婚姻不仅解决了无儿户家庭的传宗接代的愿望，同时也缓解了农村地区强烈的男孩偏好。

通过对有关中国代际支持与婚姻研究的梳理，可以推测由于成年子女婚姻所附带的家庭养老责任，在中国乡村社会，子代的婚姻状况比亲代的婚姻状况更能影响代际支持水平。在一定程度上，可以说在父系家族制度文化下男性子代的顺利成婚是父母获取老年保障的重要途径。

三 大龄未婚男性的代际支持研究

目前，已有少量的定量与质性研究关注大龄未婚子女与父母之间的代际支持情况。在经济支持方面，成年的未婚男性为父母提供的经济支持可能性和经济支持实际量均是少于已婚男性的（靳小怡、郭秋菊，2011）；相反的，在"家本位"思想逻辑指导下，父母反而需要花费更多的精力和财力去照顾大龄未婚男性，不少质性访谈资料显示，大龄未婚男性在父母健在时，主要依靠父母劳动收入维持自己的生活，从而加重了父母的劳动量与经济负担（莫丽霞，2005）。相对于城市，农村地区还比较落后，老年父母对经济支持的依赖程度远远高于城市老年人（刘晶，2004），但从婚姻挤压下经济支持情况来看，老年父母与大龄未婚男性间的经济支持关系已经不符合传统的"抚养与赡养"的关系，难以展示出费孝通先生所归纳总结的反馈模式。在器械支持（家务帮助和起居照料）方面，依据"社区情理"的逻辑，只有在最小的儿子结婚并从原来的核心家庭分离出去建立了自己的小家庭后，这些完成家长职责的父母才可以被视为"老人"（杨善华、吴愈晓，2003），否则只要这些父母还有一口气在，就得不断为儿子的婚姻大事操心，为这些未能顺利成婚的大龄儿子更是操碎了心。在莫丽霞（2005）的质性访谈资料中显示，大部分未能成婚的大龄男性依旧与父母同住，而且他们还享受着父母为其提供的"饭来张口，衣来伸手"的舒适生活（莫丽霞，2005）；但也有与此相悖的研究结果，即大龄未婚男性为父母提供器械支持的比例高于已婚男性，但是这种差异并不显著，这可能是在传统性别分工下，男性并不是家务活的主要承担者的缘故（靳小怡、郭秋菊、刘蔚，2012）。在情感支持上，未能成婚的农村男性及父母均承受着巨大的"绝房"

压力，代际的焦虑又会相互转移和影响（孙淑敏，2005a；韦艳、靳小怡、李树茁，2008），无论是质性研究还是定量研究均表明，大龄未婚男性与父母之间的情感深度受到了较大的削弱，一些未婚儿子还会将自己未婚的原因归结于父母的无能与贫穷（莫丽霞，2005），从而激发家庭矛盾，进而严重破坏了家庭代际关系的稳定与团结（韦艳、靳小怡、李树茁，2008）。在居住安排上，绝大部分的大龄未婚男性除了与父母同住并无其他更好的选择，当父母去世后，则更多地处于独居状况（莫丽霞，2005；王磊，2012a；王跃生，2012b），而居住安排向来都是影响子女赡养行为的重要变量（Bian et al.，1998；鄢盛明、陈皆明、杨善华，2001），贫弱的大龄未婚儿子与父母同住势必会进一步削弱老年父母的生活福利。由此可知，大龄未婚男性与父母之间的代际支持状态已经呈现不同的特征，大龄未婚男性的存在可能改变传统家庭养老模式。

四 婚姻与代际支持研究的不足

相比于前文分析中丰富多彩的代际支持影响因素，目前国内有关婚姻与代际支持的研究极为不足，尤其忽略了子女婚姻状况对代际支持的影响，也忽略了性别与婚姻交叉影响下的代际支持行为，更加忽略了子女/兄弟姐妹之间的婚姻状况对代际支持的影响。然而，在农村主导养老模式依旧为家庭养老的现实下，婚姻与家庭的形成有着紧密联系，同时家庭养老还会涉及基于兄弟姐妹间各自的条件与资源而形成分工协作的局面。依据传统习俗，已婚子女所承担的赡养老人的责任必然多于未婚子女，由此可见，兄弟姐妹相对的婚姻状况也会影响代际支持的分工，因此有必要进一步关注子女婚姻与代际支持之间的关系。此外，虽然已有少量研究开始关注大龄未婚男性与父母之间的代际支持情况，但这些研究还比较零散，大多只关注到其中一项代际支持，而并未涉及代际支持的全部，而且多以质性或简单的描述性研究为主，因此有必要更加系统、全面地研究婚姻挤压对农村代际支持的影响，以及早把握婚姻挤压可能引发的家庭养老危机。

第四节 小结

代际支持作为养老领域的重要研究内容，对个体老年生活福利和国家养老政策的制定都具有重要现实与理论意义，国内外学者在代际支持理论、方法、影响因素及后果等方面均展开了丰富的研究。本章首先介绍了中西方用于解释代际支持行为的主要模式，并通过模式的评述、比较以及在中国的实际运用情况揭示理论发展的趋势，可以发现目前有关代际支持的发展依旧存在以下的不足：其一，虽然在实证研究中不少学者已经力图利用多元的代际支持模式共同解释家庭内部的相互支持行为，但各个理论之间还是存在相互分离的状况，缺乏对各个理论间关系的梳理与整合；其二，在代际支持理论发展方面还缺乏多元与开放性的视野，现有的代际支持模式多以传统男娶女嫁的婚配模式为研究基础，难以适用于婚姻挤压背景下大龄未婚男性及其家庭的代际支持模式。因此有必要在进一步整合与发展国内外经典的代际支持模式，并在此基础上构建适用于解释中国婚姻挤压背景下大龄未婚男性及其家庭的代际支持的理论分析框架。

其次，本章从个体、家庭以及社会三个层面总结了已有的代际支持影响因素，从已有的相关研究中我们可以发现，目前对代际支持影响因素的分析还比较零散，缺乏整体性与系统性，而且各种影响因素之间还存在相互矛盾、相互排斥的现象，造成这种现象的原因可能是制度政策、文化环境、研究对象、测量方法、研究视角等方面的差异所导致的。此外，在代际支持研究中婚姻变量还没有得到足够的重视，大多只是将婚姻状况作为控制变量而非讨论的重点，并且还有不少研究只是把婚姻变量作为分析代际支持性别模式的表现形式，而很少关注代际支持的婚姻差异。因此在影响因素的研究上，不仅需要建立一个系统的研究框架来整合分散的影响因素变量，同时也需要注意区分影响因素的适用情境，并加大对代际支持的婚姻差异进行进一步的挖掘发展，使其能够解释大龄未婚男性及其家庭的代际支持行为。

最后，本章总结了中西方代际支持与婚姻有关的各种相关研究。中西方的文化差异导致明显的"一边倒"现象，即西方研究中更关注亲代的婚姻状况对代际支持的影响，而有关中国代际支持的研究中更注重子代的婚姻状况对代际支持的影响。这些研究虽然都为本书的研究提供了良好的研究基础，但依旧存在缺陷：以往有关婚姻对代际支持影响的研究只是将其作为微观个体的人口特征进行分析，而非考虑婚姻变量上有可能反映的更加宏观的社会变迁；目前有关代际支持婚姻差异的研究还是多基于主流的婚姻形式进行的分析，自然将大龄未婚群体及其整个家庭排除在外。婚姻作为一个人生命中重要的里程碑，不仅是家庭角色转换的重要转折点，也是家庭责任重心转移的历史拐点（由父母抚育子女转为子女赡养父母）。在传统研究中我们都认为婚姻不仅是个体事务更是家庭事务，然而因性别失衡所造成的婚姻挤压现象，则将婚姻的意义推向了更高的层次，即性别失衡背景下的男性婚姻挤压现象不仅涉及个体、家庭，更是涉及整个社会的可持续发展，男性尤其是农村男性被迫不能结婚的状态是整个国家人口结构失衡在个体身上的反映。因此在研究大龄未婚男性及其家庭的代际支持行为时，不能只将其视为个体的微观研究，而需要将其放入一个涉及家庭转变和社会变迁的更宏观的视野进行分析。

总之，以往的代际支持理论、影响因素以及实证运用研究为本书奠定了良好的理论基础，也为本书的研究提供了很好的研究思路：在西方的代际支持研究中不同代际拥有的资源程度是判定模式的关键因素，而中国的代际支持研究更加注重内在儒家文化的孝道伦理和子女成婚后所该承载的养老功能。在中国，成年子女的婚姻不仅承载着几千年以来的家族延续的文化意义，更涉及代际资源的交换，由此可以将子女婚姻状况作为中西方代际支持模式的重要结合点。而且，在婚姻挤压背景下成年子女尤其是儿子能否顺利成婚不仅是个体资源与能力的体现，也是家庭资源整合能力的再现，更是对整个社会人口变迁的反射，由此还可以将成年子女的婚姻状况作为个体、家庭以及社会的重要结合点进行深入的代际支持婚姻差异研究。然而，如果我们将子女的婚姻视为代际的资源交换或者视为父母谋划养老保障的一种策略,那么这种资源在代际支持模式中是否会展示出特有的表现形式,这种表现形式与传统可见的财富资源交换有何不同?此外,在婚姻挤压日趋严重的趋势下,农村家庭内部子女代际支持的婚姻差异又会有怎样的发展变化,这种发展变化对传统家庭养老模式又形成了何种挑战,是否会颠覆代际支持中"男主外,女主内"的性别分工模式?我们尚未可知,还需要进一步深入的研究。

第三章　婚姻挤压对农村代际支持影响的分析框架

本章的主要研究目标是构建适用于解释中国农村婚姻挤压情境下的农村家庭及个体的代际支持模式的分析框架。本章将首先总结已有的代际支持模式及其特点，梳理代际支持模式的发展趋势；其次，在总结已有代际支持模式不足的基础上，结合农村男性婚姻挤压现实，提出适用于解释婚姻挤压情境下的代际支持子女婚姻差异模式；最后，对代际支持子女婚姻差异模式进行操作化处理，从家庭整体和子女个体两个层次构建了适用于解释男性婚姻挤压情境下代际支持的分析框架，并提出相应的验证思路。

第一节　已有的代际支持模式

一　单向代际支持反馈模式

由于几千年来"养儿防老"的传统文化以及老年人在现实生活中所处的弱势地位，早期代际支持研究更多地关注子女对父母的单向代际支持（张新梅，1999；姚远，2000；张文娟，2012）。子女给予父母的单向代际支持与我们常说的"家庭养老"是相一致的，提及家庭养老必然难以避免谈及中国农村家庭养老背后所具有的代际支持动机与模式。中国本土化的代际支持动机无论是"养儿防老"说、孝道伦理说还是回报养育之恩其实都是传统孝道文化的传承与体现，而本土化的代际支持模式中的反馈论与责任内化的实质也是亲情血缘、孝道文化约束下的子女赡养行为。传统社会文化所约束下的子女赡养行为即家庭养老的核心，用学者姚远（2000）的话来说，家庭养老是家庭养老责任的文化模式和运行方式的总称，它包含家庭养老模式和家庭养老方式两个层次的内容。家庭养老模式的核心是血缘道义，它体现的是一种受孝道文化影响的文化模式，具有长时间的稳定性；家庭养老方式则是家庭成员履行养老责任的运作形式，是一种不具有稳定性的行为方式。家庭养老模式是历经几千年的产物，代表着整个社会对老年人的态度、原则与范围，家庭养老方式则是这些态度、原则和范围的生动的外在表现形式，外在的形式是多变的，主要包括了经济支持方式、居住方式、照料方式和慰藉方式等四方面的内容（姚远，2000）。这里所提出的家庭养老概念与费孝通先生所提出的"反馈模式"的实质内容相一致，子女赡养父母的行为完全是家庭血缘关系的缘故。

由此可见，传统的家庭养老模式是基于血缘、亲情、孝道文化而形成的子女赡养父母的"反馈模式"。这种反馈模式所具有的表现形式是多样的，除了前面姚远所提出的四种养老方式，还有不少学者也提出了不同的看法：张新梅（1999）认为家庭养老的重要内容之一就是子女对老年人的物质支持、日常照料和情感慰藉这几个方面（张新梅，1999）；杜娟和杜夏（2000）也认为家庭养老主要包括子女对父母的经济供养、生活照料和情感慰藉三方面的内容（杜娟、杜夏，2002）；穆光宗则认为家庭养老的基本特点就是以子女供养为主，而养老方式主要呈现"共居""吃伙头"①"独居"这三种主要形态（穆光宗，1999；穆光宗，2000）。虽然学者们在何为"家庭养老"这个问题上一直争论不休，至今也没有形成一个统一的准确概念，但不可否认多数学者都较为认同家庭养老的核心内容是子女为父母提供经济支持、器械支持和情感支持三方面的内容。由此可知，早期的家庭养老模式主要指在血缘、亲情、孝道文化约束下的反馈模式，这种模式的外在表现形式是子女为父母提供经济支持、器械支持和情感支持三方面内容，这与单向代际支持内容相一致（见图3-1）。

---

① 吃伙头，指以一定的时间为单位，父母轮食于各个儿子或孙子家中的养老形态。

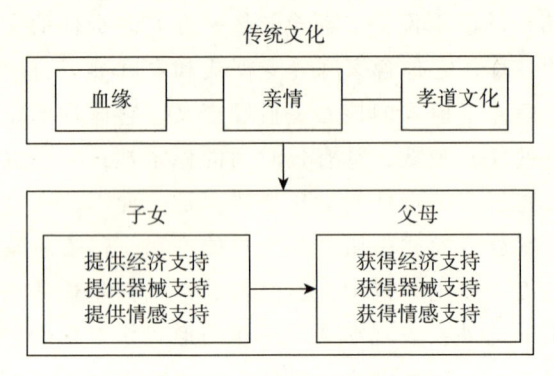

```
            传统文化
    ┌─────┬─────┬─────┐
    │ 血缘 │ 亲情 │ 孝道文化 │
    └─────┴──┬──┴─────┘
             ↓
    ┌─────────┐      ┌─────────┐
    │   子女   │      │   父母   │
    │ 提供经济支持 │ →  │ 获得经济支持 │
    │ 提供器械支持 │      │ 获得器械支持 │
    │ 提供情感支持 │      │ 获得情感支持 │
    └─────────┘      └─────────┘
```

图 3-1 单向代际支持反馈模式

虽然基于血缘、亲情和孝道文化基础上而形成的中国本土化的"反馈模式"加入了更多的情感与文化因素，也更加符合中国农村现实，但由于量化与测量的难度，中国学者在利用文化情境进行解释时更多的是从宏观社会背景及表面所具有的意思进行推断，缺乏实证定量数据的论证。由此在进行实证的定量研究时，不少学者尝试着将中西方代际支持动机与模式进行有效结合，有学者将中国家庭所具有的血缘、婚姻以及家庭成员的共同利益等因素描述为合作群体（Greenhalgh，1985a；Tu et al.，1993），也有学者认为在中国农村家庭这个合作群体中赡养老人是儒家文化所强调的责任，而且这些孝道文化已经通过品德教育和父母的早期投入深入子女的信念之中（Lin & Fu，1990；Yang，1996），这与中国本土化的"责任内化论"的实质内容也是相一致的。学者们在利用中国的文化情境改进西方代际支持动机与模式的同时，也保留了西方代际支持利用资源（如收入）进行模式识别的辨别优势。例如，高收入者如果更加愿意为高收入者提供支持，而不愿意为低收入者提供支持，则明显带有交换模式；反之，如果高收入者更加愿意把支持提供给需要帮助的低收入者则为合作群体模式；如果父母通过提供孙子女照料换取子女的经济支持则为典型的"时间-金钱"的交换模式。目前，学者们针对中国农村家庭的代际支持行为已经验证了多种代际支持动机与模式：Secondi（1997）通过农村家庭内部的经济支持认为，利他与交换动机都是同时存在的

(Secondi, 1997); Lee 和 Xiao (1998) 通过对农村家庭经济支持的研究发现, 子女在对父母进行经济支持时会重点考虑父母的需求, 同时也是对父母早期投资的回报, 印证了合作群体模式和投资回报理论 (Lee & Xiao, 1998); Cong 和 Silverstein (2011) 通过对流动背景下子女的经济支持行为的研究, 同时印证了利他动机、交换模式以及权力与协商模式 (Cong & Silverstein, 2011)。虽然同时运用多种代际支持动机与模式解释农村家庭代际支持行为是难以避免的发展趋势, 但就现有研究结果来看, 不少学者认为中国农村家庭的代际支持模式是大致符合具有利他动机的合作群体模式的 (Shi, 1993; Lee et al., 1994; Lee & Xiao, 1998)。

二 双向的代际支持合作群体模式

利用中西方代际支持动机与模式共同解释中国农村家庭代际支持的方式已经被不少学者所采纳, 但是就目前的研究现状来说, 学者们对经济支持的关注远远多于对其他两类支持的关注, 而且不少代际支持模式的验证也是基于对经济支持的研究 (Secondi, 1997; Lee & Xiao, 1998), 这或许与农村社会经济相对落后有着较大关联。从西方代际支持的交换模式中也可清晰地发现, "金钱"与"时间"之间可能具有相互的替代与交换关系, 也就是说代际支持内部之间也是相互影响的, 但这并未受到国内学者足够的重视。此外, 单向的代际支持与农村的现实情况也不相符, 因为中国老年人与子女之间向来存在双向的资源流动 (Lee & Xiao, 1998; 姚远, 2001)。虽然农村老年父母的主要生活来源是子女提供的, 但父母继续支持成年子女的"逆反哺"现象一直普遍存在。有研究指出, 农民亲子关系中"反馈模式"与"代际倾斜"是明显并存的, 老年人在经济、家务、房屋居住、孙子女照料等方面持续为成年子女提供着源源不断的支持 (陈俊杰, 1995; 张文娟、李树茁, 2004a)。针对以往的单向代际支持研究关注点较为单一、忽略了代际支持内部关系以及缺乏互动视角等不足, 不少学者从更加全面系统的代际互动的视角对家庭代际支持进行了扩充研究, 越来越多的研究进行双向的代际支持关系分析 (Sun, 2002; 王树新、马金，2002；张文娟，2004），其中学者张文娟（2004）基于以往的代际支持研究还提出新的代际支持模式，并构建了相应的整体分析框架（张文娟，2004）。

在张文娟（2004）的研究中，她认为中国农村的家庭代际支持模式是大致符合合作群体模式的，这里所说的合作群体模式是经过本土化发展后已不同于西方原有的合作群体模式（张文娟，2004）。正如前文所述，西方的合作群体模式是要求家庭核心人物通过控制并有效地分配家庭资源，以达到所有家庭成员利益的最大化（Becker, 1974; Becker, 1983），这里所提及的资源更多地强调的是父母手中具有土地资源。然而，随着时代的进步，土地生产价值不断降低、知识更新换代速度在加快、老年父母劳动能力不断降低，资源的内容已经从以往的"土地"变为"工资与非工资收入"（Chau et al., 2007），农村老年父母所掌控的资源越来越少，伴随而来的就是家庭地位与权力的下降。即使如此，不少学者依旧认为农村家庭所具有的合作群体模式并没有随着老年父母支配权力的丧失而消失，而是以另外一种约束形式存在。在儒家文化千百年的深远影响下，传统的孝文化在强调了子女的赡养义务同时也强调了父母的家庭权威，加之国家法律所明文规定的赡养义务，使得传统的孝道文化依旧具有很强的约束力量，甚至于内化为中华儿女潜在的意识。由此，张文娟（2004）把合作群体模式中的资源控制支配权用血缘、亲情、孝文化、社会舆论对子女的约束和监督来替代，认为血缘、亲情、道德舆论、传统观念是解释老年父母支配权力丧失后合作群体模式依旧能够得以维系的重要原因（张文娟，2004），有效地把本土化的反馈论、责任内化论融入合作群体模式之中。

张文娟结合中国农村独特的社会文化在改进合作群体模式的约束机制的同时，也保留了西方合作群体模式中原有的资源分配效益最大化原则和需求原则。资源分配效益最大化原则，指家庭内部通过分工协作方式，用最低的成本实现老年父母照料的目标（张文娟，2004）。对于父母来说，为了实现老有所养的目标，可以增加对子女的教育、就业、健康的投入，以增加子女的回报能力（Lillard & Willis，1997）；对于子女来说则有着更加复杂分工协作方式，居住距离与父母较近的子女可以为父母提供更多的器械支持，与父母居住距离较远的则可以通过提高经济支持弥补器械支持的不足（张文娟，2004；陶涛，2011）；高收入的子女由于为父母提供消耗时间类的支持（器械支持或情感支持）的成本高于其他子女，则可以通过提高对父母的经济支持来避免为父母提供时间类支持，而低收入的子女则可以通过承担起与父母同住及日常照料的责任弥补其经济支持的不足（Hermalin et al.，1990）。合作群体模式中的需求原则，即家庭成员基于利他动机，将代际支持提供给家中最需要帮助的人，贫困、孱弱、年老的家庭成员都可能获得更多的代际支持（Lee & Xiao，1998）。学者边馥琴和约翰·罗根（2001）在进行中美家庭比较时发现，中国家庭以家长为中心，而美国家庭以孩子为中心（边馥琴、约翰·罗根，2004），因此在中国家庭中成年子女为父母提供支持要远远多于父母为子女提供的支持（Lee et al.，1994；Sun & Liu，1994），而老年父母的需求，如年事已高、身体较差、收入较低或丧偶更能影响父母代际支持的获得（Hermalin et al.，1992；Lee et al.，1994）。由此可见，父母的需求依旧是子女进行代际支持行为的重要考虑因素。张文娟在对改进后的代际支持模式进行分析框架构建时，遵循的主要原则包括：同时考虑代际支持提供者和接受者的影响；从父母视角和子女视角考虑双向的代际支持；不局限于经济支持研究，而是将所有单向的代际支持内容完整地纳入分析范围；关注单向代际支持双向流动的相互影响；关注单向代际支持内容之间的关系，并由此构建了双向代际支持合作群体模式（见图3-2）。

与单向代际支持反馈模式相比，张文娟发展的双向代际支持合作群体模式不仅融合了中国本土化的反馈模式，同时也融合了西方资源控制下的合作群体模式，使得农村家庭的代际支持模式不仅符合中国的文化背景，同时也具有了易量化的优点。而且，发展而来的双向代际支持合作群体模式比原来单向的代际支持反馈模式具有更全面、更系统的特点。从图3-2中可以看出，该分析框架包括子女之间、子女与父母之间、单向代际支持之间的联

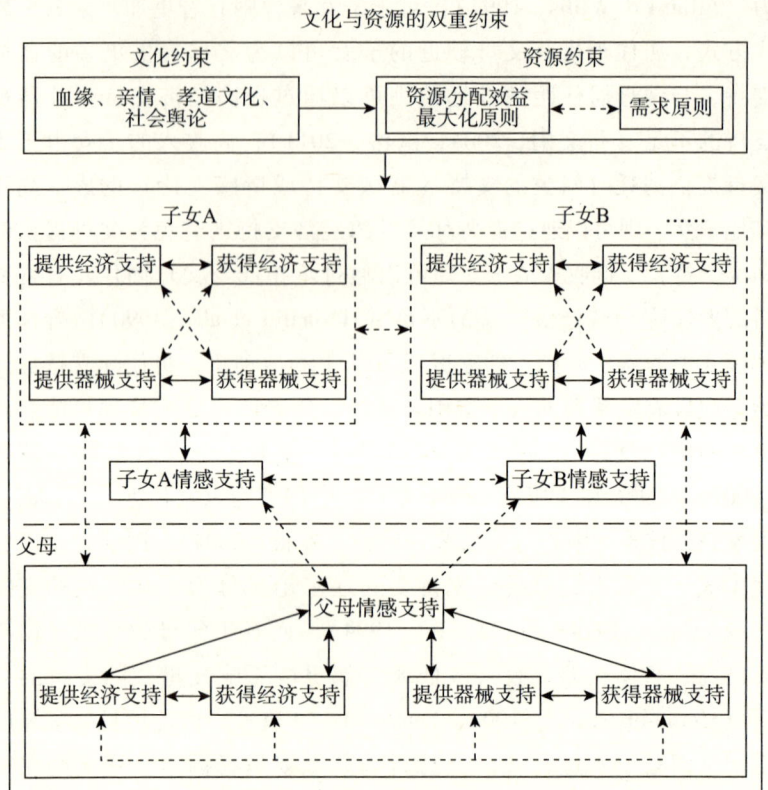

图 3-2 双向代际支持合作群体模式

系。图 3-2 中的实线代表直接联系，虚线代表着间接联系，上半部分以子女为分析对象时会考虑拥有不同资源的子女所具有的代际支持分工，下半部分以父母为分析对象时则会以父母提供和获得的代际支持总量为研究对象，分析家庭整体代际支持状况。其中由于情感支持本来就涉及代际双方，所以并不再分流向。从子女和父母双向的视角，综合考虑三项代际支持以及单向代际支持之间的联系，较好地弥补了单向代际支持研究的不足。

三 合作群体式的代际支持子女性别分工模式

随着研究的不断深入，学者们指出代际支持中不仅涉及代际关系，更涉及代内关系，在父系文化制度影响下的农村地区，代内关系最为明显的特征之一即代际支持的性别分工模式。在中国农村，儿子与女儿拥有着完全不同的养老角色，儿子与儿媳是承担父母养老的主力军，而女儿、女婿则承担着少量的辅助养老责任，特别是情感慰藉、关系调和的责任（徐勤，1996；Zhang，1999；陶涛，2011；尹银，2012）。同时，也由于儿子和女儿所承担的不同的养老责任，父母对儿子与女儿的投入与帮助也是有差异的，相比于女儿，儿子在教育、健康、成婚等方面都会得到父母更多的投入（Croll，2000；宋月萍、谭琳，2004；王智勇，2006；聂佩进、王振威，2007）。已有研究结论表明儿子与父母之间和女儿与父母之间的代际经济支持已经呈现不同的关系状态，即显示出子女性别分工差异，但依旧符合合作群体模式（Lee et al.，1994），由此已有研究提出了合作群体式的代际支持子女性别分工模式（宋璐、李树茁，2011；左冬梅，2011）。从约束机制来看，学者们所提出的代际支持子女性别分工模式依旧符合改进的合作群体模式，不仅融合了费孝通先生的"反馈模式"（费孝通，1983）、张新梅的"责任内化论"（张新梅，1999），依旧强调用传统文化下的血缘、亲情、孝道与社会舆论代替父母控制资源的能力，同时还强调资源分配效益最大化和需求原则。在已有的子女性别分工模式中不仅涉及了亲代与子代的双向代际支持交流，更涉及了与传统文化习俗相符合的性别分工（宋璐、李树茁，2011；左冬梅，2011），而且这些研究都是把中国传统的孝道文化、血缘道义等文化视角与资源约束视角相结合而进行的分析。

在双向的代际支持合作群体模式的基础上，合作群体式的代际支持子女性别模式在兼具前者特点的同时又有了新的发展与扩张，总结起来合作群体式的代际支持子女性别模式具有三方面重要特点。第一，基于性别的约束机制（宋璐、李树茁，2011）。从文化约束机制来看，传统孝道文化所强调的子女赡养责任主要是指儿子的赡养责任，随着社会文明的进步与性别平等的推进，当今社会法律与孝道才把女儿的养老责任放置于与儿子养老责任同等的地位，但是由于儒家文化的深远影响，诸多研究均表明儿子所承担的养老责任依旧多于女儿（徐勤，1996；Zhang，1999；陶涛，2011；尹银，2012）；此外，文化约束机制中所强调的血缘，在父系文化制度下血缘即男性血缘，男性才是家族姓氏延续和家族延续的主要人选。因此，有学者认为由于父系文化下对子女养老的文化约束机制存在性别差异，从而导致社会舆论对儿子与女儿的养老要求也存在基于性别的差异（宋璐、李树茁，2011）。第二，父母在代际支持中具有性别偏好。父系文化下儿子与女儿承担不同的养老责任，出于"老有所养"的目的，父母在代际支持过程中必然会更加偏向儿子，即表现明显的性别偏好（张文娟，2004；宋璐、李树茁，2011）。第三，子女在代际支持中具有性别角色意识。父系文化所具有的性别约束机制，不仅会使得父母带有性别偏好的倾向，而且也会让不同性别的子女具有潜在的养老责任的性别角色意识。目前依旧有不少实证研究证实儿子承担的养老责任多于女儿（徐勤，1996；Zhang，1999；陶涛，2011；尹银，2012），与儿子同住的父母也依旧多于与女儿同住的父母（Lee et al.，1994），由此可以证明基于性别的血缘、孝道文化以及社会舆论的约束机制已经内化成了子女对父母进行代际支持过程中的自我性别角色意识。基于前文分析，合作群体式代际支持子女性别分工模式如图3-3所示。

与双向的代际支持合作群体模式相比，图3-3中展示的最大的差异在于子女内部的分工，不再局限于关注拥有不同资源子女的内部分工，而且还关注了拥有不同资源的子女在代际支持上的性别分工。

四　已有代际支持模式所具有的特点

1. 注重传统文化和资源的双重约束机制

早期的研究认为家庭核心人物对资源的控制决定了资源的流向，代际的不同的资源条件成为判断代际支持流向与动机的重要依据。资源约束机制下的代际支持研究注重用有形的、可计算的方式表示各种支持。例如，用劳动力市场上一个小时的平均工资替换代际支持中的器械支持、情感支持（Cox & Rank，1992），该研究认为如果器械支持付出的时间成本高于在劳动力市场换取收

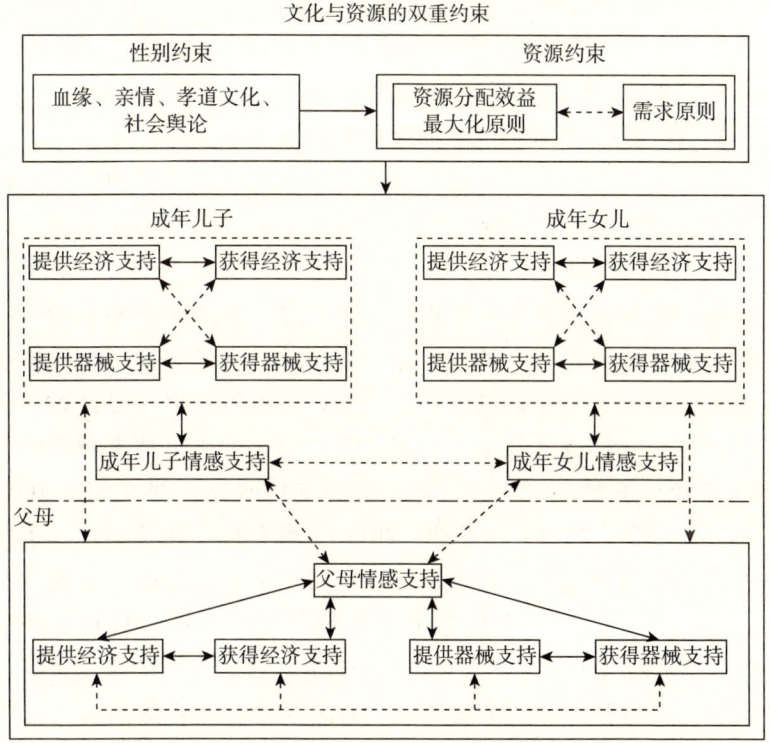

第三章 婚姻挤压对农村代际支持影响的分析框架 | 065

图 3-3 合作群体式代际支持子女性别分工模式

益的时间成本,那么子女会考虑购买服务或通过让劳动力市场价值较低的兄弟姐妹为父母提供器械支持,而自己通过提供较高额的经济支持避免自身时间成本的浪费(Sloan et al.,2002)。用理性经济人考虑成本与收益的方式确实有利于各类代际支持的比较与权衡,却无法解释有些子女即使器械支持付出的时间成本远高于其在劳动力市场中的时间成本,也仍愿意亲自为父母提供器械支持的现象(Schokkaert,2006)。因此,单一的资源约束机制不足以解释代际支持的流向与动机,由此学者们在利用资源判断优势的同时,也运用了费孝通先生的"反馈模式"、张新梅的责任内化论中传统养老文化所强调的孝道、血缘、道德等来解释代际支持的流向与动机。在单向代际支持的反馈模式中,比较注重用传统孝道文化与血缘道义进行代际支持动机的分析(姚远,2000);在双向代际支持合作群体模式中，张文娟用血缘、亲情、孝道文化与社会舆论的约束机制解释代际支持行为（张文娟，2004）；宋璐用父系文化下的性别约束进行代际支持的分析（宋璐、李树茁，2011）。

2. 亲代与子代双向互动的代际支持

有学者将中美之间家庭代际关系进行比较指出，中国或者说亚洲多数国家家庭代际关系是以家长为中心，而美国是以孩子为中心，中国及亚洲家庭中成年子女对父母的支持多于父母对子女的支持，而美国家庭中刚好相反（边馥琴、约翰·罗根，2004），由此在有关中国代际支持的实证研究中，学者们关注子女提供给父母的支持多于父母提供给子女的支持。但随着农村经济条件的提高，老年父母身体状况及经济状况也随之改善，越来越多的学者从父母和子女双向的视角进行代际支持研究（张文娟，2004；宋璐、李树茁，2011；左冬梅，2011）。在代际支持关系中，子代对亲代的反馈是真实存在的，以往也有不少研究证实了在农村有超过三分之二的老年人依靠子女提供的经济支持应付日常开支（Xu & Yuan, 1997），但亲代付出远远超出子代反哺的事实也是存在的，基于责任伦理、家族延续、血缘道义的"代际倾斜"被不少研究所证实（陈俊杰，1995；刘桂莉，2006）。因此，从亲代与子代双向互动的视角进行代际支持研究，有助于更详细、更准确地描述家庭内部的代际支持现状。

3. 性别偏好下的代际支持分工

在代际关系上，中国和其他亚洲家庭与美国家庭具有较大的差异，父系文化导致前者具有非常明显的性别偏好，即偏好男性，而后者并不具有性别偏好。传统父系家族体系赋予儿子的家庭责任与权利主要体现在传承家族姓氏、光耀门楣、养老送终和继承遗产等事务上，而女儿在外嫁之时，女儿所具有的各种权利与义务全部转移到其丈夫家，因此而导致中国及不少亚洲国家具有强烈的男孩偏好意识。许多有关亚洲的研究发现，无论是同住支持还是代际的联系与帮助，儿子对父母的付出是多于女儿的，儿子在实际性的代际支持中尤其是经济支持和生活照料上发挥着比女儿更重要的作用，而女儿则更多地为父母提供了情感支持与日常照料的辅助性的老年支持（Zhang，1999）。对于父母来说，他们也更加愿意与儿子特别是已婚儿子同住（Hermalin et al.，1992），父母对儿子的支持比女儿更频繁（Croll，2000；聂佩进、王振威，2007）。基于代际支持过程中的性别偏好与性别分工，不少学者已经提出了儿子与女儿的代际支持性别分工模式（宋璐、李树茁，2011；左冬梅，2011）。

4. 代际支持的内容日趋完善

伴随农村社会经济条件的不断提高，有关于代际支持的研究已经从早期主要关注经济支持，发展为共同关注经济支持、器械支持和情感支持的研究（张文娟、李树茁，2005；左冬梅，2011；高建新，2013）。经济支持一直处于代际支持的中心地位，学者们对经济支持的关注从未减弱过，根据亲代与子代之间的经济流动方向可以将代际经济支持划分为"双向流动、仅向上流动、仅向下流动、无流动"四种类型（李树茁等，2006）；根据代际经济支持流动的净值，还可以把代际经济支持划分为供养型、抚养型、互惠型和游离型（夏传玲、麻凤利，1995；陈功、郭志刚，1998）。中国农村老年人与子女之间的经济支持关系一直以供养型为主，而城市地区已经从供养型逐渐向游离型发展（陈功、郭志刚，1998；陈功等，2005），由此说明农村老年人的经济状况依旧差于城市老年人。器械支持一般包括家务支持和起居生活照料，在农村老年人没有丧失生活自理能力时，子女为父母提供家务帮助可视为子女对父母表达尊敬和孝顺的方式（王萍、李树茁，2011），在身体条件允许的情况下绝大部分农村父母会坚持自己做家务、做农活（Pang et al.，2004）；在农村父母身体健康状况恶化或年老体衰时，才会需要子女的照料，这时子女对父母的家务帮助和生活起居照料才是家庭共同应对生理衰老的方式（梁鸿，1999）。父母对子女的器械支持，大多是基于利他的动机，除了少数子女在面临疾病时需要父母对其生活起居进行照料，大部分父母都会为子女提供家务帮助、孙子女照料服务以让子女更安心地投入劳动力市场。此外，在物质生活不断丰富的时期，精神层面的生活受到越来越多的重视，甚至于有研究认为所有支持中情感支持作用是最为重要的，它比经济支持和器械支持更能促进老年人的精神健康（Silverstein & Bengtson，1994）。

5. 关注代际支持内部各项的关系

代际支持得以延续的重要原因就在于家庭成员之间的相互帮助与支持（Lee & Xiao，1998），这就意味着代际支持内部之间也是相互牵连、相互影响的。依据交换模式"投桃报李"的原则来说，从父母视角来看，父母可以通过提供孙子女照料来换取子女的经济支持（Cong & Silverstein，2008b；Cong & Silverstein，2011），为子女提供了器械支持的父母更有可能获得子女提供的经济支持（张文娟，2004）；从子女视角来说，为父母提供了器械支持的子女更有可能获得父母的经济支持帮助，为父母提供了经济支持的子女也更有可能获得子女的器械支持回报（张文娟，2004）。再从情感支持来看，代际支持频繁的经济支持和情感支持可以提高代际的情感亲密度，而和谐代际情感反过来又可以促进经济支持和器械支持发生的可能性（张文娟，2004；宋璐、李树茁，2011）。此外，同一类的代际支持因为不同的流向也可能产生相互影响的关系，以往已有不少研究结果表明，为父母提供了某一种代际支持的子女更有可能也获得父母为其提供的相对应的代际支持（张文娟，2004；靳小怡、郭秋菊，2011），即如"投桃报桃"的形式。由此，依据不同的流向而关注代际支持内部各项的关系有助于更加完善地了解与掌握农村代际支持状况。

第二节　婚姻挤压情境下代际支持子女婚姻差异模式的提出

一　已有代际支持模式的不足

已有的代际支持模式对代际支持过程中的代内关系考虑是不足的，代内关系其实不仅涉及兄弟姐妹性别的分工，还涉及基于性别视角的子女婚姻分工模式。从前文第二章中有关中国家庭子女代际支持的婚姻差异分析中可以明显看出，子女婚姻状况改变是会带来家庭代际支持关系的变动的,但已有的代际支持分析框架难以直接用于指导基于性别视角的子女代际支持的婚姻分工差异,因此有必要从子女在代际支持上的婚姻差异对已有的代际支持模式进行修正与补充。此外,持续的男性婚姻挤压必然会导致越来越多的大龄未婚男性的涌现,该现象的出现无疑是对中国家庭养老的巨大挑战与威胁。因此,在构建基于性别视角的子女代际支持的婚姻分工差异模式的同时,还需纳入中国男性婚姻挤压的特殊情境,以构建能够反映中国真实的农村家庭代际关系的分析框架。在新构建的代际支持分析框架中还需考虑以下几个方面的问题。

1. 交换模式与改进后合作群体模式并存

大量研究认为合作群体模式能较好地解释中国农村家庭的代际支持行为(Shi, 1993; Lee et al., 1994; Lee & Xiao, 1998),而且该理论经过学者们的改进与发展已经非常贴切地展示出中国农村的家庭代际关系。在张文娟(2004)的研究中,她把合作群体模式中的资源控制支配权用血缘、亲情、社会舆论对子女的约束和监督来替代,有效地把本土化的责任内化论融入合作群体模式之中(张文娟,2004)。同时,在张文娟(2004)的研究中,她还依据中国农村明显的男孩偏好现象,把父母的利他性改进为"为儿子自我牺牲",即父母更加愿意为儿子付出(张文娟,2004)。虽然不少学者更加倾向于合作群体模式,但并没有展示出强有力的证据来推翻交换模式。而且从交换模式所拥有的类型来看,无论是涉及家务帮助的短期交换还是有关家庭抚养与赡养的长期交换,都是与中国农村的现实情况相符的交换形式。此外,对于成年子女来说,成家立业后需要承担起养家糊口的责任,随着劳动力市场竞争愈加激烈,成年子女需要在劳动力市场中投入的时间也随之增多,从而导致他们无暇顾及家务的料理和子女的照料,现实的需要也促使家庭成员之间产生了交换的必要。学者Kohli和Künemund (2003)认为交换模式与合作群体模式之间并没有完全的分离 (Kohli & Künemund, 2003),Secondi(1997)在中国的研究也证实这两种模式是同时存在的 (Secondi, 1997)。而且,Cong 和 Silverstein

(2011)在研究中发现，在中国农村大规模人口流动的背景下，留守老人用照料孙子的方式换取外出子女的经济支持的交换形式愈加明显（Cong & Silverstein，2011）。由此，在进行改进后的合作群体进行代际支持研究时，有必要注意代际支持过程中可能出现的交换模式。

2. 代际支持内容还应有同住支持

正如概念界定中所提到的，代际支持是指不同代际存在"金钱、时间和空间"（Time，Money，and Space）三方面的相互支持与帮助，其中空间支持最明显的方式就是同住，同住支持又是最为复杂的代际支持，会同时涉及金钱、时间与空间（Hill & Soldo，1993）。国外已经有不少研究将同住作为代际支持的重要内容，例如，Boaz（1999）等人在研究中将代际支持分为时间、金钱和空间三方面内容，其中时间与空间相对应的测量为提供生活照料的时间和是否同住，同时他们的研究也认为三种类型的支持并不是相互独立的，同住支持可以促进生活照料，而金钱的帮助又可以弥补时间照料的不足（Boaz et al.，1999）；MacDonald（2006）在研究中则将代际支持内容分为同住支持、起居照料与时间帮助，其中时间帮助主要是指做家务或帮忙购物等，该研究的实证结果同样显示同住支持是可以促进起居照料和家务帮助的（Koh & MacDonald，2006）。不可否认的是，是否同住体现的是家庭居住结构，而以往不少研究都发现家庭的居住结构会增强或限制家庭成员在资源、情感以及联系方面的频率与类型（Litwak，1985；Lei，2013），由此推测是否同住也具有如此功效。已有研究发现同住支持与其他三类代际支持之间具有一定的关系，有研究发现，与父母同住的子女由于为父母提供了日常生活照料等方面的支持，从而会减少对父母的经济支持（谢桂华，2009；陶涛，2011）；对于不与子女同住的父母来说，因空间距离的阻隔会大幅度降低其所获得的器械支持（Zimmer & Kwong，2003；张文娟、李树茁，2004a），这些不与父母同住的子女更愿意用钱去补偿对父母照料的不足（张文娟、李树茁，2004b）。而国内的研究则更多的是从家庭居住安排作为家庭养老或代际关系的重要内容进行研究（姚远，2000；谢桂华，2009；王跃生，2012a；王磊，2013），是否与父母同住只是居住安排中的一种。

3. 子女婚姻对家庭整体及个体代际支持的影响

由于成年子女婚姻附带有关父母赡养方面的责任，子代的婚姻状况比亲代的婚姻状况更能够影响家庭代际支持，因此在分析家庭代际支持时有必要考虑子女的婚姻因素。从家庭整体的生命周期来看，家庭成员的婚姻关系的增减会导致家庭整体结构的改变（王跃生，2008），大部分家庭都会经历从核心家庭到直系家庭的转变。而家庭结构又与家庭代际支持形式密切相关，相比于空巢家庭、缺损家庭，传统的联合家庭和直系家庭最有利于家庭养老功能的发挥（孙丽燕，2004；张倩，2013），由此可见，子女的婚姻必然会对家庭整体的代际支持产生重要影响。然而，在婚姻挤压情境下，有大龄未婚儿子的家庭是无法顺利实现从核心家庭到直系家庭的转变的，越来越多的"失婚核心家庭"（仅父母与大龄未婚儿子组成的核心家庭）的出现给传统养老模式造成了巨大的挑战。再从个体正常的生命历程来看，绝大部分的农村居民会经历从未婚向已婚的角色转变，婚姻缔结不仅是子女完全独立的标志，更是家庭代际关系从"父母抚育为主"向"子女赡养为主"转变的重要拐点。在中国传统家庭观念中，只有父母为子女完成了婚姻大事，才算尽到了抚育子女的完整责任，由此家庭代际、血胤才得以传承与延续，亲代才获得子代的赡养责任（王跃生，2010a），据此推测子女个体的婚姻状况对其个体的代际支持行为也会有影响，因此有必要把子女的婚姻状况作为重要的指标纳入分析框架中。然而，随着男性婚姻挤压的持续，也将会有越来越多的农村男性无法进入家庭婚姻角色，而依照"社区情理"来看只要儿子未结婚，父母就没有完成自己的家长职责，就算父母年岁再大都不能被称为"老人"（杨善华、吴愈晓，2003），这类家庭中的代际支持又将呈现何种状况还有待于深入研究。由此，本书把子女的婚姻状况作为重要指标纳入分析框架中。

4. 基于性别视角的子女代际支持婚姻分工差异

在传统的父系家族体系下，代际支持带有明显的子女婚姻差异,这种婚姻差异也少不了传统的性别分工痕迹。对于成年子女来说,成立自己独立的核心小家庭绝对是进一步凸显子女性别差异最直接的方式,已婚儿子与已婚女儿承担着完全不同的家庭养老责任,同时也接受着父母完全不同的待遇。"代际反馈"与"代际倾斜"在已婚儿子身上绝对得到了淋漓尽致的反映,在代际反馈模式中,以往不少研究证实农村老年父母从已婚儿子和儿媳处得到的经济支持、生活照料是远远多于从已婚女儿、女婿处得到的支持的(徐勤,1996;陶涛,2011),而且目前中国农村最为普遍、最传统的居住模式依旧是老年父母与已婚儿子同住的形式。在代际倾斜模式上,父母对儿子的投入更是无与伦比,这种投入最为明显的形式就是承担为儿子盖房子、娶媳妇的绝大部分费用(陈俊杰,1995;王跃生,2010a)。在中国农村,普婚文化的盛行,使得父母把儿子的婚姻大事看得比自己生命还要重要与宝贵(孙淑敏,2005a)。父母在子女婚姻中的无私奉献与牺牲不仅是出于家族延续的需要,更是出于自身养老的需求(李银河,1994)。相比已婚儿子,已婚女儿在婚姻缔结过程中并没有享受到父母如此巨大的投入与关注,因此"代际反馈"和"代际倾斜"在已婚女儿身上的体现均是较为微弱的。在已有的研究中,虽然代际支持的性别差异已经得到了学者们的足够重视,但是对基于性别视角的子女代际支持的婚姻差异关注还远远不足,因此有必要加强对子女代际支持婚姻差异的研究。

然而,在婚姻挤压不断持续且日益加重的情况下,大量的未婚男性难以在初婚市场上适时婚配,已有少量研究指出大龄未婚儿子给予父母的经济支持可能性和量都少于已婚儿子(靳小怡、郭秋菊,2011),大龄未婚儿子对父母的代际反馈模式不如已婚儿子明显。从父母为子女花费的结婚费用来看,大龄未婚儿子如同已婚女儿一样,并没有得到父母过多的帮助,那么,在父系家族体系中大龄未婚儿子与已婚女儿在代际支持方面是否还存在性别差异依旧有待于进一步的研究。

5. 子女/兄弟姐妹之间的婚姻状况权衡对代际支持的影响

除了代内性别分工模式之外,代内兄弟姐妹的各自条件与行为的较量与权衡也会对家庭代际支持产生影响，由此使得家庭代际支持的性别分工模式变得更加的复杂多变。农村子女会通过理性算计来决定养老行为的选择（狄金华、李静，2013），以往的研究更加关注子女之间经济实力的较量与权衡（狄金华、韦宏耀、钟涨宝，2014），却忽略了子女/兄弟姐妹彼此婚姻状况权衡下的代际支持选择行为。事实上，家庭内部兄弟姐妹依据各自婚姻状况的权衡而决策自身的代际支持行为也是真实存在的，如果家庭子女中有未婚、有已婚，对于已婚子女来说，无论是从家庭责任分配还是从社会舆论压力来看他们都是承担赡养父母的主力，而未婚子女在未成家立业之前是可以不承担父母的赡养责任的。如果家庭中有多个儿子且儿子全部已婚，则所有的已婚儿子都有义务履行赡养父母的责任，轮居、独居、与长子或次子同住都是可能出现的养老形式。如果家里还有一个儿子没有结婚，依照"没结婚不分家"家族文化，父母只能继续与未婚儿子同住，并继续帮助未婚儿子成家立业，这时家庭抚育功能依旧大于家庭养老功能。这时，对于其他已婚儿子来说，他们可以因为未婚兄弟对父母的陪伴而减少探望父母、帮父母做家务的频率，却依旧需要履行对父母的经济赡养责任。

对于已婚女儿来说，婚后其所具有的赡养责任的转移，使得以往的研究中对已婚女儿的家庭养老地位关注不足（朱爱岚，2004），殊不知，即使外嫁，已婚女儿还是会与娘家保持紧密关系（阎云翔，2006）。例如，在快速变迁的农村家庭，为了减轻亲生父母的经济负担与压力，部分已婚女儿会提供金钱支持以帮助其兄弟上学或结婚，或者是帮助兄弟赡养父母（唐灿、马春华、石金群，2009）。已婚女儿是如何分担未婚兄弟的赡养责任尚不明了，因此还有必要将兄弟姐妹婚姻状况权衡纳入代际支持的研究框架中。

二　婚姻挤压背景下代际支持子女婚姻差异模式的提出

基于已有代际支持模式不足和婚姻挤压的现实，本书将提出适用于解释婚姻挤压背景下代际支持子女婚姻差异模式。本书依旧认同经传统文化改进后的合作群体模式，但是在婚姻挤压不断持续的情况下，原有的合作群体模式已不足以解释婚姻挤压下的代际支持行为，父母用帮助儿子成婚换取养老资源的交换模式也是可能存在的。由此，本书提出在婚姻挤压背景下农村家庭的代际支持子女婚姻差异模式是交换模式与合作群体模式并存的代际支持模式，而且原有的文化、性别、资源约束已不足以支撑这两种模式的识别，还需从婚姻视角进行再次的改进。在文化约束机制下父系文化中性别约束依旧会起作用，而普婚文化也会在家庭代际支持中发挥重要作用。在传统责任伦理和家族延续的思想支配下，父母为子女成婚尤其是为儿子成婚时竭尽所能的帮助，已经成为普婚文化下的一种行为规范和生活方式，这种代际倾斜的付出不仅是出于家族延续的考虑更是换取老年生活保障的有效途径（李银河，1994），因此推测普婚文化下"儿子结婚"与"父母赡养"之间的利益关系也是代际支持发生的约束机制。

在资源约束下，以往的交换与合作群体模式中的资源大多为有形可见的资源，例如工资收入、土地、职业、教育等，在婚姻挤压背景下儿子的婚姻状况也可以视为一种间接的资源。首先，从交换模式来看，父母可以利用帮助儿子结婚这个资源来换取养老资源，事实上在农村资源尤其是有形的财富资源在成年子女结婚时的转移最为明显（贺雪峰，2009；桂华、余练，2010；王跃生，2010a）。此外，随着性别失衡的持续、婚姻花费的高涨、房屋建造价格的上涨，单凭儿子一己之力根本无法应对高额的结婚费用，儿子的婚姻花费常常需要父母多年的积攒，这也成为代际财富转移最为主要的途径（王跃生，2010a）。对于父母来说，只有完成了儿子的婚事，才算尽到养育子女的全部义务与责任，才能使得家庭的代际、血胤得以传承与持续，也只有这样子代才会承担亲代的赡养责任（王跃生，2010a）。由此可见，亲代帮助子女尤其是帮助儿子成婚与子代赡养亲代之间早已形成了特征明显的"交换形式"，只是这种交换形式并非只是纯粹的交换目的，同时这种交换中还掺杂着婚姻的社会与文化意义。然而，对于大龄未婚儿子来说，他们并没有得到父母对其结婚的帮助，这种状况的出现是否会改变延续多年的家庭代际交换形式有待于进一步的研究。基于交换模式的代际支持分析，不仅可以揭示出农村普遍存在的"婚姻与养老"的交换形式，还有助于分析婚姻挤压背景下基于子女婚姻而产生的交换模式的变迁，有利于我们更全面地了解农村家庭代际支持模型。其次，从合作群体模式来看，正如前文所介绍的，合作群体模式的最终目标是实现整个家庭利益的最大化，父母加大对子女的人力资本投资不仅期望子女自身能够在劳动力市场中获取高回报，同时也是期望自身能受益于子女的高回报，而父母帮助成年子女成婚对其自身与子女的所获收益来说，绝不亚于对子女人力资本投资所带来的家庭福利的增长。对成年子女自身来说，众多研究都一致发现婚姻不仅能有效提高经济收入，而且为已婚者在身体健康、心理健康、性健康、社会支持、社会融合等多方面都铸造了坚实的保护伞（Gove et al., 1983；Barrett, 1999；李艳、李树茁，2011；王磊，2012a；杨博、阿塔尼、张群林，2012）。最后，对于已婚者父母来讲，帮助成年子女尤其是帮助儿子顺利成婚，不仅能够心安理得地接受已婚儿子的赡养义务，而且还能享受到儿媳的生活照料服务，以往不少研究证实儿媳是照料老人的主要承担者（陈彩霞，2000；王华丽、熊茜、于欣，2006；郑安琪，2012），没有儿媳照料的父母更加容易陷入抑郁情绪之中（Cong & Silverstein, 2008b）。由此可见，父母帮助子女成婚过程中的代际资源的转移可以实现家庭整体利益最大化的目标，这与合作群体模式基本宗旨相符。然而，在男性婚姻挤压情境下，大量未能结婚的大龄儿子没有接受父母对其的结婚帮助，那么以往被无数次验证过的合作群体模式在中国农村是否依旧适用还有待于研究。

三 婚姻挤压情境下代际支持子女婚姻差异模式的特点

婚姻挤压情境下代际支持子女婚姻差异模式除了具有以往代际支持模式的特点之外，同时还具有与以往代际支持模式所不同的特点，主要包括以下几点内容。

1. 将婚姻挤压的各类相关利益群体作为分析单位

大龄未婚男性是性别失衡与婚姻挤压的直接受害者，但有不少研究指出除了大龄未婚男性，女孩/女婴、已婚男性、已婚女性、未婚女性、老年人以及大龄未婚男性家庭都是间接的受害者（靳小怡、刘利鸽，2009；韦艳、李静、李卫东，2012）。因此，在研究性别失衡和男性婚姻挤压的社会后果时，不应该只将研究对象局限于大龄未婚男性，而应该将研究对象扩大到与男性婚姻挤压直接或间接的利益相关人群身上，从而能够更加全面、系统地对性别失衡的负面后果做出预测性的研究。在家庭代际支持方面，与大龄未婚男性直接相关的群体就包括大龄未婚男性的父母、大龄未婚男性的兄弟姐妹，由于儿子与女儿不同的养老地位，本书还将进一步地区分大龄未婚男性的存在对其已婚兄弟和已婚姐妹的影响；与大龄未婚男性间接的相关利益群体则是与之相对应的已婚男性、没有大龄未婚男性的家庭以及没有大龄未婚男性的兄弟姐妹，本书认为这类人群与大龄未婚男性具有间接关系的理由是：这一类人群与前一类人群共同处于男性婚姻挤压的大背景下，据以往研究发现农村人如果在同一村庄生活，同龄人有机会一起干活、聊天和串门，由此彼此相互了解、信息沟通快，老年人很容易将自己得到的供养与同龄人相比较或攀比，如果通过比较感知自己得到的太少，则有可能选择减少对子女投入、要求子女增加供养等方式改变家庭代际支持现状，如果通过比较感知自己得到的还可以，则会提高其生活满意度（许艳丽、谭琳，2001）。此外，把没有大龄未婚男性的家庭、已婚男性以及没有大龄未婚男性的兄弟姐妹与有大龄未婚男性家庭、大龄未婚男性以及有大龄未婚男性的兄弟姐妹进行一一对比的方式，也有助于更加直观地把握婚姻挤压对家庭代际支持所带来的影响程度。

2. 性别与婚姻双重视角下的代际支持研究

基于前文对已有的代际支持模式缺陷的分析可知，在父系家族体系下，儿子与女儿不同的养老功能已经得到了足够的重视，而且学者们还围绕性别分工提出了子女在代际支持上的性别模式（宋璐、李树茁，2011；左冬梅，2011），却忽略了基于性别视角的子女代际支持的婚姻分工差异。为了弥补以往研究的不足，也为了进一步地完善已有的代际支持模式，在本研究中将会同时关注到性别与婚姻双重视角下的代际支持，并重点关注子女在代际支持上的婚姻分工差异。在家庭整体层面的代际支持研究，由于本书的被访对象绝大多数拥有多子女，不少家庭是儿女双全的类型，所以在家庭层面并不适用性别视角的纳入。在个体整体层面的代际支持，由于儿子的主体养老地位，本书首先会将儿子群体作为研究对象，分别分析是不是大龄未婚男性以及是否有大龄未婚兄弟对儿子个体代际支持行为的改变程度，以观察婚姻挤压背景下儿子的主体地位是否被动摇；其次，再将已婚女儿纳入分析对象，分析婚姻挤压因素对已婚女儿个体代际支持行为的改变程度，以观察婚姻挤压背景下已婚女儿的养老地位是否有所提升。

3. 考察家庭成员基于婚姻状况权衡下代际互动关系

正如前文所分析的，以往研究中主要围绕兄弟姐妹之间经济实力的权衡进行代际支持研究（狄金华、韦宏耀、钟涨宝，2014），很少有研究会从兄弟姐妹婚姻状况的权衡进行代际支持的研究。家庭关系虽不如社会那样具有庞杂的关系网络，但是纵向的代际关系和横向的代内关系已经足以形成一个复杂的家庭关系网络。依据合作群体模式，代际关系的相互支持通过跨时间的契约得以保障（Shi，1993；Lee & Xiao，1998），代际互动关系的内容也是亲代与子代之间的物质性和精神性的互动；代内的互动关系网络则更多地围绕共同的父母而形成，而且代内间互动的内容主要就是围绕着如何赡养或照顾好老年的父母而展开的（许放明，2005）。但由于代内每个兄弟姐妹的自身情况和家庭条件不尽一样，由此有学者认为家庭内部还有一种基于资源形成的家庭网（许放明，2005）。对于不同婚姻状况的子女来说，不仅存在资源的权衡，也会存在婚姻状况的权衡，已婚子女比未婚子女承担更多的养老责任，未婚子女比已婚子女享受更多的父母的抚育。在婚姻挤压背景下，相对于其他兄弟姐妹的婚姻状态来说，大龄未婚男性的婚姻状态已经不仅仅是婚姻形态的表现，更是拥有资源程度的表现，以往众多研究都表明婚姻挤压的后果主要是由贫困的男性和家庭所承担（陈友华，2004；石人炳，2006）。对这些有大龄未婚男性的家庭来说，大龄未婚男性不仅意味着其拥有资源的贫乏，还会导致父母的养老缺乏儿媳照料的困境，针对这种情况其他已婚的兄弟姐妹可能会弥补大龄未婚男性所缺乏的代际支持。因此，考察家庭子女内部基于婚姻状况权衡下的代际支持模式，有助于更深入地了解婚姻挤压对家庭养老所带来的负面后果。

由此，本研究所构建的能够解释男性婚姻挤压情境下的代际支持子女婚姻差异模式见图3-4。

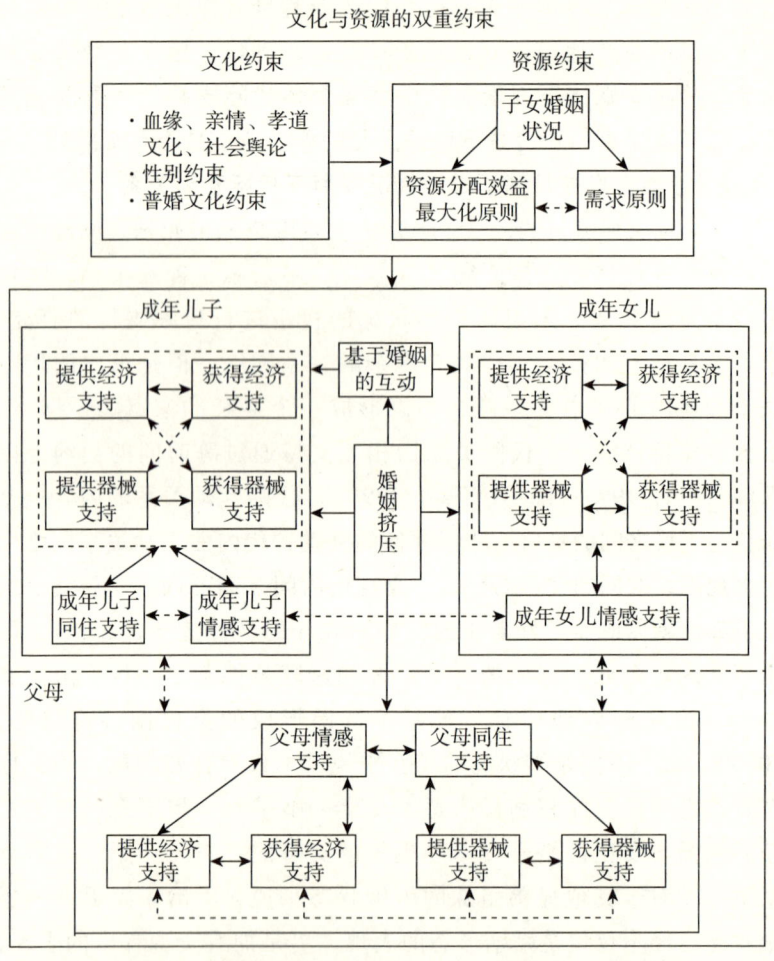

图3-4 婚姻挤压情境下代际支持子女婚姻差异模式

基于中国当前男性婚姻挤压的现实情境和已有的代际支持模式的不足，图3-4是围绕着子女婚姻状况发展并完善已有的代际支持模式。在中国农村地区，子女的婚姻不仅承载着家庭结构变迁、家族延续、人丁兴旺的重大社会和文化意义，更是体现了亲代与子代之间的资源交换，是集合传统文化与资源交换于一体的重要指标，因此有必要将子女婚姻状况纳入新构建的代际支持模式之中。在父系家族系统下，子女婚姻状况的改变尤其是儿子婚姻状况的改变不仅涉及个体家庭角色的转变，更涉及整个家庭结构以及家庭关系的改变，进而引发的家庭整体与个体代际支持的变更也是错综复杂的。因此，在构建新的代际支持模式时除了纳入子女婚姻状况因素之外，还会围绕着子女的婚姻进行性别的区分以及兄弟姐妹婚姻状况权衡的区分，即考虑子女间基于各自的婚姻状况而进行的代际支持互动行为。此外，图中 3-4 中同住支持与情感支持类似都是涉及代际双方，因此也不再做流向区别。而且，由于在父系文化下成年尤其是已婚女儿与父母同住的比例极低，因此成年女儿处并不考虑同住支持。

第三节 婚姻挤压情境下农村家庭代际支持的分析框架

一 婚姻挤压情境下农村代际支持分析框架的提出

用有形的资源作为测量合作群体模式和交换模式的关键要点已经被学者们所广泛接受，并在此基础上形成了主要的原理和核心的概念体系，但如何将改进后的交换模式和合作群体模式转化为本书的实际理论问题，以及怎样的变量设计和测量方法能够体现出婚姻挤压、代际支持子女婚姻差异、代际与代内互动、兄弟姐妹婚姻状况的权衡等核心概念的确切定义，并构建能够反映男性婚姻挤压情境下的农村家庭代际支持的统计模型也是本书研究的关键之处。

在家庭整体代际支持方面，以往研究分析发现家中大龄未婚儿子的存在会削弱家庭整体代际支持水平，有大龄未婚儿子的家庭，父母在经济支持、情感支持方面所获的福利明显不如无大龄未婚儿子的家庭（靳小怡、郭秋菊，2011；郭秋菊、靳小怡，2012），而且儿子被迫大龄未婚状态使得儿子承担了部分本应由儿媳承担的生活起居照料责任，但即使如此也依旧难以弥补因失婚给父母造成的情感压力（靳小怡、郭秋菊、崔烨，2014），由此推测家中大龄未婚儿子的存在会影响家庭整体代际支持水平。在有关儿子个体代际支持研究中，以往研究发现大龄未婚儿子给予父母经济支持可能性和实际支持量均少于已婚儿子（靳小怡、郭秋菊，2011），在器械支持上大龄未婚儿子与已婚儿子之间并无显著差异（靳小怡、郭秋菊、刘蔚，2012），但大龄未婚儿子显示出的与父母的情感水平弱于已婚儿子（靳小怡、郭秋菊、刘蔚，2012）。同时，依据以往研究可知，子女间的代际支持行为并非完全独立，而是会受到家庭成员尤其是兄弟姐妹的相互影响（许艳丽、谭琳，2001），由此推测大龄未婚男性的存在可能会影响其已婚兄弟的代际支持行为。在有关女儿个体代际支持中，由于女儿家庭养老的辅助地位，大部分研究仅从性别视角分析女儿养老地位在现代社会中是否有所提高，但很少有研究会同时考虑到子女性别与婚姻交叉影响下的女儿代际支持行为的改变。从以往研究中可知，在婚姻挤压现象下一些贫困家庭为了让家里的儿子能够成婚，甚至于用"换亲"即用自己女儿换取别人家女儿的畸形手段（莫丽霞，2005），在现实生活中已婚女儿也会分担兄弟上学、结婚和赡养父母的实践活动（唐灿、马春华、石金群，2009），由此推测婚姻挤压对家中的女儿代际支持也存在影响。为了更加全面地体现婚姻挤压对代际支持的影响，也为了体现兄弟姐妹基于婚姻状态权衡下的互动，在构建家庭整体代际支持分析框架时，本书将重点考虑家中有无大龄未婚儿子对家庭整体代际支持的影响；在构建个体代际支持分析框架时，重点考虑子女本人是否为大龄未婚儿子，以及已婚子女是否有大龄未婚兄弟对个体代际支持的影响。此外，婚姻挤压还能作为反映代际支持子女婚姻差异模式中的社会层面的重要因素，因为正是普婚文化的盛行才更加凸显了婚姻挤压的尴尬局面，而婚姻挤压本身就是社会变迁大背景的一个缩影。

要识别婚姻挤压下代际支持行为如何体现交换模式和合作群体模式，要注意以下几种关系。第一，儿子婚姻与代际支持之间的关系。改进后的交换模式和合作群体模式是将"儿子婚姻"也视为一种资源，识别帮助儿子成婚是不是父母换取养老资源的途径，如果儿子是已婚状态会回报给父母更高的代际支持水平，而儿子是大龄未婚状态则会大幅度减少对父母的代际支持回报，则符合改进后的交换模式；相反的，如果不管儿子处于何种婚姻状态都不会降低对父母的代际支持回报，儿子已婚状态可以实现家庭利益的最大化，儿子大龄未婚则可能受孝道文化的驱使而实现家庭利益最大化，那么就符合改进后的合作群体模式。第二，社会经济地位与代际支持之间的关系。以往的代际支持研究中一直将社会经济地位作为区分交换模式与合作群体模式的关键因素（Cox, 1987; Cox & Rank, 1992; Sun, 2002）。依据资源判断优势可知，交换模式中出于交换目的，资源提供者只会跟有能力回报者进行交换，即高收入者更有可能获得代际支持；反之，在合作群体模式中是出于利他目的，资源提供者不会考虑资源接受者的回报能力，即低收入者更有可能获得代际支持。由此，代际关系中各自所拥有的社会经济地位是判断交换模式和合作群体模式的关键因素。此外，对于成年子女与父母来说，社会经济地位形成于生命历程的早期，具有一定的稳定性，其所反映的不仅是调查时点的资源交换，更能代表长期而稳定的资源交换。因此，在分析框架中本书将社会经济地位视为长期的资源交换。第三，代际支持内部的关系。交换模式最为普遍的形式为"时间"换取"金钱"，例如父母用帮助子女做家务的方式换取子女的经济支持。除了这种"投桃报李"的交换模式，"换工"的交换模式也是可能出现的，例如父母帮繁忙的子女做家务，子女空闲时再反过来帮助父母做家务，也是现实生活真实存在的交换模式。因此，依据四种代际支持内部的关系，可以为判断家庭和个体代际支持是否符合交换模式提供支撑。由于笔者调查的代际支持状况以一年为限，所以将四种代际支持也视为短期的资源交换。第四，资源需求与代际支持关系。中国农村家庭养老的核心是满足亲代的需求，如果亲代的丧偶、健康恶化、年岁增高可以换取更多子女的代际支持，则为合作群体模式；反之，如果亲代恶化的状态被子女视为负担,从而减少了对父母的代际支持,则为自利性的交换模式。由此,为了区别交换模式与合作群体模式,在构建婚姻挤压对家庭代际支持影响的分析框架时,本书将把子女婚姻、长期资源交换(社会经济地位)、短期资源交换(代际支持)和需求这四类因素同时纳入分析框架中,其中会重点考察子女婚姻对代际支持的影响。

依据前文的分析,分别建立了婚姻挤压情境下家庭整体和子女个体的代际支持子女婚姻差异模式的分析框架。在该分析框架中,各要素包括因变量、自变量、控制变量及影响路径(见图3-5)。

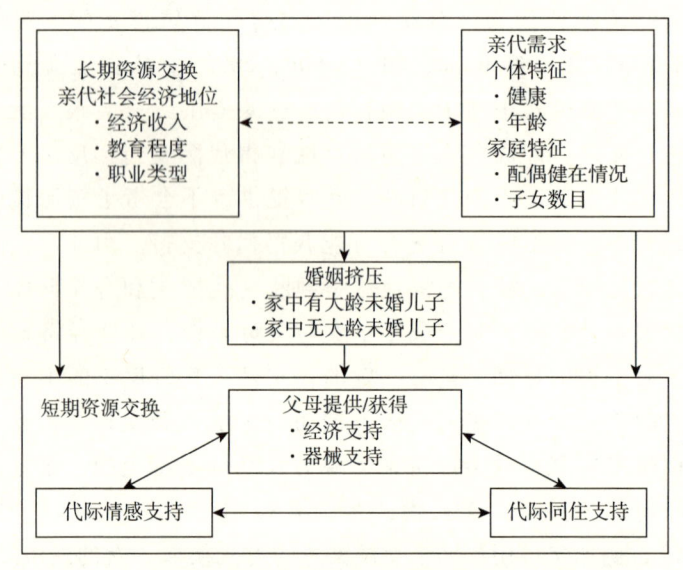

图3-5 家庭整体代际支持子女婚姻差异模式的分析框架

图3-5为以家庭整体为分析单位的代际支持婚姻差异模式分析框架图。对于整个家庭的代际支持而言,为父母与所有成年子女之间的代际交换,在一定程度上可以说是"一对多"的分析单位,代际交换所对应的双方分别为"被访父母中一位"和"所有的成年子女"。其中,家中有无大龄未婚儿子作为家庭是否遭受婚姻挤压的关键识别点,对于个体的家庭角色转换和家庭整体生命周期转换都起着重要的作用。

图3-6为成年子女个体代际支持婚姻差异模式的分析框架。

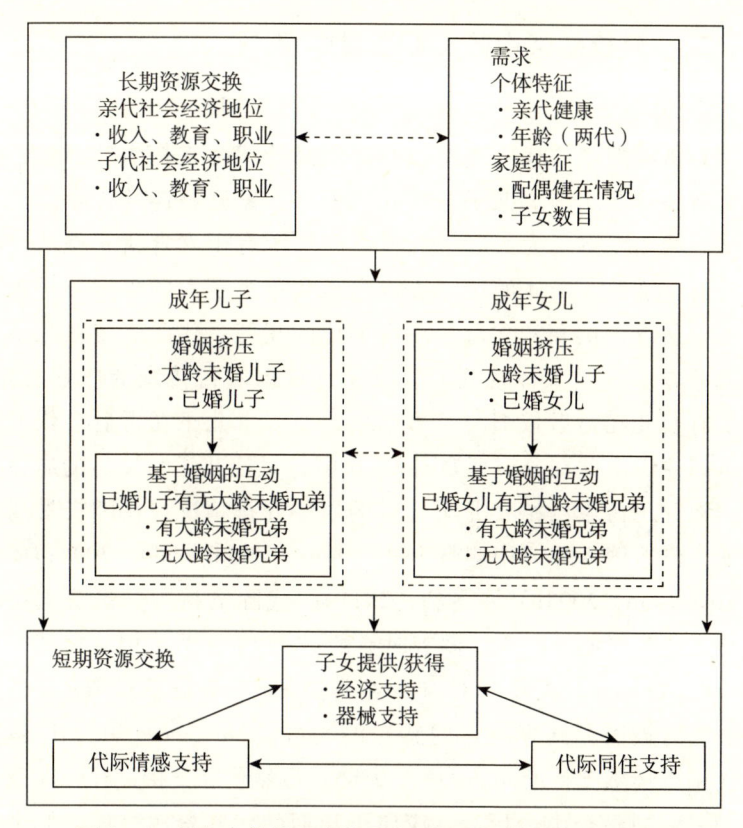

图 3-6　子女个体代际支持子女婚姻差异模式的分析框架

这里的分析层次是以每个成年子女个体为分析主体的，分析的内容是父母与单个成年子女之间的代际交换，可以称之为"一对一"的分析单位，即代际交换所应对的双方分别为"被访父母中的一位"和"单个的成年子女"。由于以单个成年子女作为分析对象，涉及成年子女的性别、婚姻状态，以及家庭内部兄弟姐妹相对的婚姻状况，由此单个成年子女是否遭受到婚姻挤压的识别点包括两个，一是自身是否为大龄未婚男性，二是已婚者是否有大龄未婚兄弟，同时还在这两个识别点上加上性别因素的考量，婚姻与性别视角下的双重考量有助于理解个体家庭角色的转换和家庭内部基于婚姻产生的差异。

二 分析框架中的主要变量介绍

1. 因变量

分析框架中的代际支持与前文定义的代际支持内容一致，但是具有整体与个体、儿子与女儿的差异。家庭整体的代际支持是从父母的角度将其为所有子女提供和从所有子女处所获得的代际支持进行加总，个体的代际支持则是从单个子女的角度分析单个子女为父母提供和从父母处获得的代际支持。代际支持在儿子与女儿差异上的最大体现为同住支持，依据农村传统的居住安排，极少有女儿在婚后依旧与父母同住，而不少儿子在婚后会依旧与父母同住，由此在分析框架图3-6中只讨论儿子与父母的居住安排，而并不讨论已婚女儿与父母的居住安排情况。在因变量测量方面，借鉴国内外通用测量方式（Koh & MacDonald，2006；Cong & Silverstein，2008b；左冬梅，2011），代际支持中的经济支持和器械支持的时间期限均以调查时点的过去12个月为限，情感支持则借鉴Mangen等人在1988年的经典量表进行代际情感亲密度的测量，是对被访者调查时点的感知的测量（Mangen et al.，1988），此次调查情感支持的alpha值为0.85。虽然代际支持过程会涉及个体和家庭的整个生命历程，应属于长期的代际资源交换，但是很难有研究能将个体和家庭的整个生命历程纳入分析之中。这不仅涉及个体、家庭的特性，同时更会涉及整个时代的变迁，例如，要将不同年份的经济支持放入同一模式就会涉及通货膨胀率的换算。由此，本书将以一年为限的代际支持视为短期的资源交换。

2. 自变量

（1）家庭婚姻挤压因素

以往研究已经证实大龄未婚男性的存在对整个家庭的代际关系、家庭地位、家庭经济状况等都会存在明显的负面影响（靳小怡等，2010），但是我们尚不明了大龄未婚男性的存在对整个家庭代际支持的规模与质量的影响程度。由此，本书以家中是否存在大龄未婚男性作为家庭是否遭受婚姻挤压的重要指标。正如前文所述，儿子的婚姻不仅是个人事务，更是家庭事务，反映了家庭资源的交换，同时也反映了传统文化中家族延续的重大意义，因此使用"家中是否有大龄未婚儿子"的变量不仅可以体现出代际支持过程中的资源与传统文化的双重约束机制，还能体现亲代与子代间的互动关系，同时该变量的设置更是社会宏观特征在微观家庭中的体现，即对男性婚姻挤压大背景的展示。此外，该变量的设置还有助于从家庭整体的视角对代际支持中的代内互动关系进行有效的分析。依据以往研究结论，家庭成员内部的行为也是相互影响的（Cook，2001），父母在对子女兄弟姐妹间进行资源分配时会考虑子女的整体以及子女的相互作用（Rosenzweig & Wolpin，1994），同时子女在进行是否给予老年父母支持决策时，不仅会考虑自身条件，同时也会考虑其他兄弟姐妹的行为与条件（Soldo & Hill，1995）。一些基于合作群体模式解释中国家庭代际支持行为时，认为同一家庭内部的子女间会根据父母的需求寻求成本最小的分工方式给予父母支持（Bian et al.，1998；Sun，2002；张文娟，2012），家庭内部的代际支持分工也是遵循着资源最优化的原则（Lee & Xiao，1998；Becker，1983）。依据家庭内部存在的互动关系，可以推测对于有大龄未婚儿子的家庭来说，父母可能依据大龄未婚儿子的情况而改变对其他子女的代际支持方式；反过来，依据子女内部的互动和资源优化原则，大龄未婚男性家庭中的其他兄弟姐妹可能会通过自身条件与大龄未婚兄弟条件对比而改变对父母的代际支持行为，同时也有可能弥补大龄未婚兄弟对父母所缺失部分的需求与支持。

（2）个体婚姻挤压因素

大龄未婚男性的存在不仅会影响家庭整体的代际支持水平，更是会影响单个个体的代际支持水平。以往少量的定量与质性研究表明，大龄未婚男性给予父母较少的经济支持，却需要父母更多的经济帮助（莫丽霞，2005；靳小怡、郭秋菊，2011），他们的存在还会损害代际情感亲密程度（韦艳、靳小怡、李树茁，2008；靳小怡、郭秋菊、崔烨，2014），而且大龄未婚男性除了独居，大部分会选择与父母同住（莫丽霞，2005；王磊，2012a；王跃生，2012b）。以往的这些有关大龄未婚男性的研究只是涉及了片面或部分的个体代际支持行为，却无法还原个体的全面且互动的代际支持行为，更无法展示大龄未婚男性的存在对其他正常已婚兄弟姐妹的代际支持行为的影响。由此，基于传统且天然的性别视角，本书将更多地从婚姻、子女互动的视角进行个体的代际支持研究。由于儿子在中国农村主体的养老地位，本书将首先以儿子是否为大龄未婚男性作为测量个体是否直接遭受婚姻挤压的重要指标，比较大龄未婚儿子与已婚儿子之间的代际支持行为差异。其次，从家庭内部个体兄弟姐妹的互动关系视角，即兄弟间相互婚姻状态权衡下的研究视角，进一步地以已婚男性是否有大龄未婚兄弟作为测量个体是否间接遭受婚姻挤压的重要指标，比较有大龄未婚兄弟的已婚男性和没有大龄未婚兄弟的已婚男性之间的代际支持行为差异。对男性婚姻挤压背景下各种不同类型的儿子群体的个体代际支持行为研究，意在探索男性婚姻挤压背景下儿子的主体养老地位是否有所动摇。再次，鉴于女儿养老地位的日益上升（唐灿、马春华、石金群，2009），本书将比较大龄未婚儿子与已婚女儿之间的代际支持行为差异，旨在分析大龄未婚男性的存在对已婚女性代际支持的影响，同时也意在进一步探索男性婚姻挤压背景下传统的子女代际支持的性别分工是否有所颠覆。最后，同样以家庭内部兄弟姐妹各种婚姻状况权衡互动的视角，进一步地以已婚女性是否有大龄未婚兄弟作为测量个体是否间接遭受婚姻挤压的重要指标，比较有大龄未婚兄弟的已婚女性和没有大龄未婚兄弟的已婚女性之间的代际支持行为差异。

此外，个体子女是否为"大龄未婚男性"比"家中是否有大龄未婚男性"能够更加直接地体现代际支持过程中的资源与传统文化的双重约束，因为基于性别视角的个体是否为大龄未婚男性不仅可以反映其个体是否获得过父母的结婚资源转移，更能体现中国传统文化中家族延续的社会意义，也能体现社会变迁。该指标的设置还体现了代际的互动，以及宏观的性别失衡与男性婚姻挤压在微观个体身上的体现。不仅如此，以已婚的兄弟姐妹有无大龄未婚兄弟作为婚姻挤压的间接指标，也有助于理解子女间的基于婚姻权衡下的代际支持互动关系。

3. 其他个体与家庭特征

(1) 长期交换因素

家庭整体代际支持研究中主要包括亲代的社会经济地位，即教育程度、职业与收入，个体代际支持研究中则包括亲代与子代双方的社会经济地位。在以往的代际支持研究中发现，较高的社会经济资源能够促进代际交换（Eggebeen & Hogan, 1990）。

(2) 短期交换因素

同因变量一致，本书将以一年为限的代际支持视为短期的资源交换。据以往研究可知，代际支持内部也是相互影响、相互牵制的，甚至于还存在一定的替代关系（张文娟，2004）。例如，情感支持与经济支持和器械支持密切相关，融洽的情感支持可以促进经济支持与器械支持的交换，反过来，频繁的经济支持和器械支持又可以增强情感深度（张文娟，2004；王跃生，2010b）；同住的居住安排就为其他三类代际支持的交换提供了便利的场域，同住的安排还可以为代际带来更多的器械交换（Hill & Soldo, 1993；谢桂华，2009）。此外，以往的有些研究还证实经济支持与器械支持之间存在一定的替代关系，经济条件较好的子女为了避免与父母的直接同住，而采用提高对父母进行经济支持的补偿性措施；而经济条件较差的子女又会采取为父母提供较多的器械支持的方式来弥补其对父母经济支持的乏力状况（Sloan et al., 2002），在一定程度上我们可以说家庭内部的代际支持已经形成了"有钱出钱，有力出力"的有效分工格局。

(3) 个体需求

在家庭整体代际支持分析框架中，父母所具有的个体及家庭特征也是影响家庭代际支持的重要因素。从个体特征来看，父母的健康状况与年龄不仅是其对代际支持需求的体现，更是对其提供代际支持能力的体现。健康状况的恶化、年龄的增长是老年父母增加器械支持需求的主要原因，由此导致的医疗费用的增加又提高了父母对经济支持的需求（Rogers, 1996; Lee & Xiao, 1998）；而良好的健康状况、非高龄的年龄阶段则是老年父母继续为子女服务的前提条件（Hermalin et al., 1996; Pang et al., 2004）。从家庭特征来看，丧偶的老年父母比配偶健在的老年父母更需要器械支持、经济支持和情感慰藉（Hermalin et al.，1996；Bian et al.，1998），而子女数目的多少则可以体现出有用资源的多少，虽然目前研究中对子女数与代际支持之间的关系并无统一结论，有人研究"多子多福"，也有人认为"多子更易出现相互推诿"（夏传玲、麻凤利，1995；Zimmer & Kwong，2003；慈勤英、宁雯雯，2013），但不可否认的是子女数目是影响家庭代际支持的重要变量。

在个体代际支持分析框架中，则在家庭整体分析框架中增加了子代年龄的变量，因为依据子代年龄可以推测其所处的生命阶段，处于不同生命阶段的子女具有的代际支持能力是有所不同的，刚结婚或处于生育期的子女比未婚或未育的子女更加需要父母的帮助，或更加需要减少对父母的供养（郭志刚、张恺悌，1996）。

此外，反映父母需求与能力的健康、年龄、配偶是否健在的这些因素，同时也是作为判断代际支持是否具有利他动机的重要因素，提供给健康较差、年岁较高、丧偶的老年父母更多的代际支持行为才是与合作群体模式相符的行为方式（Lee & Xiao，1998）。

第四节　验证策略与研究方法

一　验证思路与验证的关键点

通过前文分析，本书得出了婚姻挤压背景下农村家庭代际支持子女婚姻差异模式的分析框架，为验证代际支持子女婚姻差异模式指出了方向和具体操作途径。为了进一步地通过定量数据验证代际支持子女婚姻差异模式，本书将具体讨论代际支持子女婚姻差异模式的验证思路与验证角度。

从家庭整体和个体的代际支持子女婚姻差异模式的分析框架中可以看出，代际支持所涉及的主体为父母与成年子女、方向为双向，代际支持子女婚姻差异则是本书所关注的重点内容，要实现对代际支持子女婚姻差异模式的验证，需落实到基于婚姻视角考察每一个影响因素对代际支持的作用方向。依据分析框架可知，在婚姻挤压背景下农村家庭代际支持子女婚姻差异的作用机制主要表现在以下几个方面：①儿子的婚姻状况与家庭资源交换相关联，普婚文化下儿子从未婚变为已婚的状况也意味着家庭财富的转移，而持续未婚的状态则难以获得家庭财富转移的机会，由此可能导致差异化的代际支持行为；②儿子婚姻状况的变迁与家庭角色转换和责任重心转移高度相关，儿子从未婚到已婚的转变还意味着父母抚育责任的退居与子女赡养责任的上升，而对于大龄未婚男性来说无法实现这种角色与责任的转换，因此可能改变传统的代际支持行为；③家庭内部子女间的互动关系可能会修正大龄未婚兄弟的代际支持行为，代际支持向来涉及代内关系的处理，在代际支持分工资源优化与公平原则的指导下，有无大龄未婚兄弟的已婚子女可能形成差异化的代际支持方式；④婚姻状况与性别角色相关联，由于已婚儿子与已婚女儿在家庭养老中所占据的地位不同，所以婚姻挤压对已婚儿子和已婚女儿的影响也有所不同。

基于以上分析，本书对代际支持子女婚姻差异模式的验证主要从家庭整体和子女个体两个角度分别讨论家庭整体代际支持子女婚姻差异模式和个体代际支持子女婚姻差异模式。两个角度相辅相成，可以共同印证农村家庭代际支持子女婚姻差异模式。围绕着与婚姻挤压相关的因素，本书将逐步提出研究假设以及验证的关键点：首先，分析家庭整体层面在代际支持上所具有的子女婚姻差异，具体包括识别农村家庭代际支持是否具有婚姻差异，家中有无大龄未婚儿子是不是影响代际支持的主要因素；其次，分析子女个体层面在代际支持上具有的子女婚姻差异，由于父系家庭体系下儿子与女儿不同的家庭地位与养老责任，在子女个体代际支持子女婚姻差异模式的验证中会分别关注婚姻挤压因素对儿子和女儿的影响差异。具体包括从儿子群体来看，主要关注儿子个体代际支持是否存在婚姻差异，并从婚姻、婚姻互动两个视角分两个步骤进行代际支持婚姻差异研究，第一步分析儿子是否为大龄未婚男性对代际支持的影响，验证婚姻挤压背景下儿子是否依旧是家庭养老的主体；第二步在排除所有大龄未婚男性样本之后，进一步分析是否有大龄未婚兄弟对已婚儿子代际支持行为的影响，验证婚姻挤压背景下已婚儿子的养老地位是否有所动摇。从女儿群体来看，主要关注婚姻挤压对已婚女儿的代际支持影响，同样也会从婚姻和婚姻互动两个视角分两个步骤进行代际支持子女婚姻差异研究，第一步分析大龄未婚儿子与已婚女儿之间的代际支持婚姻差异，检验婚姻挤压背景下家庭代际支持性别分工模式是否有所改变；第二步在排除所有大龄未婚男性样本之后，进一步分析是否有大龄未婚兄弟对已婚女儿代际支持行为的影响，验证婚姻挤压背景下已婚女儿的家庭养老地位是否有所提高。

二　数据

1. 家庭整体代际支持分析数据

第四章家庭整体代际支持的分析数据主要源于 2008 年 8 月在安徽省 CH 市乙县四个乡镇进行的"农村人口生活状况与性别平等促进"调查中的"父母卷"，即以大龄未婚男性、已婚男性、小龄未婚女性的父母以及已婚女性的公婆作为被访者。在样本选择过程中，如果父母（公婆）双方都存活，则选择健康状况较好的一方作为调查对象。这些被访父或母不仅提供了自身基本信息，同时还提供了其所有子女的基本信息及代际支持情况，由此为分析整个家庭的代际支持状况提供了数据支持。在以被访父母为调查对象时，调查最终获得 518 户家庭样本量，删除有缺失值的样本，最终获得有效样本量为 514 户家庭，其中有大龄未婚男性家庭为 155 户，359 户为无大龄未婚男性的家庭。在分析家庭整体代际支持时，以家庭户为单位将所有子女为父母提供的代际支持以及父母为所有子女提供的代际支持进行了加总，即以父母的视角形成了"一对多"的数据关系。调查的非等概率配额抽样可能导致本书的数据有些偏差，会限制对一些关于分别或状态结论的推广性，因为在中等经济水平的农村的调查结果并不适用于在沿海发达农村的实际情况。但是通过与当地政府提供的抽样框中大龄未婚男性及父母数量比例的对比，以及通过与西安交通大学人口与发展研究所在 2009 年涉及 28 个省份的 364 个村庄中的大龄未婚男性及父母基本特征的对比（靳小怡等，2010），发现本书的样本特征与抽样框比例、百村的调查数据的基本特征较为一致，由此可见，本书的调查样本还是具有一定的代表性的。

2. 子女个体代际支持分析数据

第五章和第六章子女个体代际支持的数据依旧源于安徽乙县调查的"父母卷"，但与第四章数据处理方式有所不同，在这两章中是以子女个体为分析单位，将第四章家庭户中的父母对应多个子女（一对多）的数据结构拆分为父母与每个子女一一对应的（一对一）的配对数据。例如，如果被访父母有五个孩子，那么将会把该家庭户的一条数据记录拆分为五个子女分别与其父亲或母亲一一对应的数据结构，拆分后的数据结构更加有利于观察婚姻挤压对个体代际支持的影响。

在第五章中以已婚儿子作为参考时，剔除了女儿及少量正常小龄未婚的儿子的样本信息，只保留了每个"大龄未婚儿子或者已婚儿子"与父母一一对应的数据。由于有少量正常小龄未婚儿子（小于 27 岁），他们成婚的概率还很大，婚姻挤压对其的影响还不明显，而且对于这些小龄未婚儿子，在他们结婚之前也并不是承担父母养老的主体人群，由此数据分析中将删除少量小龄未婚儿子以及个别有缺失值的样本。在第五章的回归分析中，进入最后分析的数据样本是 480 个父或母提供的 923 个儿子的基本信息，其中 142 个大龄未婚儿子，781 个已婚儿子，平均每户家庭儿子数为 1.9 个，最少 1 个儿子，最多为 6 个儿子。在深入分析大龄未婚儿子的存在对家庭其他儿子代际支持的影响时，剔除了 142 个大龄未婚儿子，对剩余的 781 个已婚儿子的代际支持进行分析，其中 193 个有大龄未婚兄弟的儿子，588 个没有大龄未婚兄弟的儿子，这些儿子来自于 457 户家庭中，平均每个家庭有 1.7 个已婚儿子，最少 1 个已婚儿子，最多则有 5 个已婚儿子。

在第六章中以已婚女儿作为参考时，则只保留了每个"大龄未婚儿子或者已婚女儿"与父母一一对应的数据，在数据结构上与第五章类似。在第六章的回归分析中，采用了两类样本群，一是只包括大龄未婚儿子与已婚女儿的样本群,研究婚姻挤压下子女的性别与婚姻形式对代际支持的影响,在删除缺失值后进入分析的样本为387个父母提供的652个子女的基本信息,其中142个大龄未婚儿子和510个已婚女儿。二是在进一步分析大龄未婚儿子的存在对已婚女儿的代际支持影响时,剔除了大龄未婚儿子样本,对剩余的346户家庭中的510个已婚女儿进行分析,其中144个有大龄未婚兄弟的已婚女儿和370个没有大龄未婚兄弟的女儿。

三 分析策略与研究方法

在分析框架的基础上,接下来第四章、第五章和第六章将基于婚姻挤压的视角,从家庭和个体两个层面定量探析婚姻挤压对农村代际支持的影响。首先以家庭户作为分析单位,比较分析婚姻挤压对家庭整体代际支持水平的影响;然后分别以儿子个体和女儿个体作为分析单位,在性别视角的基础上进一步地分析婚姻挤压对儿子和对女儿的不同影响。具体样本量信息、研究内容和对应的研究方法如表3-1所示。

表3-1 实证分析部分的数据来源与对应统计方法

婚姻挤压		家庭中是否有大龄未婚儿子	子女个体是否为大龄未婚儿子	已婚子女是否有大龄未婚兄弟
第四章 家庭整体 代际支持	样本量	514户 (155户有大龄未婚儿子, 359户无大龄未婚儿子)		
	研究方法	交叉表分析、Binary Logistic、Tobit、OLS		
第五章 儿子个体 代际支持	样本量		923个儿子 (142个大龄未婚儿子, 781个已婚儿子)	781个已婚儿子 (193个有大龄未婚兄弟, 588个无大龄未婚兄弟)
	研究方法		交叉表分析、分层 Binary Logistic、 分层 Tobit、 分层 OLS	交叉表分析、分层 Binary Logistic、 分层 Tobit、 分层 OLS

续表

婚姻挤压		家庭中是否有大龄未婚儿子	子女个体是否为大龄未婚儿子	已婚子女是否有大龄未婚兄弟
第六章女儿个体代际支持	样本量		652个子女（142个大龄未婚儿子，510个已婚女儿）	510个已婚女儿（144个有大龄未婚兄弟，370个无大龄未婚兄弟）
	研究方法		交叉表分析、分层Binary Logistic、分层Tobit、分层OLS	交叉表分析、分层Binary Logistic、分层Tobit、分层OLS

第五节　小结

在第二章对国内外代际支持理论综述的基础上，本章首先对已有的单向代际支持反馈模式、双向代际支持合作群体模式和合作群体式的代际支持子女性别分工模式进行了总结与梳理，总结并掌握了已有的代际支持模式的特点与演变规律；其次，在已有的代际支持模式的不足的基础上，结合中国男性婚姻挤压、普婚文化、家族延续和家庭资源交换等实际情境，提出了婚姻挤压情境下的农村家庭代际子女支持婚姻差异模式，并总结了代际支持子女婚姻差异模式所具有的特点；再次，为了将代际支持子女婚姻差异模式进一步地可操作化，以婚姻挤压下不同婚姻类型的家庭与个体为分析单位，分别建立家庭整体和子女个体的代际支持子女婚姻差异模式的分析框架；最后，本章提出了对代际支持子女婚姻差异模式和分析框架进行验证的具体思路、研究假设与验证的关键点，为接下来三章的定量研究和实证验证做准备。本章主要为接下来的三章提供扎实的理论支撑与策略指导。

第四章　婚姻挤压对农村家庭代际支持的影响

以第三章婚姻挤压对农村家庭代际支持影响的分析框架为指导，在本章以及接下来的第五章、第六章都将整体分析框架中的各个有机的部分，以更加系统地了解婚姻挤压下中国农村家庭整体和个体代际支持模式的现状、影响因素和机制。本章将以家庭整体作为分析单位，探析婚姻挤压对农村家庭代际支持模式的影响。

第一节　研究设计

一　研究目标

在构建婚姻挤压对家庭整体代际支持影响的分析框架中已经说明，家庭代际支持涉及父母与子女之间相互的经济支持、器械支持、情感慰藉和同住支持这四方面的内容。从父母的角度出发，家庭内部所有子女提供的四种支持的总和即构成了整体的家庭养老方式，而这四种传统家庭养老方式上所附载的血缘道义、普婚制度以及传宗接代的文化，共同构成了传统意义上的中国农村家庭养老模式。由于亲代与子代之间各自所拥有的资源、能力与需求的不同，加之中国农村不完善的养老体系，不同代次间产生了资源交换的需要与必要，双向的支持和资源交换不仅是老年父母生活的必需品，更是便利成年子女生活的添加剂。然而，中国农村持续的婚姻挤压则可能改变传统的家庭结构，改变整个家庭的资源流向，进而颠覆传统的家庭养老模式。本章将从父母的角度，分析婚姻挤压对家庭整体代际支持的影响。

依据第三章的婚姻挤压对家庭代际支持的影响分析框架，本章将进一步细化婚姻挤压对家庭代际支持影响的分析框架，并在此基础上建立回归模式。在模型的构建上，主要从代际资源交换的视角，重点考察婚姻挤压对家庭整体代际支持的影响，并在资源交换视角中加入亲代个体及家庭特征，亲代的个体和家庭特征主要是从父母需求的视角进行考虑的，例如，亲代的身体健康状况、年龄、配偶是否健在以及家庭子女数目等因素，因为依据以往研究可知，这些因素不仅会影响亲代对子女提供养老资源的需求程度，更会影响其提供交换资源的能力（Rossi & Rossi, 1990; Lee & Xiao, 1998; Logan & Bian, 2003）。本章的研究内容主要包括：第一，了解婚姻挤压下家庭整体代际支持现状及不同家庭类型代际支持差异；第二，分析婚姻挤压对家庭整体代际支持中经济支持、器械支持、情感支持和同住支持的影响。

二 研究方法

依据第三章的家庭整体代际支持分析框架，本书将家庭整体代际支持分为经济支持、器械支持、情感慰藉和同住支持四方面的内容，其中经济支持与器械支持依照支持的流向分为两种：一是所有子女为父母（所有子女→父母）提供的支持；二是父母为所有子女提供（父母→所有子女）的支持，而本身涉及代际双方的情感支持和同住支持并不存在方向，所以无须对情感支持和同住支持进行方向的分流。依据本章的研究目标，首先会对有无大龄未婚男性家庭的代际支持现状进行描述性的分析，然后建立多元的回归模型估计婚姻挤压对四种家庭整体代际支持的影响程度。由于家庭整体代际支持涉及四方面的内容，针对这四个不同因变量的数据类型，采用了不同的回归方法。在父母与所有子女之间提供的具体经济支持金额为连续变量，由于经济支持金额存在断尾现象，即有超过五分之一的父母与子女之间不存在任何经济支持的现象，双向的经济支持金额采用了专门解决断尾数据的 Tobit 模型进行回归分析；在父母与所有子女之间是否相互提供器械支持、同住支持这两个因变量为二分类变量，因此主要采用 Binary

Logistic 回归模型进行分析；代际双方的情感支持由于是量表测量，为连续变量，则采用了 OLS 的线性回归方法。表 4-1 为具体使用的数据分析方法。

表 4-1 婚姻挤压对家庭整体代际支持影响的数据分析方法

样本量	现状分析	双向经济支持	双向器械支持	情感支持	同住支持
514 户	交叉表分析	Binary Logistic、Tobit	Binary Logistic	OLS	Binary Logistic

三 变量的测量

1. 因变量

根据家庭养老模式中的四种养老方式的内容和方向进行划分，将因变量设置为父母获得的经济支持、父母提供的经济支持、父母提供的器械支持、父母获得的器械支持、父母与子女之间相互的情感支持和同住支持这六类。

（1）经济支持

亲代与子女之间相互的经济支持包括两种不同类型的变量，一为是否获得和是否提供，二为具体获得了多少和提供了多少，获得和提供的时间区域均以调查时点的过去 12 个月为期。农村父母是否获得经济支持是指其所有存活子女是否为其提供了现金、礼物、食品等物品，只要有一个子女为其提供了经济支持则视为父母获得了子女的经济支持，如果其所有子女中没有一个子女为其提供经济支持则视为父母没有获得子女的任何经济支持。父母提供的经济支持则指其是否为子女提供了现金、礼物、食品等物品，只要父母为其中一个子女提供了经济支持则视为父母为子女提供了经济支持，如果父母没有为任何一个子女提供经济支持，则视为父母没有提供经济支持。在获得和提供的具体经济支持金额上，父母获得的经济支持是指其所有存活子女为其提供的现金、礼物、食品等物品的总价值；父母提供的经济支持则指其为所有子女提供的现金、礼物、食品等物品的总价值。为了克服变量可能存在的分布的有偏性，在获得和提供的具体经济支持金额上取其对数值纳入模型分析中。

（2）器械支持

父母是否获得器械支持包括家务帮助和起居照料两方面的内容，在获得家务帮助上，通过询问被访父母"在过去12个月中，有没有孩子因为您身体不好帮助您做家务（比如打扫卫生、洗衣服、做饭、洗碗）?"来进行测量，答案编码分别为"有"和"没有"；在获得起居照料上，通过询问被访父母"在过去12个月中，有没有孩子因为您身体不好在生活起居上（如洗澡、穿衣）帮助您?"来进行测量，答案编码同样设置为"有"和"没有"两类。只要父母获得了家务帮助和起居照料中的一种支持则视为父母获得了子女的器械支持，如果没有任何子女为父母提供家务帮助和起居照料支持则视为父母没有获得子女的器械支持。在农村父母是否为子女提供器械支持，则指其为所有存活子女提供的上述帮助。

（3）情感支持

父母与子女间的情感支持通过询问被访父母以下三个问题来进行测量：①"从各方面考虑，您觉得和这个孩子亲近吗?"答案编码采用三级测量标准，即1为亲近，2为有点亲近，3为很亲近；②"总的来讲，您觉得子女和这个孩子相处得好吗?"，答案编码1为不好，2为还可以，3为很好；③"当您跟这个孩子讲自己的心事或困难时，您觉得他或她愿意听吗?"，答案编码1为不愿意，2为有时愿意，3为愿意。父母与子女间的情感支持则是对这三个问题的得分进行累积相加，取值范围是3~9分，将所有子女与父母之间的情感得分进行相加后，再依据子女数目进行平均，即可得到农村父母与子女群体之间的情感亲密程度得分，得分越高意味着父母与子女之间的感情程度越深。依据子女数目而进行的情感平均值不仅可以反映父母在整个家庭层面与所有子女的情感程度，还能够避免因子女数目的多寡而产生的多重共线性。

（4）同住支持

划分同住支持的题目主要依据两个相辅相成的问题，一是通过询问被访者提供的"目前实际共同居住的家庭成员信息"，在调查问卷中涉及两个题项。首先，询问被访者"下面哪些人现在跟您住在一起（填写具体人数，没有填写0）：1.配偶；2.母亲；3.父亲；4.岳母；5.岳父；6.兄弟；7.姐妹；8.其他亲属；9.其他无亲属关系的人；10.小于16岁的子女；11.16岁以上的子女；12.儿媳；13.女婿；14.孙子女"；其次，逐一询问被访者与每个子女的居住情况（"您现在和这个孩子一起住吗？1.是；2.否"），以此作为判断被访父母是否与子女同住的关键问题。只要父母与其中一个子女共同居住，则视为父母与子女同住，如果父母没有与任何一个子女同住则视为不与子女同住。

表4-2提供了因变量即四种家庭养老方式描述性统计结果。

表4-2　农村家庭养老方式的描述性统计

变量	定义与赋值	均值	标准差
经济支持			
父母是否获得经济支持			
父母获得经济支持	获得=1，没获得=0，以没获得为基准	0.81	0.39
父母是否提供经济支持			
父母提供经济支持	提供=1，不提供=0，以不提供为基准	0.32	0.47
父母获得的经济支持量（元）	所有子女提供的经济支持总和，连续变量	1584.20	2628.71
父母获得的经济支持量对数值	对数值，连续变量	5.70	2.91
父母提供的经济支持量（元）	父母为所有子女提供经济支持的总和，连续变量	1024.38	5575.02
父母提供的经济支持量对数值	对数值，连续变量	2.24	3.32
器械支持			
父母是否获得器械支持			
父母获得器械支持	获得=1，没获得=0，以没获得为基准	0.71	0.45
父母是否提供器械支持			
父母提供器械支持	提供=1，不提供=0，以不提供为基准	0.73	0.44

续表

变量	定义与赋值	均值	标准差
情感支持			
父母与所有子女的感情得分	把情感支持量表三个问题得分进行加总,并根据子女数进行平均,得分越高表示情感支持越高,连续变量	7.39	1.29
同住支持			
父母是否与子女同住			
父母不与子女同住	与子女住=1,不与子女住=0,以不与子女同住为基准	0.73	0.44
样本量(个)	514		

2. 自变量

对家庭整体婚姻挤压的测量主要通过家庭中儿子的现实婚姻状态进行判断,依据家庭中是否有超过28岁但仍未结婚的大龄未婚儿子,答案编码分为"有大龄未婚儿子家庭"和"无大龄未婚儿子家庭"两类家庭结构。

表4-3提供了婚姻挤压下家庭类型的描述性统计结果。

表4-3 婚姻挤压下的家庭类型的描述性统计

变量	定义与赋值	均值	标准差
婚姻挤压			
儿子的婚姻状态			
有大龄未婚儿子家庭	有大龄未婚儿子家庭=1,没有大龄未婚儿子家庭=0,以没有大龄未婚儿子的家庭为基准	0.30	0.46
样本量(个)	514		

3. 控制变量

控制变量主要是从农村父母所拥有的资源、能力和需求进行的考虑,涉及的变量一方面是父母的社会经济地位,另一方面是能够反映农村父母需求的个体及家庭特征。社会经济地位包括父母的受教育程度、职业和被访者（包括其配偶）在过去12个月里的收入。由于被访父母的平均年龄为62岁，他们中大部分人未受过正规的教育培训，因此将父母的受教育水平分为"不识字或很少识字"的文盲类和"小学及以上"类两级变量，以"小学及以上"为基准类型。职业则依据农村现实，将被访父母划分为从事"农业"和"非农业"两类职业，以"农业"为基准类型。收入水平上为了避免变量可能存在分布的有偏性，将被访父母的收入取对数值作为连续变量纳入模型中。个体特征主要是被访父母对自身的健康状况进行的自我评估，分为"好"、"一般"和"差"三类，以健康自评较差的父母为基准类型；同时个体特征还考虑了被访父母的年龄，作为连续变量放入模型，父母年岁直接影响其需求的多寡。在家庭特征方面，主要考察被访父母配偶的健在情况，分为配偶"不健在"和"健在"两类，以"配偶健在"为基准类型；家庭特征还包括子女数目，作为连续变量直接纳入模型，子女数不仅会影响子女内部养老责任的承担，更会对父母获得养老资源的多少有着直接的影响。相关变量描述见表4-4。

表4-4　主要的控制变量描述性统计

变量	定义与赋值	全部家庭均值	标准差
长期资源交换			
亲代社会经济地位			
教育			
文盲	父亲或母亲的教育程度，文盲=1，小学及以上=0，以小学及以上为基准	0.64	0.48
职业			
非农业	父亲或母亲最主要从事的职业，非农业=1，农业=0，以农业为基准	0.20	0.40
收入对数值	被访父亲或母亲在过去12个月本人（及配偶）的收入，取其数值，连续变量	7.04	3.22

续表

变量	定义与赋值	全部家庭 均值	全部家庭 标准差
父亲或母亲的需求			
亲代个体特征			
健康状况			
好	父亲或母亲的健康自评，好=1，一般=0，差=0，以差为基准	0.36	0.48
一般	父亲或母亲的健康自评，好=0，一般=1，差=0，以差为基准	0.41	0.49
亲代年龄	父亲或母亲在调查基点的年龄	62.91	10.25
家庭特征			
配偶健在	父亲或母亲的配偶存活情况，健在=0，不健在=1，以健在为基准	0.26	0.44
子女数目	父亲或母亲现有的存活的子女数目，连续变量	3.09	1.14
样本量（个）	514		

第二节　婚姻挤压对家庭代际支持影响的现状分析

一　总体状况

图 4-1、图 4-2、图 4-3 以及表 4-5 提供了农村四种家庭整体代际支持的基本情况。从图 4-1 可知，经济支持的反馈模式非常明显，经济支持主体流动方向是从子女流向父母，仅有不足五分之一的子女不给父母提供经济支持，这与以往研究发现农村地区绝大多数的老年父母主要依靠子女提供的经济支持来应付日常开支的结论也是相一致的（徐勤、原野，1997；陈彩霞，2000；刘爱玉、杨善华，2000）；反向来看，父母给成年子女提供经济支持的比例较低，约为三分之一。图 4-2 则显示了家庭经济支持的具体金额，子女提供给父母的经济支持的具体数额也是高于父母

提供给子女的，但是相互之间提供的具体的经济支持数额并不高，不过均高于当年低保线。依据《乙县农村低保提标扩面工作实施方案》，2008 年当地政府将年人均收入低于 860 元的群众纳入了最低生活保障范围，调查地子女提供给父母的年均经济支持为 1584.20 元，加上农村父母大多是"活到老做到老"的劳作方式（Pang et al.，2004），由此可见子女提供给父母的经济支持是能够保障父母在农村的基本生活的。从图 4 - 3 可知，农村家庭中亲代与子代之间存在频繁的器械支持，器械支持呈现互助互惠的"交换"模式，这可能与子代和亲代的需求是密不可分的，子代的外出工作需要亲代的家务支持，而亲代随着年龄的增长也会需求子女的生活照料与帮助。

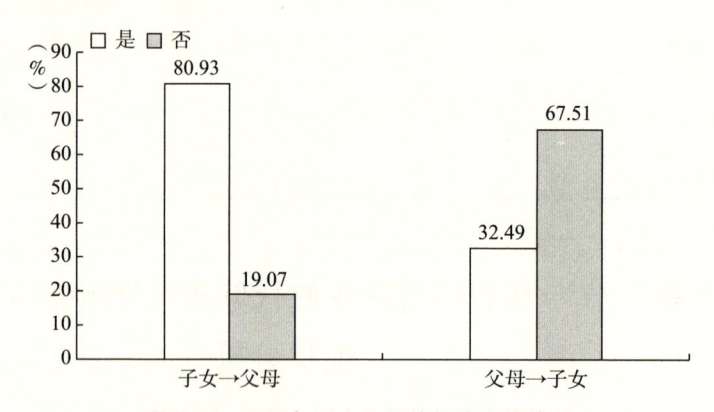

图 4 - 1　父母与子女之间的经济支持情况

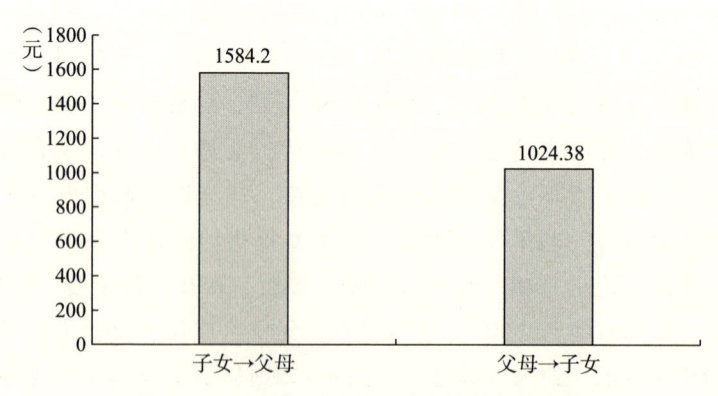

图 4 - 2　父母与子女间经济支持的具体金额

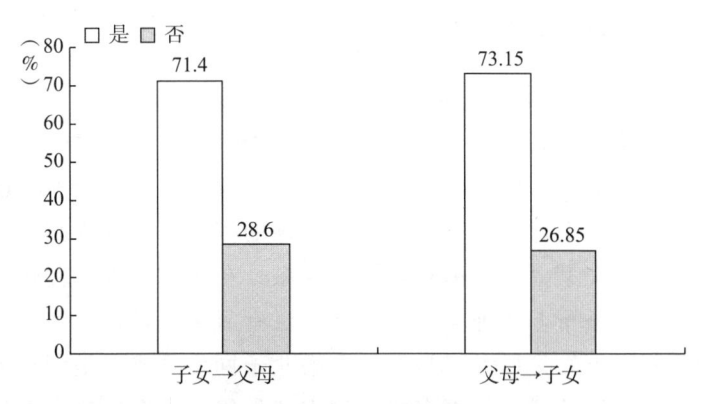

第四章　婚姻挤压对农村家庭代际支持的影响 | 103

图 4-3　父母与子女间的器械支持情况

表 4-5 则是对家庭养老方式流向的进一步细分。在经济支持上，子女赡养的父母的经济流动趋势显著，还有接近三成的家庭存在交换的经济流动，此外还有 14.59% 的家庭不存在任何的经济流动现象。器械支持的双向流动趋势显著，单向的生活照料虽然存在但并不是主流，不提供相互照料的家庭占 15.56%。在情感得分 3~9 分中，得分越高的代表感情越好，此次调查中父或母与子女间的情感得分平均为 7.39 分，由此说明被访的父或母与子女之间存在较深的感情。此外，73.54% 的被访父母均与子女同住，这与传统的中国家庭居住模式也是相一致的，共同居住的方式不仅是传统价值观延续的载体，也是家庭养老行为发生的重要场所（Logan & Bian, 1999; Logan & Bian, 2003）。

表 4-5　农村家庭养老方式流向分布情况

家庭养老方式	双向流动	仅向上流动	仅向下流动	无流动
经济支持（%）	28.02	52.92	4.47	14.59
器械支持（%）	60.12	11.28	13.04	15.56
情感支持（分）	7.39	—	—	—
同住支持（%）	73.54	—	—	—
样本量（个）	514			

二 结构差异

表4-6显示了婚姻挤压下最直接的两种家庭类型养老方式的现状。在子女是否为父母提供经济支持的分布上并无显著差异，但是在支持的具体金额上有显著差异，无大龄未婚儿子家庭的子女提供的经济支持高于有大龄未婚男性的家庭，这或许与大龄未婚儿子及整个家庭的贫困有着必然联系。在子女是否为父母提供器械支持的分布上两种类型的家庭也没有显著差异，有大龄未婚儿子的家庭中的父母大多与大龄未婚儿子同住，或许是同住的大龄未婚儿子给予了父母更多的器械支持的缘故。在父母是否给子女提供经济支持的分布上两类家庭有显著差异，有更高比例的无大龄未婚儿子的家庭中的子女获得了父母提供的经济支持，但他们获得的经济支持的具体金额并没有有大龄未婚儿子家庭的子女高，但具体金额的差异并不显著。在父母是否为子女提供器械支持上两类家庭差异非常显著，有大龄未婚儿子的家庭获得父母器械支持的比例明显低于无大龄未婚儿子的家庭，可能是大多无大龄未婚儿子家庭已经成家立业，需要更多父母的家务帮助的缘故。与无大龄未婚儿子的家庭相比，只要家中有大龄未婚儿子，整个家庭的情感支持水平就会削弱。情感支持的削弱是大龄未婚儿子的个体与父母之间情感太差所致，还是大龄未婚儿子的存在对整个家庭关系带来的负面影响所致将在个体层面的第五章和第六章中得到深入的讨论。因为据以往研究可知，儿子的失婚是会给父母带来埋怨与怨恨的（莫丽霞，2005），同时也可能影响整个家庭的关系（靳小怡等，2010）。最后从居住方式来看，有大龄未婚儿子的家庭父母单住的比例极低，反而是家里无大龄未婚儿子家庭的父母更有可能单独居住，而且这种差异异常显著。由此可以初步推测，失婚的儿子可能改变了中国传统家庭的正常居住模式，即父母在年老之后至少与一个已婚儿子同住并接受儿子的赡养的传统居住模式（Logan & Bian，1999）。

表 4-6　婚姻挤压下不同家庭类型的养老方式差异比较

家庭养老方式	有大龄未婚儿子家庭	无大龄未婚儿子家庭	LR/T 检验
子女→父母			
是否提供经济支持（%）			ns
是	78.71	81.89	
否	21.29	18.11	
经济支持量（元）	1269.36	1720.14	+
是否提供器械支持			ns
是	70.97	71.59	
否	29.03	28.41	
父母→子女			
是否提供经济支持（%）			*
是	25.81	35.38	
否	74.19	64.62	
经济支持量（元）	1254.39	925.07	ns
是否提供器械支持			***
是	59.35	79.11	
否	40.65	20.89	
父母↔子女			
情感支持（分）	7.08	7.52	***
是否同住（%）			***
是	92.26	65.46	
否	7.74	34.54	
样本量（个）	155	359	514

ns 代表不显著。

*** $p<0.001$；** $p<0.01$；* $p<0.05$；+ $p<0.1$。

第三节　婚姻挤压对农村家庭代际支持的影响

一　婚姻挤压对农村家庭代际经济支持的影响

1. 父母获得和提供经济支持可能性的回归结果

表 4-7 分别以父母获得和提供的经济支持为因变量，分别估

计婚姻挤压对农村家庭代际经济支持的影响。

(1) 父母获得的经济支持可能性

根据本章的研究设计，在估计婚姻挤压对父母是否获得经济支持的影响上，从资源交换和父母需求视角构建了一个全模型，这个全模型中主要包括婚姻挤压下的家庭类型、亲代个体和家庭特征。

首先，从资源交换角度来看，模型中代表着家庭代际交换的长期资源的儿子婚姻状况对父母是否获得经济支持具有显著的负面影响，与家中没有大龄未婚儿子的父母相比，家里有大龄未婚儿子的父母获得经济支持的概率要小得多。而父母自身所拥有的社会经济地位对其经济支持的获得并无显著影响，由此可以初步推断家庭中所有子女为父母提供的经济支持是由孝道下的利他动机所驱使的，子女并不会因为亲代的经济资源状况而改变传统向上的经济支持流向。在短期资源交换上，父母为子女提供的经济支持与其获得子女的经济支持之间存在正向关系，为子女提供了经济支持的父母获得子女回报的经济支持的可能性高于那些没有为子女提供经济支持的父母，得到子女器械支持的父母获得子女提供的经济支持的可能性高于没有得到子女器械支持的父母。代际情感得分每高出一个点，父母获得子女提供经济支持的可能性就多1.21倍。这些短期的资源交换印证了交换动机，同时还证明了代际支持内部的相互影响关系。

从父母的需求来看，身体健康状况越差的父母得到子女经济支持的可能性越大，身体健康差的父母获得子女经济支持的可能性大于身体健康较好的父母；丧偶则可能增加子女为父母提供经济支持的可能性，这与以往的研究结论是一致的，丧偶会增加父母对子女的依赖程度，丧偶的父母比父母双方健在的更需要子女的帮助 (Chen, 2005; Yount & Khadr, 2008)。此外，家庭子女越多，父母得到子女的经济支持的可能也就越大，每增加一个子女，父母获得经济支持的可能性就提高1.55倍。

(2) 父母提供的经济支持可能性

在估计婚姻挤压对父母是否提供经济支持的影响上，同样建立了一个全模型，主要包括代际资源交换和亲代需求等变量。

从资源交换角度来看，模型中有无大龄未婚儿子对父母提供经济支持并没有显著影响，这或许是代际经济流向主要是从子女给父母向上流动的缘故。父母的职业类型和收入高低则显著影响了父母为子女提供经济支持的可能性，从事非农业被访父母为子女提供经济支持的可能性高于从事农业的父母，父母收入每增加一个百分点为子女提供经济支持的可能性就提高了 1.23 倍，这与代际支持中利他的思想相吻合。此外，短期资源交换中父母得到的经济支持和父母为子女提供的器械支持均与其提供的经济支持呈现正向关系，越是得到子女的经济支持的父母越有可能为子女提供经济支持，符合经济学中的交换动机。为子女提供了器械支持的父母为子女提供经济支持的可能性高于那些没有为子女提供器械支持的父母。这说明短期的代际支持内部各种支持之间并不是孤立的，而是相互联系的整体。这与农村的现实也是相符合的，父母会给予境况不好的子女经济帮助，在身体状况允许的情况下也会帮子女做家务。

从父母的需求来看，身体越好的父母越不会为子女提供经济支持，反而是健康越差的父母越愿意为子女提供经济支持，可能是由于在父母身体健康良好时对子女的依赖程度必然要小，但在父母身体健康状况恶化后可能需要通过对子女经济的资助来换取子女的照料。随着父母年龄的增长，父母为子女提供经济支持的可能性也在降低，因为在人进入老年后其所拥有的经济资源是不断弱化的，这时便需要子女的"反哺"，传统的"反馈模式"逐渐得到体现（费孝通，1983）。

表 4-7 婚姻挤压对农村家庭代际经济支持影响的 Binary Logistic 回归结果

变量	父母获得的经济支持	父母提供的经济支持
	B	B
社会经济资源交换		
长期资源交换		
有无大龄未婚儿子（没有）	-0.529[+]	0.092

续表

变量	父母获得的经济支持	父母提供的经济支持
亲代社会经济地位		
教育（小学及以上 = 0）		
文盲 = 1	0.150	-0.121
职业（农业 = 0）		
非农业 = 1	-0.442	0.685**
收入（ln + 1）	-0.072	0.208***
短期资源交换		
父母提供经济支持（没有）	0.963***	
父母得到经济支持（没有）		0.906**
父母提供器械支持（没有）	0.170	0.753*
父母得到器械支持（没有）	0.671*	0.093
父子之间情感支持	0.192+	0.036
不与子女住（与子女同住）	0.177	-0.181
个体特征		
亲代个体特征		
健康状况（好 = 0）		
一般	0.440	-0.155
差	1.058*	0.582+
亲代年龄	-0.013	-0.063***
家庭特征		
配偶健在（健在 = 0）		
不健在 = 1	1.081*	-0.071
子女数量	0.437**	0.174
常数项	0.437	-0.226
Log likelihood	-215.959***	-270.836***
Pseudo R2	0.138	0.164
样本量（个）	514	514

*** $p < 0.001$；** $p < 0.01$；* $p < 0.05$；+ $p < 0.1$。

2. 父母获得和提供经济支持量的回归结果

表 4 - 8 分别以父母获得和提供的经济支持量，及具体的经济

支持金额为因变量，进一步估计婚姻挤压对农村家庭代际经济支持的影响。

（1）父母获得的经济支持量

在估计婚姻挤压对父母获得的经济支持量上，模型建立的原则与表4-7一致，但是与前文不同的是，在短期资源交换中把父母是否提供和获得经济支持的两分类变量换成了与因变量相对应的具体经济支持金额。总体来看，表4-8中家里是否有大龄未婚儿子对父母获得和提供经济支持的具体金额的影响同表4-7中讨论对父母是否获得和提供经济支持的影响是大体一致的，有大龄未婚儿子的父母获得的子女提供的经济支持量是少于家里没有大龄未婚儿子的父母的，家中大龄未婚儿子的存在始终是影响父母获得经济支持的重要影响因素。此外，短期资源交换中父母提供的经济支持量、父母得到的器械支持、代际情感得分，以及亲代的年龄、亲代配偶是否健在和家庭子女数目这些变量不仅是影响父母得到经济支持可能性的重要因素，更是影响父母获得多少经济支持量的重要因素。

（2）父母提供的经济支持量

在估计婚姻挤压对父母为子女提供经济支持量的影响上，与表4-7的模型设置一致，同样也把涉及经济支持的两分类变量用经济支持的具体金额的连续变量所替代。与父母是否提供经济支持相一致的是，婚姻挤压因素依旧不影响父母从子女处获得经济支持的多寡。从事非农业和收入较高的父母为子女提供的经济支持量也是高于从事农业和收入较低的父母群体的，父母提供的经济支持多寡与其自身经济能力的大小高度相关。短期资源交换中父母得到的经济支持的具体金额和父母为子女提供的器械支持与其为子女提供的经济支持量依旧是正向关系，代际经济支持依旧呈现一定的交换关系。此外，父母的身体健康状况和年龄不仅会影响父母是否为子女提供经济支持的可能性，更会影响其为子女提供多少经济支持的行为。由此可知，家庭间的经济支持行为不仅与子女的养老行为有关，更与父母的需求密切相关。

表4-8 婚姻挤压对农村家庭代际经济支持影响的 OLS 回归结果

变量	父母获得的经济支持量 B	父母提供的经济支持量 B
社会经济资源交换		
长期资源交换		
有大龄未婚儿子（没有）	-0.811*	0.171
亲代社会经济地位		
教育（小学及以上=0）		
文盲=1	0.076	-0.609
职业（农业=0）		
非农业=1	-0.430	2.685**
收入（ln+1）	-0.100	0.815***
短期资源交换		
父母提供经济支持量	0.154**	
父母得到经济支持量		0.435**
父母提供器械支持（没有）	0.231	3.012**
父母得到器械支持（没有）	0.911*	0.240
父子之间情感支持	0.265*	0.147
不与子女同住（与子女同住）	0.151	-0.830
个体特征		
亲代个体特征		
健康状况（好=0）		
一般	0.600+	-0.607
差	1.114*	1.976+
亲代年龄	-0.030	-0.225***
家庭特征		
配偶健在（健在=0）		
不健在=1	0.9559*	0.083
子女数量	0.573***	0.450
常数项	4.706*	-0.265
Log likelihood	-1205.673***	-722.408***
Pseudo R2	0.028	0.076

续表

变量	父母获得的经济支持量	父母提供的经济支持量
Sigma	3.303	7.027
样本量（个）	514	514

*** $p<0.001$； ** $p<0.01$； * $p<0.05$； + $p<0.1$。

3. 讨论

婚姻挤压对家庭代际经济支持的影响主要体现在父母获得的经济支持上，但并不影响父母为子女提供经济支持的行为。儿子的失婚会影响父母获得的经济支持，但是并不改变父母为子女提供经济支持的行为，究其原因可能还是因为传统农村依旧是反馈模式，经济支持的流向主要是从子女流向父母而并不是从父母流向子女。向上的代际支持是传统孝道文化的主要体现，保障父母的老年生活被视为子女的责任，子女这种向上的代际支持表现出了利他的动机（Lee & Xiao，1998；Sun，2002；Cong & Silverstein，2008b）。而且儿子失婚带给父母经济支持的影响是负面的，只要家里有大龄未婚儿子，父母获得经济支持的可能性就会降低，而且有大龄未婚儿子的父母获得子女的实际经济支持量也少于家里没有大龄未婚儿子的父母，父母获得经济支持的可能性和实际量的降低是大龄未婚儿子个体的经济支持行为所致，还是兄弟姐妹之间的失范作用所致，或者是整个家庭的贫弱所致，均有待于进一步的研究。但可以肯定的是，在中国文化背景下子女间的代际支持行为是会受到家庭成员尤其是兄弟姐妹的相互影响的，家庭内部隐秘的公平系统可能促使良性与恶性两种完全不同的家庭关系的形成（许艳丽、谭琳，2001），子女在承担对父母的养老责任时并不是独立的，而是共同承担并相互影响的，家里的兄弟姐妹参与分担养老责任的程度越高，父母获得来自子女的支持也就会越多（高建新、李树茁，2012）。因此，大龄未婚男性的存在对其他兄弟姐妹的养老行为是正向还是负向的示范作用，都将在个体层面中得到进一步的讨论。

从长期的资源交换视角来看，众所周知，在嫁娶婚姻盛行的中国农村，家庭财富在儿子结婚时的流转是最显而易见的（聂佩进、王振威，2007），父母在子女婚姻中的无私奉献与其自身养老需求又相联系（李银河，1994），在一定程度上，我们可以说在普婚文化下儿子是否能够顺利成婚是父母能否了却家族延续心愿和获得养老支持的关键因素，从这个角度来看父母与儿子之间的代际行为与交换动机相吻合。在父系家族体制中，父母帮助儿子结婚，儿子连同妻子一同给父母养老，似乎是中国传统家庭中长久以来形成的无形的契约关系。而家中大龄未婚儿子的出现必然会破坏这种契约关系，从而使父母获得儿子养老的前提与基础变得岌岌可危。假如大龄未婚儿子是农村父母唯一的子嗣，那么这些父母不仅可能丧失大龄未婚儿子的养老支持，更是无法享受儿媳的赡养以及三代同堂的天伦之乐。

从亲代的社会经济地位来看，亲代的社会经济地位并不影响其从子女处获得的经济支持可能性和经济支持实际量，说明子女为父母提供经济支持的动机并非出于交换，可能更多的是出于内化的孝道，这与家庭反馈模式相一致，家庭养老流向主要还是向上的。但从父母为子女提供经济支持可能性和提供的经济支持量考察，则发现社会经济地位较高的父母为子女提供经济支持的可能性和实际量都是高于社会经济地位较低的父母的，亲代为子代提供经济支持的行为似乎由利他动机所驱使。从父母得到和提供经济支持两个角度同时分析家庭资源交换的模式，可以看出父母与子女之间进行相互的经济支持时均超越了个人功利的考虑，经济支持上的反馈模式和代际倾斜在农村家庭都得到了体现，内化的孝道文化在子代身上得到了体现，同时亲代对子代福利的关注也超过对自身的福利的关注，带有责任内化痕迹的合作群体模式在此得到了体现。

再从短期的资源交换视角出发，亲代与子代之间频繁的经济交换充分证实了中国传统家庭养老具有互动性（姚远，2001）。父母提供和得到的经济支持显著正相关，印证了代际支持的交换理论，这种交换可以增加亲代与子代间相互受益的能力（Lee & Xiao，1998）。同时回归结果还发现了一个非常有意思的现象，即父母得到的经济支持与其得到的器械支持之间，以及父母提供的经济支持与其提供的器械之间均存在显著正相关关系,与子女感情越好的父母获得子女经济支持的可能性和实际量也就越高,这与以往在中国农村的研究结果是相一致的(张文娟,2004)。究其原因,可能是父母与子女同住所致,因为在同一屋檐下生活的两代人作为一个家庭共同体不太可能只为对方提供某一种单一的代际支持。

最后从父母的个体和家庭特征分析,可清晰地发现经济支持的流动是会充分考虑到父母的自身需求的,健康状况较差、丧偶的父母获得子女经济支持的可能性和实际支持量较高,该结果支持了利他的合作群体理论(Lee et al.,1994)。拥有子女越多的父母获得子女经济支持的可能性和实际支持量越高,虽然这样的结论与夏传玲和麻凤利认为的子女对父母的经济资助并不会随着子女数目的增加而增加的结论相悖(夏传玲、麻凤利,1995),但是更多地支持了子女越多父母获得的经济支持越多的观点(Lee et al.,1994;Zimmer & Kwong,2003)。在父母提供经济支持方面,身体健康状况较差的父母更有可能为子女提供经济支持,不知这是不是父母获取养老资源的策略,从这个角度看符合交换模式;年龄较长的父母随着挣钱能力的弱化,为子女提供经济支持的能力也在不断弱化。

二 婚姻挤压对农村家庭代际器械支持的影响

1. 父母获得和提供器械支持可能性的回归结果

表4-9分别以父母获得和提供的器械支持为因变量,分别估计婚姻挤压对农村家庭代际器械支持的影响。

(1)父母获得的器械支持可能性

在估计婚姻挤压对父母是否获得器械支持的影响上,本书建立了一个全模型,模型中同样纳入了婚姻挤压下的家庭类型、资源交换和亲代需求等重要变量。

首先,在资源交换视角下,模型中婚姻挤压因素对父母获得的器械支持并无显著影响,这与前文分析的两类家庭中子代提供器械支持没有显著差异的结果相一致。其次,亲代的社会经济地位不仅不影响其获得的经济支持的可能性,同时也不影响亲代获得的器械支持的可能性,再次印证了家庭的反馈模式,家庭支持依旧以向上的支持为主。在短期资源交换过程中,得到子女经济支持的父母获得子女器械支持的可能性高于那些没有得到子女经济支持的父母,父母得到的经济支持与其得到的器械支持之间依旧高度相关,与前文的分析结果一致。父母提供的器械支持显著影响其获得的器械支持,为子女提供了器械支持的父母获得子女反馈的器械支持的可能性高于没有为子女提供器械支持的父母,相互的器械支持再次支持了家庭养老的互动性,同时也再次印证了交换模式。此外,代际情感得分每高出一个点,父母得到子女提供的器械支持的可能性就高出 1.26 倍,由此可见,器械支持本身就是提升代际情感的有力武器。同住的居住形式则显著影响了父母获得器械支持的可能性,相比于与子女同住的父母,不与子女同住的父母获得子女提供器械支持的概率会下降,这与空间的便利性有关。

从父母的个体和家庭特征来看,身体健康状况较差的父母获得子女提供的器械支持的可能性高于身体健康状况较好的父母,身体状况恶化必然需要更多子女的帮助,这与合作群体模式相符。

(2) 父母提供的器械支持可能性

在估计婚姻挤压对父母是否提供器械支持的影响上,模型的建立方式与父母获得器械支持类似。

虽然家里有大龄未婚儿子并没有改变父母获得器械支持的可能性,但是极大地影响了父母提供器械支持的可能性。与家里没有大龄未婚儿子的父母相比,有大龄未婚儿子的父母为其子女提供器械支持的概率大幅下降,反过来,没有大龄未婚儿子的父母为子女提供器械支持的可能性高于家中有大龄未婚儿子的父母,这或许是由于对于那些没有大龄未婚儿子的家庭来说,儿子们已经成家立业,涉及的家庭事务必然多于光棍儿子,由此他们比光棍儿子更加需要父母提供的家务帮助。从社会经济地位来看,文化水平为文盲的父母为子女提供器械支持的可能性高于识字的父母。一般来说,如果父母社会经济地位较低,可能很难为子女提供物质上的帮助，或许这些文化水平较低的父母是在用为子女提供较多器械支持的形式弥补给予子女经济支持的不足。在短期资源交换上，父母提供的器械支持与其提供的经济支持、得到的器械支持之间依旧存在正向的显著关系，再次印证了代际支持的互动性与交换性。此外，父母与子代之间情感越好的父母为子女提供器械支持的可能性反而越低，由此可见，较好的情感程度可以提高父母获得子女器械支持的可能性，但并不会提高父母提供器械支持的可能性，这或许与"赡养""尊老爱老""孝"等观念已经内化为中华儿女内在责任要求和自主意识有关（张新梅，1999），这种责任内化使得子女更加关注父母获得的器械支持而非父母为其提供的器械支持。与父母获得器械支持一样，不与子女同住的居住安排不仅会降低父母获得器械支持的便捷度，同时也阻碍了父母为子女提供更多的器械支持。

最后，从父母的个体和家庭特征来看，子女数显著影响父母提供器械支持的可能性，家里每增加一个子女，父母为子女提供器械支持的可能性反而下降。依据公平理论，对于家庭子女数较多的父母来说，帮助哪一位子女以及帮多少是极难把握的事情，由此可能降低父母为子女提供器械支持的频率。

表4-9 婚姻挤压对农村家庭代际器械支持影响的 Binary Logistic 回归结果

变量	父母获得的器械支持	父母提供的器械支持
社会经济资源交换	B	B
长期资源交换		
有大龄未婚儿子（没有）	0.043	-1.264***
亲代社会经济地位		
教育（小学及以上=0）		
文盲=1	-0.131	0.551*
职业（农业=0）		
非农业=1	-0.031	-0.131
收入（ln+1）	-0.017	-0.005

续表

变量	父母获得的器械支持	父母提供的器械支持
短期资源交换		
父母提供经济支持（没有）	0.125	0.703*
父母得到经济支持（没有）	0.657*	0.209
父母提供器械支持（没有）	2.007***	
父母得到器械支持（没有）		2.005***
父子之间情感支持	0.234*	-0.164+
不与子女同住（与子女同住）	-0.981***	-0.656*
个体特征		
亲代个体特征		
健康状况（好=0）		
一般	0.166	0.146
差	0.673+	-0.330
亲代年龄	0.023	-0.019
家庭特征		
配偶健在（健在=0）		
不健在=1	-0.122	0.232
子女数量	0.123	-0.358**
常数项	-3.625*	3.155+
Log likelihood	-249.450***	-226.462***
Pseudo R2	0.189	0.243
样本量（个）	514	514

*** $p<0.001$；** $p<0.01$；* $p<0.05$；+ $p<0.1$。

2. 讨论

婚姻挤压对代际器械支持的影响与前文分析的婚姻挤压对代际经济支持的影响完全相反，家中有大龄未婚儿子并不影响父母获得器械支持的可能性，但是会显著影响父母为子女提供器械支持的可能性。在父系家族制度下，传统的性别分工决定了儿媳是父母日常照料的重要提供者，儿媳的缺失会极大弱化父母的生活福利，已有研究表明儿媳的缺失会加重父母的抑郁程度（Cong &

Silverstein，2008a）。原本以为对于大龄未婚儿子家庭来说，儿媳的缺失可能导致器械支持的不足，但是从描述性和回归性的定量分析结果来看，这样的假定并不成立。造成这种现象的原因可能是多方面的，例如，虽然大龄未婚儿子丧失了娶妻的机会，但是其本身依旧是养老主体的重要来源，并且他们自身不存在身体残疾或精神疾病的缺陷，使得大龄未婚儿子具有为父母提供器械支持的有利条件；或者是大龄未婚儿子给予父母的器械支持确实处于缺失状态，但该大龄未婚儿子的其他正常已婚的兄弟姐妹弥补了这部分欠缺，由此导致婚姻挤压对家庭整体器械支持不造成影响。相对于家里没有大龄未婚儿子的家庭，父母会为子女提供更多的器械支持，造成此现象的最大原因可能是那些妻儿齐全的已婚子女需要父母更多的家务帮助，而对于光棍儿子来说往往是"一人吃饱，全家不饿"的状态，他们的生活单一且枯燥无味（莫丽霞，2005），需要父母提供家务帮助的事务较少。至于大龄未婚儿子个体提供和获得器械支持的情况到底处于什么样的水平，大龄未婚儿子与他的其他兄弟姐妹之间是否有分担协调机制，都将在个体层面得到解答。

从资源交换视角来看，有无大龄未婚儿子成为父母为子女提供器械支持的关键点，究其背后的原因则涉及家庭关系的形成与发展。常言道"父母欠儿子一个媳妇，儿子欠父母一口棺材"，这句民间广为流传的话语道出了"父母帮助儿子娶妻"与"儿子为父母养老"之间的关系，后者的发生是以前者的实现为前提的。如果父母在儿子结婚时给予了房屋、彩礼等方面的大力资助，儿子在父母老年时必须承担起赡养的责任；但如果父母不能帮助儿子顺利成婚，在父母老时就算儿子不赡养父母似乎也是情有可原的（Cohen，1998）。因此，儿子是否结婚是其是否具有完整家庭的关键识别点，有无完整家庭又成为父母与子女之间是否会形成长久的相互支持关系的关键点，那些因婚姻缔结而形成的完整家庭的儿子必然比家庭残缺的儿子更加需要父母提供的家务帮助，尤其在已婚儿子在拥有自己的子女之后，对父母提供器械支持的需求会更加迫切。此外，父母的社会经济地位对其获得器械支持无显著影响，只是文化水平较低的父母可能为子女提供更多的器械支持，父母的这种支持行为或许是获取养老资源的策略。再从短期资源交换视角看，亲代与子代之间器械支持的交换性明显，并且父母得到或提供的经济支持与器械支持依旧像个密不可分的整体，总是相互影响着并共同发生着。代际较好的情感程度是可以提高父母获得子女器械支持的可能性的，但并不会提高父母提供器械支持的可能性。用传统孝道文化分析，不难发现子女为父母提供器械支持尤其是提供家务帮助方面的支持被视为对父母表达尊敬和孝顺的方式，这种帮助有时会增加老年父母的生活满意度（张文娟、李树茁，2005；王萍、李树茁，2011），与父母情感交换的子女自然更会用器械支持来维持代际关系。同时回归结果还发现了居住安排的重要意义，与以往研究一致的是居住距离并不影响代际经济支持互动，却会阻碍器械支持的交换（Zimmer & Kwong，2003），与子女同住的父母在获得和提供器械支持时比不与子女同住的父母更加便捷。

最后从父母的个体和家庭特征来看，身体较差的父母更加容易获得器械支持，身体较好的父母更加愿意自立自理，不愿增加子女的负担，父母对子女的关注依旧是超过对自身的关注，因此与利他所指导的合作群体理论相吻合。子女数的增多并不会增加父母获得器械支持的可能性，同时还可能显著降低父母提供器械支持的可能性，这与以往研究结果类似，越是较为贫困的农村地区，多子女家庭就越容易出现相互推诿的现象，从而导致"三个和尚没水吃"的尴尬局面（李建新等，2004）；反过来，即使父母均还健在也只有夫妻二人，如果他们拥有多个子女，每个子女又拥有了自己的小家庭，在提供器械支持时就形成了少对多的局面，在公平意识的指导下父母难以均衡地为子女提供器械支持量，因此可能造成父母降低对子女整体的器械支持水平，这样不仅可以避免承担过重的家务，或许也可以缓和部分家庭矛盾。

三 婚姻挤压对农村家庭代际情感支持的影响

表4-10分别以父母与子女之间的情感程度为因变量，估计了

婚姻挤压对农村家庭代际情感支持的影响，模型建立的方式依旧与前文一致。

1. 代际情感支持回归结果

从模型中可以明显看出婚姻挤压对代际情感有显著的负面影响作用，只要家里有大龄未婚儿子就会极大地削弱父母与子女之间的情感程度。亲代的教育程度也显著影响着代际情感交流，相比于识字的父母，文化水平为文盲的父母与子女的代际情感水平较低，文盲类父母显示出与子女不好的情感程度。此外，亲代收入每提高1个单位，与子代的情感水平就会降低0.058个单位，这样的结果显示出亲代收入的提高对代际情感反而是有损伤的，可能的原因是拥有高收入的亲代经济较为独立，对子女的依赖程度较低，能够更客观地反映与子女之间的情感面貌。在短期的资源交换过程中，模型中显示得到子女经济支持和器械支持的父母表现出与子女更高的情感支持水平，说明子女提供经济与器械支持的过程其实就是一个加强与父母情感交流水平的过程。最后从个体和家庭特征来看，健康状况越好的以及较年轻的父母更容易与子女构建起融洽的情感关系，子女数目的增多则会损伤代际情感关系。

表 4-10 婚姻挤压对农村家庭代际情感支持影响的 OLS 回归结果

变量	所有子女与父母之间的情感
社会经济资源交换	B
长期资源交换	
有大龄未婚儿子（没有）	-0.294*
亲代社会经济地位	
教育（小学及以上=0）	
文盲=1	-0.322**
职业（农业=0）	
非农业=1	0.015
收入（ln+1）	-0.058*

续表

变量	所有子女与父母之间的情感
短期资源交换	
父母提供经济支持（没有）	0.048
父母得到经济支持（没有）	0.244 +
父母提供器械支持（没有）	-0.232
父母得到器械支持（没有）	0.341*
不与子女同住（与子女同住）	-0.168
个体特征	
亲代个体特征	
健康状况（好=0）	
一般	-0.197
差	-0.394*
亲代年龄	-0.019*
家庭特征	
配偶健在（健在=0）	
不健在=1	-0.127
子女数量	-0.121*
常数项	9.128***
调整后的 R2	0.109***
样本量（个）	514

*** $p<0.001$；** $p<0.01$；* $p<0.05$；+ $p<0.1$。

2. 讨论

婚姻挤压对代际情感带来负面效应，只要家中有大龄未婚儿子，子女与父母间的情感交流程度就会降低，这种降低是整体水平的降低还是个体导致的整体水平的降低有待于进一步的研究。从以往的研究来看，整体和个体水平的降低有可能同时存在，因为大龄未婚儿子的被迫未婚使其自身及父母均承受着巨大的"绝房"压力，代际的焦虑又会相互转移和相互影响，一些大龄未婚男性直接把自己失婚的原因归咎于父母的贫穷与无能（莫丽霞，2005；张春汉、钟涨宝，2005；李艳、李树茁，2008），由此削弱了代际情感水平；同时大龄未婚儿子的存在又会引发整个家庭成员之间的矛盾，破坏整个家庭关系，由此可能降低家庭整体代际支持水平（靳小怡等，2010）。从长期来看，如果儿子的婚姻问题不能得到解决，父母与大龄未婚儿子及其他子女的情感交流不畅的问题也就难以得到缓解，从这个角度来看更像是一种交换行为。从父母的社会经济地位来看，低水平的文化程度比较容易带来交流不畅的尴尬局面，可能是因为较高的文化水平会使得父母与子女之间的交流更加顺畅的缘故，但高收入也不一定意味着高水平的情感交流，而是让父母在表达情感方面更加独立与自由。

在短期的资源交换过程中，再次显示出代际支持的整体性，获得了子女经济支持和器械支持的父母，与子女的情感支持水平较高，但父母提供的支持对情感支持没有提升作用，这或许与本书的调查对象为父母有关。在物质相对匮乏的农村，家庭养老的重中之重是经济支持，父母获得的经济支持的多寡直接影响着代际情感的融洽程度，而器械支持作为子女表达对父母的尊重方式则是加强代际情感交流的另一途径。相反的，如果在子女成家立业后，尤其是儿子结婚后，父母对子女的抚育与帮助会逐渐退居到次要地位，而子女对父母的赡养则上升为家庭养老的首要地位，从此可以大体推测父母为子女提供的支持是难以改善代际情感关系的，反而有可能对代际情感造成损伤。

最后，亲代个体的健康状况、年龄以及家庭子女数目都会显著影响代际情感关系。从健康状况和年龄来看，越是能够独立的亲代越容易与子女之间形成融洽的代际关系，而随着年龄的增长、健康状况的恶化，代际情感也会随之恶化，究其背后原因或许可以用一句俗语窥视一二，即"久病床前无孝子"，丧失独立及自理能力的父母在成为子女的负担后只会对代际情感造成负面影响。此外，代际情感在多子女家庭中更容易恶化，因为一个小家庭就如一个小社会，在家庭成员较少、关系清晰的情况下，家庭代际关系是比较好处理的，但随着家庭成员的增多，家庭关系也会变得复杂，必然会加大处理代际情感关系的难度，因此子女数目对家庭代际情感关系的负面影响是可以理解的。

四 婚姻挤压对农村家庭代际同住支持的影响

表 4-11 分别以父母是否与子女同住为因变量，同时从资源交换和父母需求视角建立了一个全模型以估计婚姻挤压对农村家庭代际同住支持的影响。

1. 代际同住支持的回归结果

模型中，婚姻挤压因素显著影响家庭同住支持，只要家里有大龄未婚儿子，那么父母单独居住的概率就会大幅下降，与此同时，有大龄未婚儿子的父母选择与子女同住的可能性高于没有大龄未婚儿子的父母。亲代的社会经济地位对家庭同住支持的改变没有显著影响，看来家庭成员婚姻形式的改变对家庭居住模式的改变力量是大于亲代社会经济地位的。再从短期资源交换视角来看，父母提供的和得到的器械支持对家庭同住支持有着显著影响，为子女提供了器械支持的父母与子女同住的可能性高于没有为子女提供器械支持的父母，得到子女器械支持的父母与子女同住的可能性高于没有得到的父母，这说明代际越是存在高水平的器械支持交换，父母与子女同住的可能性也就越高。

从父母需求来看，亲代年龄每增加一岁，与子女同住的概率就会下降10%，年龄越大的父母反而越愿意独立居住，可能是父母不愿意增加子女负担的缘故。另外，配偶依旧健在、子女数目较多的父母更加愿意独立居住。

表 4-11 婚姻挤压对农村家庭代际同住支持影响的 Binary Logistic 回归结果

变量	同住支持
社会经济资源交换	B
长期资源交换	
有大龄未婚儿子（没有）	3.098 ***
亲代社会经济地位	
教育（小学及以上 =0）	
文盲 =1	0.121

续表

变量	同住支持
职业（农业=0）	
非农业=1	0.234
收入（ln+1）	-0.047
短期资源交换	
父母提供经济支持（没有）	0.253
父母得到经济支持（没有）	-0.115
父母提供器械支持（没有）	0.572+
父母得到器械支持（没有）	0.993***
父子之间情感支持	0.130
个体特征	
亲代个体特征	
健康状况（好=0）	
一般	0.059
差	-0.248
亲代年龄	-0.103***
家庭特征	
配偶健在（健在=0）	
不健在=1	0.967**
子女数量	-0.297*
常数项	6.848***
Log likelihood	-216.061***
Pseudo R2	0.273
样本量（个）	514

*** $p<0.001$；** $p<0.01$；* $p<0.05$；+ $p<0.1$。

2. 讨论

婚姻挤压现象显著影响家庭同住支持，家里大龄未婚儿子的存在反而降低了父母成为空巢老人的风险，这种改变是有益于还是有害于老年父母的养老还不好定论，但可以肯定的是亲代与子代同住的局面为代际支持的交流提供更近便的场域。众所周知，同住支持与其他几类代际支持存在紧密联系，在以往研究中认为如果子女与父母共同居住，那么父母得到同住子女提供的经济支持、情感体贴和生活照料的可能性会更大（王磊，2013）。有不少研究发现，父母与子女同住，更多的是以满足父母的需求为主，而并非取决于子女的需求（Unger，1993；Logan et al.，1998）。从这个视角来看，同住的居住模式是有利于养老资源的长期交换的。但是如果这个同住子女就是大龄未婚儿子，那么父母所获得的代际支持可能性是否会发生改变，同住是否以满足父母的需求为主，是一个值得探讨的问题。另外，亲代的社会经济地位对家庭同住支持的影响并不显著，或许在父系家族下家庭居住安排更加受到传统文化和现实环境的制约（Logan et al.，1998；Logan & Bian，2003），而并非会随着亲代的社会经济地位的改变而改变。在短期资源交换中，结果表明同住的居住模式对短期资源交换中的经济和情感支持影响并不显著，但确实便利了代际器械支持的提供与获得，这与以往的研究结果相一致，即有同住子女的父母可以得到子女更加频繁的照顾（谢桂华，2009）。父母与子女同住一个屋檐下时，父母与子女之间相互照料的可能性就会更高，短期来看代际器械交换的行为更加符合交换模式。

此外，夫妻双方均健在的父母随着年龄的增大、子女的增多反而更加不愿意跟子女同住。如果老年父母丧偶则会大幅度提高父母与子女同住的可能性，与以往研究结果相一致的是重大的生命事件会改变家庭居住安排，而且父母的丧偶带来的与子女同住的改变，更是出于满足亲代需求的动机，是合作群体模式的很好体现（Chen，2005）。但是随着父母年龄的增大，或许出于不愿意给子女增加负担的考虑，年龄较大的父母与子女同住的可能性较低，与利他动机相符。子女数增多反而更加可能降低父母与子女同住的可能性，这可能依旧是家庭公平思想所左右的结果。

第四节 小结与讨论

本章从家庭整体即从父母与所有子女的角度，验证了第三章所构建的婚姻挤压背景下家庭整体代际支持子女婚姻差异模式的分析框架。从本章的研究结果可知，婚姻挤压是影响家庭整体代际支持的重要因素，婚姻挤压削弱了农村家庭的养老功能，但家中大龄未婚儿子的存在对家庭代际支持的影响并非全然的负面影响，也存在一定的正向影响，家中大龄未婚儿子的存在至少在一定程度上缓解了代际倾斜现象，降低了父母成为空巢老人的风险。然而，从总体来看，婚姻挤压因素给家庭代际支持所带来的负面影响远远大于正向影响。此外，儿子的婚姻状况与代际支持之间，以及代际的短期资源交换过程中都带有一定的交换关系，具有交换模式的特点；但从亲代的社会经济地位以及需求角度分析，代际的支持交换又明显展示了带有孝道痕迹的合作群体模式的特点。具体来说本章的发现主要包括以下几点。

首先，家庭整体层面的代际支持是存在子女婚姻差异模式的，而且这种差异模式在代际反馈上的体现强于在代际倾斜上的体现。表4-12中展示了前文分析中婚姻挤压对代际支持影响方向的总结。从表4-12中可以看出，在代际反馈上，婚姻挤压虽然降低了老年父母成为空巢老人的概率，但总体上依旧削弱了传统家庭的养老功能。家中大龄未婚儿子的存在对父母养老资源的削弱是多重的，不仅降低了父母获得经济支持的可能性和实际量，同时还不利于和谐代际情感的构建，这与以往的研究结论相一致（莫丽霞，2005；韦艳、靳小怡、李树茁，2008；靳小怡、郭秋菊，2011），即大龄未婚儿子的存在对传统家庭养老形成了挑战与威胁。然而，除了这些凸显的负面影响，大龄未婚儿子的存在对家庭养老也存在微弱的正面影响，即家中大龄未婚儿子的存在大幅度降低了父母成为空巢老人的风险。以往的研究和本章所显示的结果都表明，即使父母的同住形式不影响代际的经济支持，也会显著影响代际的器械支持（谢桂华，2009），从这个角度看，有大龄未婚儿子的父母与子女同住的居住安排，至少可以保障老年父母享受到子女的生活照料。而且，与子女同住的父母，大多与子女同吃同住，对金钱的需求程度必然有所减弱。在代际倾斜上，从以往研究可知，父母在抚育子女过程中除了需要承担基本的生育、抚养和教育的费用外,还承担着非常大的两笔开支,一是盖房子,二是为子女完婚,尤其是给儿子完婚(陈俊杰,1995;王跃生,2010a);此外,在中国农村劳动力大规模外流的背景下,父母的代际倾斜中还增加了照料孙子女的任务(Silverstein et al.,2007;宋璐、李树茁,2010)。然而,基于"家本位"思想的父母所承担的这些任务大多是为已婚子女所倾注的心血与精力,而对于有大龄未婚儿子的父母来说,其中一个儿子的大龄未婚状态必然会或多或少地减少父母的投入与支出。在本章的研究结果中,虽然家中大龄未婚儿子的存在对父母为子女提供的经济支持可能性和实际经济支持量没有显著的改变,但是至少减少了父母为子女提供器械支持的可能性,在一定程度上可以说减轻了父母对子女的生活照料负担,所以从这点来看大龄未婚儿子的存在对家庭养老存在微弱的积极作用。

表4-12 婚姻挤压对农村家庭代际支持影响的方向总结

家庭整体(父母视角)	影响方向	总体情况
代际反馈		负面影响多于正面影响
得到经济支持	-	
得到的经济支持量	-	
得到器械支持	0	
情感支持	-	
同住支持	+	
代际倾斜		一定程度上缓解了代际倾斜
提供经济支持	0	
提供的经济支持量	0	
提供器械支持	-	

注:"+"代表正向影响,"-"代表负向影响,"0"代表没有影响。

其次,婚姻挤压下农村家庭中儿子的婚姻状况与父母所获得的经济支持和情感支持之间确实存在交换关系,但器械支持与同住支持并不存在交换的特点。相比于家中没有大龄未婚儿子的父母,没受到婚姻挤压的家庭中的父母对子女的投入尤其是对儿子的婚姻投入更多，由此得到的子女回报也更多，印证了以往研究中所认定的亲代为子代婚姻中的无私付出是需要子代偿还的，偿还方式之一即父母养老（孙淑敏，2005a）。从父母角度分析，父母帮助儿子结婚是需要其多年积累才能完成的事业（王跃生，2010a），无私的代际倾斜中必然还投入了过多的情感与心血；从子女角度分析，婚姻具有一定的稳定性，农村中发生婚姻变故的毕竟是少数，而且子女的成婚还可以扩展父母养老资源的来源（儿媳或女婿），孝道文化指引下的子代必然也对亲代满怀感激之情。但对于遭受婚姻挤压的家庭来说，亲代在子代婚姻上相对较少的投入，也就导致代际在经济支持和情感支持方面形成了低水平的交换关系。由此可见，父母通过帮助子女完婚来换取养老资源的过程，其实就是在家庭内部形成长期有效的契约关系的过程，而且这个过程具有典型的交换特征。对于有大龄未婚儿子的家庭来说，儿媳及孙子女的缺失可能导致家庭事务的减少，由此导致子女的婚姻与代际器械支持间难以形成交换关系。而同住支持作为其他三种类型的代际支持发生的重要载体，必然难以构建子女婚姻与同住之间的交换关系。

最后，在婚姻挤压下家庭代际支持的交换模式与带有孝道内化的合作群体模式是同时存在于家庭代际支持之中的。在短期资源交换中，代际提供了哪种代际支持也最容易交换到相应种类的代际支持，越是频繁的代际交换也就越会加深代际情感，从短期来看家庭内部极易形成交换模式，但如果短期的资源交换持续整个亲代与子代相重叠的人生历程中，就成为相互利益最大化的合作群体模式。另外，在代际交换过程中，无论亲代拥有何种社会经济地位，子代都尽心地赡养父母，亲代的社会经济地位主要影响着父母为子代提供持续支持的能力，家庭内部责任内化的合作群体模式得到了淋漓尽致的体现。此外，亲代的需求在代际支持中始终占有重要地位，家庭代际支持总是流向了最需要帮助的家庭成员，丧偶、健康状况恶化的父母可以得到子代更多的代际支持，这与合作群体模式相一致。

第五章　婚姻挤压对儿子代际支持的影响

在第三章提出的婚姻挤压对农村家庭代际支持影响的整体分析框架的基础上，本章和第六章将会对婚姻挤压对个体代际支持的影响进行深入分析，并且接下来的两章是对第四章的进一步分析与分解。本章主要分析婚姻挤压对儿子代际支持的影响。

第一节　研究设计

一　研究目标

如前文所述，由于中国的养老保障体制还没有覆盖到农村地区，在父系文化的深远影响下，以儿子为主的家庭养老依然是中国农村主要的养老方式，儿子连同儿媳是赡养父母的主要责任人。然而在婚姻挤压下，失婚的后果主要由贫穷的农村男性所承担，他们是否与正常的已婚儿子一样承担起赡养的责任有待于深入研究。在以往的研究中，大多发现在父系文化下儿子及儿媳是为父母提供经济支持和器械支持的主力军，而女儿主要提供一些辅助性的支持，例如情感慰藉（徐勤，1996；Zhang，1999；陶涛，2011）。在婚姻挤压下，大龄未婚儿子是否依旧是父母经济赡养的主力军？在缺乏妻子的情况下，大龄未婚儿子是否起着替代儿媳的作用？失婚给大龄未婚儿子和其父母的情感程度造成何种负面影响？失婚儿子的居住形式与传统居住模式的差异又是什么？在大龄未婚儿子大量出现的背景下，农村地区子女的养老行为是否依旧符合合作群体模式等一系列问题都值得探析。为了从整体中剥离出个体的具体养老行为，本章将着重研究婚姻挤压对儿子个体代际支持行为的影响。虽然在已有的研究中认为婚姻挤压会给中国养老带来难以想象的困境（Hudson & Den Boer, 2004；莫丽霞，2005；Ebenstein & Sharygin, 2009；Ebenstein & Leung, 2010），但是以往研究的重点主要集中于大龄未婚儿子个体的养老行为上，却忽略了对其他家庭成员养老行为的影响。依据家庭内部的隐性分工机制，本书初步假定婚姻挤压带来的不仅仅是大龄未婚儿子个体代际支持行为的改变，更是会改变家里其他兄弟的养老行为。因此本章在研究婚姻挤压对儿子个体代际支持行为影响时采取的策略分为两步，一是研究是否为大龄未婚儿子对代际支持的影响；二是除去大龄未婚儿子群体，研究有无大龄未婚兄弟对代际支持的影响。

依据第三章的婚姻挤压对代际支持行为的影响分析框架，本章将进一步细化婚姻挤压对儿子个体代际支持影响的分析框架，并在此基础上建立回归模式。在模型构建上，先估计是不是大龄未婚儿子对代际支持的影响，后估计是否有大龄未婚兄弟对代际支持的影响。为了区分交换模式与合作群体模式，模型中还纳入了亲代与子代的社会经济地位，短期代际支持，以及亲代的个体及家庭特征。本章的研究内容主要包括：第一，了解婚姻挤压下大龄未婚儿子、已婚儿子、有大龄未婚兄弟以及无大龄未婚兄弟这四类儿子的代际支持现状及差异；第二，分析是否为大龄未婚儿子对代际支持行为中的经济支持、器械支持、情感支持和同住支持的影响；第三，分析有无大龄未婚兄弟对儿子代际支持行为中的经济支持、器械支持、情感支持以及同住支持的影响。

二 研究方法

依据第三章代际支持的分析框架，代际支持的内容包括经济支持、器械支持、情感支持和同住支持四方面的内容，其中经济支持和器械支持依照支持的流向分为儿子为父母（儿子→父母）提供的支持和父母为儿子（父母→儿子）提供的支持，而情感支持和同住支持依旧没有区分流向。同时由于本章所使用的调查数据来自被访父母，在拆分为儿子与父母一一对应的数据库后，不可避免的是一些儿子是来自同一家庭，即老年父母会随着儿子数量的多少而重复出现。为了消除不同儿子的同一父母的共同特征而产生的相关性，本章将采用随机效应模型来进行儿子与父母之间的代际支持研究，利用引入随机因子来消除因为同一父母而产生的整群效应（Goldstein，1987）。依据本章的研究目标，首先，对是不是大龄未婚儿子、是否有大龄未婚兄弟的儿子的代际支持现状进行描述性的分析；其次，建立多元的随机截距模型估计是不是大龄未婚儿子对代际支持的影响；最后，在剔除大龄未婚儿子群体后，再次建立多元随机截距模型估计有无大龄未婚兄弟对代际支持的影响。针对代际支持的四类变量形式，对父母是否得到或获得经济支持、器械支持和同住支持采用分层 Binary Logistic 随机截距模型，针对父母得到和获得的具体经济支持的量采用分层的 Tobit 随机截距模型，针对父母与儿子的情感支持则采用分层的 OLS 随机截距模型。表 5-1 显示了各个因变量所对应的数据分析方法。对分层随机截距模型的分析均通过 stata 软件来实现，其中不同类型的分层模型具体如下文公式。

表 5-1 婚姻挤压对儿子代际支持影响的数据分析方法

样本量	双向经济支持	双向器械支持	情感支持	同住支持
923 个儿子（大龄未婚儿子、已婚儿子）	分层 Binary Logistic、分层 Tobit	分层 Binary Logistic	分层 OLS	分层 Binary Logistic
781 个已婚儿子	分层 Binary Logistic、分层 Tobit	分层 Binary Logistic	分层 OLS	—

1. 分层 Binary Logistic 模型

以父母是否获得和提供经济支持、器械支持、同住支持为因变量的分层 Binary Logistic 模型如公式（5-1）所示。

层1：

$$\ln[P/(1-P)] = B0 + B1 * （大龄未婚男性/有大龄未婚兄弟） \\ + B2 * （儿子小学） + B3 * （儿子初中及以上） \\ + B4 * （儿子非农业） + B5 * （儿子收入平均水平） \\ + B6 * （儿子收入高于平均水平） + B7 * （父母提供经济支持）$$

$+ B8 *$（父母得到经济支持）$+ B9 *$（父母提供器械支持）

$+ B10 *$（父母得到器械支持）$+ B11 *$（代际情感支持）

$+ B12 *$（父母与子女同住）$+ B13 *$（儿子年龄）　　　（5 - 1）

式中：P 为"儿子提供和获得经济支持、器械支持、同住支持"的概率；1 - P 为参考项"儿子没有提供和没有获得经济支持、器械支持"。

层 2：

$B0 = G00 + G01 *$（父母文盲）$+ G02 *$（父母非农业）$+ G03 *$（父母收入）

$\quad + G04 *$（父母身体健康一般）$+ G05 *$（父母身体健康差）

$\quad + G06 *$（父母年龄）$+ G07 *$（父母丧偶）$+ G08 *$（子女数目）$+ U0$

$B1 = G10$

$B2 = G20$

$B3 = G30$

$B4 = G40$

$B5 = G50$

$B6 = G60$

$B7 = G70$

$B8 = G80$

$B9 = G90$

$B10 = G100$

$B11 = G110$

$B12 = G120$

$B13 = G130$

2. 分层 Tobit 模型

以父母是否获得和提供经济支持的具体金额为因变量进行的分层 Tobit 模型如公式（5 - 2）和公式（5 - 3）所示。

层 1：

$Y = B0 + B1 *$（大龄未婚男性/有大龄未婚兄弟）$+ B2 *$（儿子小学）

$\quad + B3 *$（儿子初中及以上）$+ B4 *$（儿子非农业）$+ B5 *$（儿子收入平均水平）

$\quad + B6 *$（儿子收入高于平均水平）$+ B7 *$（父母提供经济支持）

$\quad + B8 *$（父母得到经济支持）$+ B9 *$（父母提供器械支持）

$\quad + B10 *$（父母得到器械支持）$+ B11 *$（代际情感支持）

$$+ B12 * (父母与子女同住) + B13 * (儿子年龄) + e \qquad (5-2)$$

$$Y^* = \max(0, Y) \qquad (5-3)$$

式中：Y 为"父母获得和提供经济支持具体的金额"，当 $Y > 0$ 时，所观测的变量 $Y^* = Y$，当 $Y \leqslant Y^*$ 时，则 $Y^* = 0$，即将截取点设置为 0。

层 2：

$$B0 = G00 + G01 * (父母文盲) + G02 * (父母非农业) + G03 * (父母收入)$$
$$+ G04 * (父母身体健康一般) + G05 * (父母身体健康差)$$
$$+ G06 * (父母年龄) + G07 * (父母丧偶) + G08 * (子女数目) + U0$$

B1 = G10

B2 = G20

B3 = G30

B4 = G40

B5 = G50

B6 = G60

B7 = G70

B8 = G80

B9 = G90

B10 = G100

B11 = G110

B12 = G120

B13 = G130

3. 分层 OLS 模型

以儿子与父母间的情感支持得分为因变量进行的分层 OLS 模型如公式（5-4）所示。

层 1：

$$Y = B0 + B1 * (大龄未婚男性/有大龄未婚兄弟) + B2 * (儿子小学)$$
$$+ B3 * (儿子初中及以上) + B4 * (儿子非农业)$$
$$+ B5 * (儿子收入平均水平) + B6 * (儿子收入高于平均水平)$$
$$+ B7 * (儿子获得经济支持) + B8 * (儿子提供经济支持)$$
$$+ B9 * (儿子获得器械支持) + B10 * (儿子提供器械支持)$$

$$+ B11 * （代际情感支持） + B12 * （父母与子女同住）$$
$$+ B13 * （儿子年龄） + e(5-4)$$

式中：Y 为"儿子与父母之间的情感得分"。

层 2：

$$B0 = G00 + G01 * （父母文盲） + G02 * （父母非农业）$$
$$+ G03 * （父母收入） + G04 * （父母身体健康一般）$$
$$+ G05 * （父母身体健康差） + G06 * （父母年龄）$$
$$+ G07 * （父母丧偶） + G08 * （子女数目） + U0$$

B1 = G10

B2 = G20

B3 = G30

B4 = G40

B5 = G50

B6 = G60

B7 = G70

B8 = G80

B9 = G90

B10 = G100

B11 = G110

B12 = G120

B13 = G130

三 变量的测量

1. 因变量

根据儿子与父母之间四种代际支持的内容与方向进行划分，将因变量设置为儿子提供的经济支持、儿子获得的经济支持、儿子提供的器械支持、儿子获得的器械支持、父母与儿子之间相互的情感支持和同住支持这六类。

（1）经济支持

亲代与儿子之间相互的经济支持也包括父母是否获得和提供，以及获得和提供的具体金额两类因变量。儿子是否为父母提供经济支持，指该儿子在过去 12 个月里是否为父母提供了现金、礼物、食品等物品；儿子是否获得父母提供的经济支持，指父母在过去12个月里是否为儿子提供了现金、礼物、食品等物品。在父母获得和提供的具体经济支持金额上，父母获得和提供的经济支持具体金额则是获得和提供的现金、礼物、食品等物品的总价值。为了克服变量可能存在的分布的有偏性，在获得和提供的具体经济支持金额上取其对数值纳入模型分析中。

（2）器械支持

儿子提供的器械支持指儿子至少为父母提供了家务帮助或生活起居照料中的一种支持，答案编码设置为"有"和"没有"两类；儿子获得器械支持指父母至少为儿子提供了家务帮助或生活起居照料中的一种，答案编码分别为"有"和"没有"两类。

（3）情感支持

父母与儿子的情感支持测量方法同于家庭层面中的父母对单个子女情感支持的测量，指儿子与父母之间感情得分，取值范围为 3~9。

（4）同住支持

划分儿子是否与父母同住的问题，直接依据问卷调查上的询问被访父母是否与该儿子同住，答案编码分别为"同住"和"不同住"两类。

表5-2提供了因变量四种代际支持的描述性统计结果。

表5-2　父母与儿子间代际支持的描述性统计

变量	定义与赋值	所有儿子 均值	所有儿子 标准差	已婚儿子 均值	已婚儿子 标准差
经济支持					
儿子是否提供经济支持					
儿子提供经济支持	提供=1，不提供=0，以不提供为基准	0.63	0.48	0.68	0.47
儿子是否获得经济支持					

续表

变量	定义与赋值	所有儿子 均值	所有儿子 标准差	已婚儿子 均值	已婚儿子 标准差
儿子获得经济支持	获得=1，没获得=0，以没获得为基准	0.22	0.42	0.24	0.43
儿子提供的经济支持量（元）	儿子提供的经济支持量，连续变量	460.63	1170.10	486.70	1221.60
儿子提供的经济支持量对数值	对数值，连续变量	3.73	3.01	4.00	2.93
儿子获得的经济支持量（元）	父母为儿子提供的经济支持量，连续变量	264.57	2087.67	294.56	2259.69
儿子获得的经济支持量对数值	对数值，连续变量	1.24	2.48	1.35	2.55
器械支持					
儿子是否提供器械支持					
儿子提供器械支持	提供=1，不提供=0，以不提供为基准	0.41	0.49	0.41	0.49
儿子是否获得器械支持					
儿子获得器械支持	获得=1，没获得=0，以没获得为基准	0.47	0.50	0.49	0.50
情感支持					
父母与儿子的感情得分	把情感支持量表三个问题得分进行加总，得分越高表示情感支持越高，连续变量	7.16	1.39	7.20	1.39
同住支持					
父母是否与儿子同住					
父母与儿子同住	与儿子住=1，不与儿子住=0，以不与同住为基准	0.40	0.49	0.32	0.47
样本量（个）		923		781	

2. 自变量

对婚姻挤压的测量包括两个变量，一是儿子现实的婚姻状态，二是已婚儿子有无大龄未婚兄弟。

（1）儿子的婚姻状况

依据儿子的婚姻状况可分为两类，一类是超过 28 岁但仍未结婚的大龄未婚儿子，另一类是已婚儿子。

（2）已婚儿子有无大龄未婚兄弟

剔除大龄未婚儿子后，把已婚儿子分为两类，一类是有大龄未婚兄弟的已婚儿子，另一类是没有大龄未婚兄弟的已婚儿子。

表 5-3 提供了婚姻挤压下的家庭类型的描述性统计结果。

表 5-3 婚姻挤压因素的描述性统计

变量	定义与赋值	所有儿子 均值	所有儿子 标准差
婚姻挤压			
儿子的婚姻状态			
大龄未婚儿子	大龄未婚儿子=1，已婚儿子=0，以已婚儿子为基准	0.15	0.36
样本量（个）	923		
已婚儿子有无大龄未婚兄弟		已婚儿子	
有大龄未婚兄弟	有大龄未婚兄弟=1，没有大龄未婚兄弟=0，以没有大龄未婚兄弟为基准	0.25	0.43
样本量（个）	781		

3. 控制变量

控制变量主要包括父母和儿子的社会经济地位、短期代际支持、父母的个体及家庭特征，以及儿子的年龄。涉及亲代的变量设置与第四章中一致，只是代际支持不再是整个家庭的代际支持，而只是父母与儿子之间在过去 12 个月里相互的代际支持。同时为了进一步区别，在婚姻挤压下中国农村的代际支持是利他所驱动还是交换为主导，在儿子的个体层面的考察时本书加入了儿子的社会经济地位，包括儿子的教育程度、职业以及收入。随着社会经济文化的发展，儿子辈的文化程度水平已经有了大幅度的提高，因此在本章的研究中将儿子的文化程度划分为文盲、小学、初中及以上三类，以"文盲"为参基准类型；儿子的职业同样划分为从事"农业"和"非农业"两类职业，以"农业"为基准类型；儿子的收入状况，则是通过询问被访父母"与同村比较，孩子的经济收入属于哪一类？"答案编码包括"低于平均水平""平均水平""高于平均水平"三类，其中以"低于平均水平"为基准类型。虽然这道题并不是客观的具体收入数值，但是在预调查期间发现不少老年父母无法回答每个孩子的具体收入情况，但对孩子的收入水平会有大概的判断，因此正式调查时进行了从父母角度进行的主观判断数据收集。同时由于儿子提供的代际支持与其自身的年龄也有关联，所以本章分析中还纳入了儿子的年龄。表5-4提供了主要的控制变量的描述性统计。

表5-4 主要的控制变量描述性统计

变量	定义与赋值	儿子 均值	儿子 标准差	已婚儿子 均值	已婚儿子 标准差
儿子社会经济地位					
教育					
小学	儿子的受教育程度，文盲=0，小学=1，初中及以上=0，以文盲为基准	0.24	0.43	0.23	0.42
初中及以上	儿子的受教育程度，文盲=0，小学=0，初中及以上=1，以文盲为基准	0.61	0.49	0.67	0.47
职业					
非农业	儿子最主要从事的职业，非农业=1，农业=0，以农业为基准	0.67	0.47	0.71	0.46
收入水平					
平均水平	与同村相比，儿子所处的收入水平，低于平均水平=0，平均水平=1，高于平均水平=0，以低于平均水平为基准	0.67	0.47	0.74	0.44

续表

变量	定义与赋值	儿子 均值	儿子 标准差	已婚儿子 均值	已婚儿子 标准差
高于平均水平	与同村相比，儿子所处的收入水平，低于平均水平=0，平均水平=0，高于平均水平=1，以低于平均水平为基准	0.10	0.30	0.11	0.32
子代年龄	儿子在调查基点的年龄	38.51	8.67	37.76	8.57
样本量（个）		923		781	
父母基本信息					
亲代社会经济地位					
教育					
文盲	父或母的教育程度，文盲=1，小学及以上=0，以小学及以上为基准	0.67	0.47	0.67	0.47
职业					
非农业	父或母最主要从事的职业，非农业=1，农业=0，以农业为基准	0.19	0.39	0.19	0.39
收入对数值	被访父或母在过去12个月本人（及配偶）的收入，取其数值，连续变量	6.90	3.27	6.89	3.28
父或母的需求					
亲代个体特征					
健康状况					
一般	父或母的健康自评，好=0，一般=1，差=0，以好为基准	0.41	0.49	0.42	0.49
差	父或母的健康自评，好=0，一般=0，差=1，以好为基准	0.24	0.43	0.23	0.42
亲代年龄	父或母在调查基点的年龄	63.77	9.89	63.50	9.81
家庭特征					
配偶不健在	父或母的配偶存活情况，健在=0，不健在=1，以不健在为基准	0.27	0.45	0.26	0.44

续表

变量	定义与赋值	儿子 均值	儿子 标准差	已婚儿子 均值	已婚儿子 标准差
子女数目	父或母现有的存活的子女数目，连续变量	3.16	1.14	3.21	1.13
样本量（个）		480		457	

第二节 婚姻挤压对儿子代际支持影响的现状分析

一 总体状况

图 5-1、图 5-2、图 5-3 以及表 5-5 提供了儿子与父母之间的代际支持。从图 5-1 中可知，儿子与父母之间依旧以向上的经济支持为主，反馈模式明显，但剥离女儿和少数小龄未婚儿子的经济支持后，子女给予父母的经济支持比例从第四章的 80.93% 降到此处的 63.16%，父母给予子女的经济支持则从第四章的 32.49% 降到此处的 22.32%，这种降幅并不是非常大，由此说明儿子是父母经济支持的主力军，同时相比于女儿也接受着父母对其更多的经济支持，这与以往研究的结果相吻合（徐勤，1996；陶涛，2011）。图 5-2 则显示经济支持的具体数额，儿子给予父母的经济支持量大约接近父母给予儿子量的 2 倍，但是经济支持的数额较低。从图 5-3 中可以看出，在剥离女儿和少量小龄未婚儿子的器械支持后，相对于整个家庭的器械支持交换比例，儿子与父母之间的器械支持交换比例降幅较大，但儿子的器械支持依旧占有主导地位，从第四章的子女给予父母的 71.4% 降低到此处的 41.39%，父母给予子女的则从 73.15% 降到此处的 47.02%，这可能与性别分工有关，女儿更加倾向于为父母提供辅助性的支持（Zhang，1999；尹银，2012）。

表 5-5 则是对儿子与父母之间的代际支持流向的进一步细分。在经济支持上，儿子赡养父母的经济流向明显，双向流动的经济

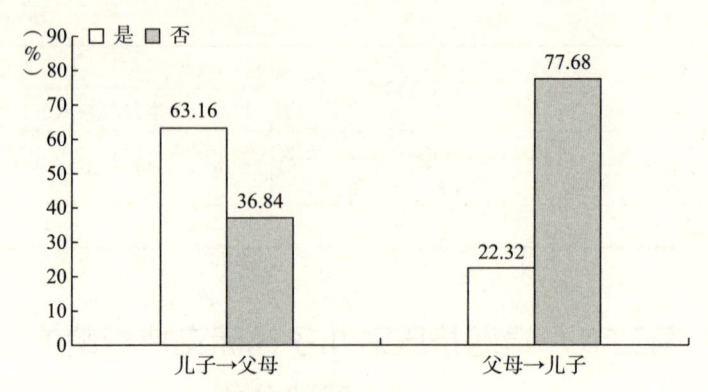

图 5-1 父母与儿子之间的经济支持情况

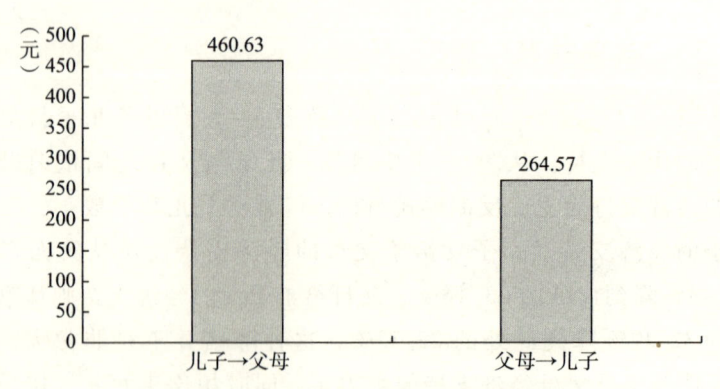

图 5-2 父母与儿子间经济支持具体金额

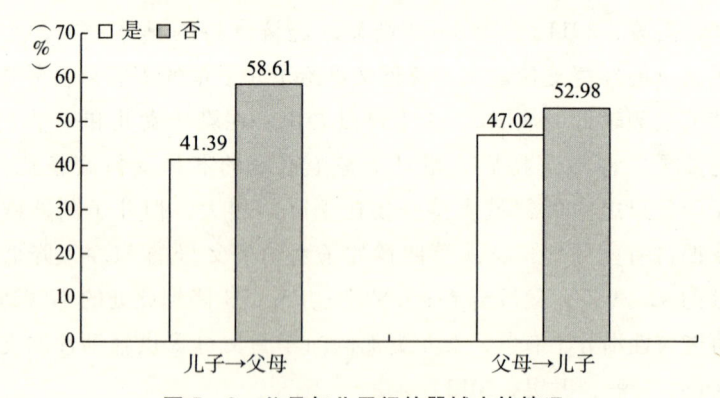

图 5-3 父母与儿子间的器械支持情况

支持仅为 17.23%，但儿子为父母提供单向的经济支持比例占据了绝对优势，高达45.94%，儿子中的"啃老族"比例较低。但是儿子与父母之间没有任何经济支持的比例竟然接近三成，究其原因可能是大龄未婚儿子的存在拉低了所有儿子的经济支持水平。在器械支持方面，相对于第四章的整个家庭存在60.12%双向器械支持，此处儿子与父母之间的器械支持降幅大约为一半，由此再次肯定了女儿提供器械支持的重要作用。单向的器械支持流向依旧不太明显，但是儿子与父母之间没有任何器械支持流动的趋势在此居然占据了绝对地位，从性别分工的视角来看，儿子确实不是照料父母生活的最佳人选。在情感得分方面，剥离了女儿和少量小龄未婚儿子后，儿子与父母之间的情感得分有所下降，从整体水平的7.39分降低到此处的7.16分，这可能与大龄未婚儿子的存在有关。此外，由于本次调查中绝大部分的家庭均存在有多个儿子的现象，而父或母只有一个，所以只有40.09%的儿子与父母同住，但从这480户家庭来看，与儿子同住的家庭比例高达76.87%，由此可见，在居住模式上，依旧延续着与儿子同住的传统模式。

表5-5 儿子与父母之间的代际支持流向分布情况

单位：%，分

家庭养老方式	双向流动	仅向上流动	仅向下流动	无流动
经济支持	17.23	45.94	5.09	31.74
器械支持	33.48	7.91	13.54	45.07
情感支持	7.16	—	—	—
同住支持	40.09	—	—	—

二 结构差异

1. 大龄未婚儿子与已婚儿子代际支持婚姻差异现状

表5-6显示了大龄未婚儿子与已婚儿子代际支持婚姻差异现状。在经济支持方面，大龄未婚儿子与已婚儿子给予父母经济支持比例差异显著，大龄未婚儿子给予父母经济支持的比例大约只为已婚儿子的一半水平，由此可以推断父母经济支持的主力军主要指已婚儿子；在经济支持量上，大龄未婚儿子与已婚儿子的差

异并不显著。在儿子提供的器械支持方面,大龄未婚儿子与已婚儿子之间并没有显著差异,失婚并不影响儿子为父母提供器械支持的能力。在父母为儿子提供的经济支持中,两类儿子得到的经济支持比例差异显著,大龄未婚儿子仅得到了父母为已婚儿子提供的一半的支持;但在实际经济支持量上,虽然大龄未婚儿子获得量较少,但与已婚儿子间没有显著差异。在器械支持上,两类儿子在获得父母的器械支持比例上差异显著,大龄未婚儿子获得的器械支持少于已婚儿子。在情感得分上,大龄未婚儿子与父母的情感显著差于已婚儿子与父母的情感程度,由此证实了有大龄未婚男性家庭整体情感支持水平较差的缘故,首先在于大龄未婚儿子的存在拉低了家庭情感支持的得分水平。在居住安排上,绝大多数的大龄未婚儿子与父母同住,而已婚儿子与父母同住的比例只有32.39%,由此再次证实了大龄未婚儿子的存在颠覆了传统家庭居住模式的观点。

表5-6 大龄未婚儿子与已婚儿子代际支持差异

家庭养老方式	大龄未婚儿子	已婚儿子	LR/T 检验
儿子→父母			
是否提供经济支持(%)			***
是	38.03	67.73	
否	61.97	32.27	
经济支持量(元)	317.25	486.70	ns
是否提供器械支持			ns
是	44.37	40.85	
否	55.63	59.15	
父母→儿子			
是否提供经济支持(%)			**
是	12.68	24.07	
否	87.32	75.93	
经济支持量(元)	99.65	294.56	ns

续表

家庭养老方式	大龄未婚儿子	已婚儿子	LR/T 检验
是否提供器械支持			*
是	38.73	48.53	
否	61.27	51.47	
父母↔儿子			
情感支持（分）	6.93	7.20	*
是否同住（%）			***
是	82.39	32.39	
否	17.61	67.61	
样本量（个）	142	781	923

ns 代表不显著。

*** $p<0.001$； ** $p<0.01$； * $p<0.05$； + $p<0.1$。

2. 有大龄未婚兄弟和无大龄未婚兄弟的已婚儿子代际支持差异现状

在剔除大龄未婚儿子样本后，表 5-7 提供了有大龄未婚兄弟和无大龄未婚兄弟的已婚儿子在代际支持方面的差异。在经济支持分布比例上，有大龄未婚兄弟的已婚儿子提供的经济支持的比例是高于大龄未婚儿子的，但是该比例低于无大龄未婚兄弟的已婚儿子为父母提供的经济支持。在经济支持量上，两类已婚儿子为父母提供的实际经济支持量差异显著，有大龄未婚兄弟的已婚儿子为父母提供经济支持的量也明显少于无大龄未婚兄弟的已婚儿子为父母提供的。由此可见，有大龄未婚兄弟的已婚儿子可能会弥补大龄未婚儿子缺少的经济支持，但是这种弥补程度是有限的。在剔除大龄未婚兄弟后，两类已婚儿子在为父母提供的器械支持上差异显著，有大龄未婚兄弟的已婚儿子为父母提供的器械支持比例较低，不知道是不是大龄未婚儿子承担了更多的父母生活照料的原因。在父母为已婚儿子提供的经济支持上，两类已婚儿子获得的父母器械支持差异显著，无大龄未婚兄弟的已婚儿子获得了父母更多器械支持照料，这或许与婚姻挤压下的家庭居住模式有关。在居住模式上，有大龄未婚兄弟的已婚儿子与父母同住的比例非常低,只有 15.54%,在绝对数量上只有 30 个有大龄未婚兄弟的已婚儿子与父母同住。或许就是因为这样的居住模式,才改变了有大龄未婚兄弟与父母之间的器械支持状态。

表 5-7 有大龄未婚兄弟和无大龄未婚兄弟的已婚儿子代际支持差异

家庭养老方式	有大龄未婚兄弟	无大龄未婚兄弟	LR/T 检验
已婚儿子→父母			
是否提供经济支持(%)			*
是	61.66	69.73	
否	38.34	30.27	
经济支持量(元)	257.15	562.04	**
是否提供器械支持			***
是	29.02	44.73	
否	70.98	55.27	
父母→已婚儿子			
是否提供经济支持(%)			***
是	15.03	27.04	
否	84.97	72.96	
经济支持量(元)	61.14	371.17	+
是否提供器械支持			***
是	26.42	55.78	
否	73.58	44.22	
父母↔已婚儿子			
情感支持(分)	6.76	7.34	***
是否同住(%)			***
是	15.54	37.93	
否	84.46	62.07	
样本量(个)	193	588	781

ns 代表不显著。

*** $p<0.001$; ** $p<0.01$; * $p<0.05$; + $p<0.1$。

第三节 婚姻挤压对儿子代际支持的影响分析

在估计婚姻挤压对农村个体代际支持的影响上，本章主要建立了2个全模型：模型1主要考察是不是大龄未婚儿子对父母代际支持的影响，模型2则是在剔除大龄未婚儿子本身后考察有无大龄未婚兄弟的已婚儿子对父母代际支持的影响，同时模型2中由于有大龄未婚兄弟的已婚儿子绝大多数并不与父母同住，因此模型2中并不考虑儿子是否与父母同住的变量。

一 婚姻挤压对儿子经济支持的影响

1. 儿子提供和获得经济支持可能性的回归结果

表5-8分别是儿子为父母提供和儿子从父母处获得的经济支持因变量，分别估计婚姻挤压对儿子个体代际支持的影响。

（1）儿子为父母提供经济支持可能性

模型1和模型2中婚姻挤压因素均显著影响了儿子提供的经济支持的可能性。模型1中，大龄未婚儿子为父母提供经济支持的可能性是明显小于已婚儿子的，已婚儿子才是为父母提供经济支持的中坚力量。从资源长期交换视角分析，已婚儿子在其结婚过程中得到了父母更多的住房、彩礼、酒席等方面的经济帮助，由此成功地将家庭主导的父母抚养责任转换为儿子赡养父母的主导责任，同时已婚儿子也顺利完成了从未婚到已婚的角色转变，父母与已婚儿子之间形成了以时间跨度为基础的长期"养儿防老"的交换关系。但对于大龄未婚儿子来说，他们并没有得到父母结婚时的帮助，即使他们不为父母提供经济支持也不会受到社会过多的舆论谴责。然而，在模型2中在剔除大龄未婚儿子样本后，有大龄未婚兄弟的已婚儿子为父母提供的经济支持的可能性还是小于没有大龄未婚兄弟的已婚儿子，由此从模型1中得到的已婚儿子是为父母提供经济支持的主力军在此变得并不可靠。对于处于有大龄未婚男性的家庭，已婚儿子虽然得到过父母对其结婚时的经济帮助，但是依据家庭子女之间的示范作用效应，有大龄未婚兄弟的已婚儿子可能在大龄未婚儿子的负面示范作用下，降低了对父母的支持力度。可见，大龄未婚儿子的存在，不仅可能降低其自身对父母的经济支持力度，更有可能影响其已婚兄弟降低对父母的支持力度，从而印证了第四章中有大龄未婚儿子的家庭整体代际支持水平降低的结果。

从亲代与子代社会经济地位的交换视角来看，模型1中从事非农业和具有较高的收入水平的儿子给予父母经济支持的可能性更高，而模型2中已婚儿子的社会经济地位并不影响父母获得经济支持的可能性，这种现象的出现应该是受到大龄未婚儿子的存在的影响结果。模型1中文化水平为文盲的父母获得儿子经济支持的可能性更大，收入越高的父母获得经济支持的可能性越有所降低；模型2中文盲类的父母获得已婚儿子经济支持的可能性依旧较高，但父母收入状况并不影响其从已婚儿子处获得的经济支持。从短期的代际资源交换来看，模型1与模型2中父母提供的经济支持、父母得到的器械支持以及与儿子感情越好的父母越容易获得儿子的经济支持，这与第四章的结论相呼应，不仅整个家庭的代际支持呈现整体形态，就算是儿子个体与父母之间的代际支持也呈现整体形态，即越是付出经济支持的父母，获得儿子提供经济支持、器械支持以及情感支持的可能性就越高，代际支持之间总是相互影响的。

从父母的个体和家庭特征分析，无论是模型1还是模型2，身体健康状况越差的父母获得儿子经济支持的可能性越大，这与合作群体模式相符合。同时，模型1中随着儿子年龄的增长，父母获得经济支持的可能性也越来越大，但是模型2中并不呈现该种趋势，不知道是不是随着大龄未婚儿子年龄的增长，他们结婚的希望慢慢破灭，反而能更加平和地处理与父母之间的经济支持关系的原因。

（2）儿子获得父母经济支持的可能性

在模型1和模型2中可见，婚姻挤压因素并不影响儿子获得父母经济支持的可能性，这与家庭整体的经济支持情况是一致的，可能依旧是向下的经济支持流向在中国农村并不普遍的原因所致。模型1中，儿子的社会经济地位对其获得父母经济支持的可能性并没有什么显著的影响；但在剔除大龄未婚儿子后，已婚儿子的社会经济地位中的教育和职业却显著影响父母为他们提供经济支持的可能性，文化程度越高的已婚儿子获得父母经济支持的可能性越低。一般来说，文化水平越高的儿子，挣钱能力越强，需要父母提供经济支持的地方自然会越少。然而从事非农业的已婚儿子反而更加容易得到父母的经济支持，可能存在的原因是相比于农业，从事非农业的已婚儿子可能需要更多的经济投入成本。父母的收入越高，他们给儿子提供经济支持的可能性越高，由此可见父母更加关注儿子的福利，与利他动机相符。

在短期的资源交换上，父母得到的经济支持显著影响父母为儿子提供的经济支持，具有非常明显的交换动机。模型2中得到了器械支持的父母更加可能为已婚儿子提供经济支持，父母用提供经济支持的方式来换取器械支持的形式，也与交换动机相吻合，但模型1中并不存在这样的结果，再次印证了大龄未婚儿子的存在可能颠覆代际支持的常有形态。此外，个体和家庭特征对儿子获得经济支持并无显著影响。

表5-8 婚姻挤压对儿子代际经济支持的影响分层 Binary Logistic 回归结果

变量	儿子提供的经济支持		儿子获得的经济支持	
社会经济资源交换	模型1（B）	模型2（B）	模型1（B）	模型2（B）
长期资源交换				
大龄未婚儿子（已婚儿子）	-2.074***		0.187	
有大龄未婚兄弟（无）		-2.177**		0.655
子代社会经济地位				
教育（文盲）				
小学	0.806	0.873	-0.624	-2.687*
初中及以上	0.540	1.034	-0.460	-2.688*
职业（农业=0）				

续表

变量	儿子提供的经济支持		儿子获得的经济支持	
非农业 = 1	0.599 +	0.242	0.810	1.593 +
收入（低于平均水平 = 0）				
平均水平	1.302 **	0.768	-0.514	-0.331
高于平均水平	1.590 *	1.400	-0.573	-0.337
亲代社会经济地位				
教育（小学及以上 = 0）				
文盲 = 1	0.941 *	1.624 *	-0.687	-1.194
职业（农业 = 0）				
非农业 = 1	-0.406	-0.963	0.314	0.956
收入（ln + 1）	-0.134 +	-0.162	0.457 *	0.437 *
短期资源交换				
父母提供经济支持（没有）	1.872 ***	3.356 ***		
父母得到经济支持（没有）			1.980 **	4.537 ***
父母提供器械支持（没有）	0.103	0.189	0.839	0.104
父母得到器械支持（没有）	1.145 **	1.201 *	-0.363	1.326 +
父子之间情感支持	0.616 ***	0.816 ***	0.212	-0.0698
居住安排（不同住）	0.087		-0.817	
个体特征				
亲代个体特征				
健康状况（好 = 0）				
一般	0.927 +	0.934	-0.952	-0.734
差	1.996 **	3.106 **	0.0760	-0.562
亲代年龄	-0.0488	-0.027	-0.0951	-0.082
子代年龄	0.0520 +	0.055	-0.0377	-0.071
家庭特征				
配偶健在（健在 = 0）				
不健在 = 1	0.836	1.676 +	-0.499	-1.323
子女数量	0.131	0.327	0.0016	-0.0785
常数项	-5.850 *	-8.835 *	-2.867	-2.961
Sigma_u	3.085	4.729	6.851	9.641

续表

变量	儿子提供的经济支持		儿子获得的经济支持	
Rho	0.743	0.872	0.934	0.966
Log likelihood	-456.963***	-358.723***	-342.005***	-278.312***
Wald chisquare	75.43	55.53	36.62	45.54
儿子样本量（个）	923	781	923	781
家庭样本量（个）	480	457	480	457

*** $p<0.001$；** $p<0.01$；* $p<0.05$；+ $p<0.1$。

2. 儿子提供和获得经济支持量的回归结果

表5-9分别以儿子提供和获得的经济支持为因变量，分别估计了婚姻挤压对已婚儿子代际经济支持的影响。

（1）儿子提供的经济支持量

模型1和模型2中婚姻挤压因素对儿子为父母提供的实际经济支持量有非常显著的影响。模型1中大龄未婚儿子为父母提供的经济支持量是明显少于已婚儿子的，即使剔除大龄未婚儿子群体，有大龄未婚兄弟的已婚儿子给予父母的经济支持量依旧是少于没有大龄未婚兄弟的已婚儿子的。由此可以清晰地看到在婚姻挤压背景下，儿子给父母提供经济支持量从少到多的排序为：大龄未婚儿子、有大龄未婚兄弟的已婚儿子、没大龄未婚兄弟的已婚儿子。在有大龄未婚儿子的家庭，已婚儿子提供的经济支持量高于大龄未婚儿子，但是并不能达到正常家庭中已婚儿子提供的经济支持水平，可能的原因是大龄未婚兄弟的负面示范作用，也有可能是该类家庭整体的收入水平较低，即便是儿子已婚也难以为父母提供足够的经济支持。从资源交换视角来看，儿子的顺利成婚虽然有利于提高老年父母所获的经济支持，但是这种提高是需要以避开大龄未婚兄弟为前提的。与家里没有大龄未婚儿子的父母相比，有大龄未婚儿子的父母面临着更多的经济压力。

至于社会经济地位、个体及家庭特征因素，那些影响父母获得多少经济支持量的重要因素与分层的Binary Logistics回归结果类似，儿子的收入状况、父母提供的经济支持、父母得到的器械支持、代际情感、儿子的年龄等对儿子提供的经济支持量有显著影响。与分层 Binary Logistic 回归不同的是，模型1中随着父母年龄的增长，父母获得经济支持的量会减少，可能是由于年长的父母对器械支持的需求更加强烈，而对经济支持量的需求已经有所降低。模型2中，丧偶的父母依旧可以得到已婚儿子更多的经济支持量，再次体现了合作群体模式。

(2) 儿子获得的经济支持量

在儿子获得的经济支持量上，与分层的 Binary Logistic 回归结果一致，婚姻挤压因素依旧不影响儿子为父母提供的实际经济支持量的多寡。在儿子获得实际经济支持量上，儿子的社会经济地位并不是影响其获得父母经济支持量的重要因素，但父母的收入状况依旧是影响儿子获得经济支持的重要因素。收入较高的老年父母不仅会提高给予儿子经济支持的可能性，在经济支持量上也有所增加，再次印证了父母对儿子的关注少于对自身的关注，也再次印证了利他动机。在短期的资源交换上，儿子获得的经济支持量与父母提供的经济支持量呈现显著正相关，这种显著正相关关系在已婚儿子身上的体现更加明显，看来已婚儿子与父母之间更加容易形成经济交换的关系。

个体和家庭特征中，模型1中随着父母年龄的增长，父母为儿子提供经济支持的量也会减少，这与父母挣钱能力随着年龄的增长而弱化是有关的。

表 5-9 婚姻挤压对儿子代际经济支持的影响分层 Tobit 回归结果

变量	儿子提供的经济支持量		儿子获得的经济支持量	
	模型1 (B)	模型2 (B)	模型1 (B)	模型2 (B)
社会经济资源交换				
长期资源交换				
大龄未婚男性（已婚）	-2.067***		0.0937	
有大龄未婚兄弟（无）		-1.436**		-0.317
子代社会经济地位				
教育（文盲）				
小学	0.405	0.255	-0.0946	-0.321
初中及以上	0.329	0.523	0.200	-0.837

续表

变量	儿子提供的经济支持量		儿子获得的经济支持量	
职业（农业=0）				
非农业=1	0.474	0.107	0.691	0.850
收入（低于平均水平=0）				
平均水平	1.298***	0.349	-0.833	-0.500
高于平均水平	1.756**	1.073*	-0.551	-0.295
亲代社会经济地位				
教育（小学及以上=0）				
文盲=1	0.634	0.795+	-0.551	-0.814
职业（农业=0）				
非农业=1	-0.309	-0.594	0.835	1.445
收入（ln+1）	-0.138+	-0.124	0.869***	0.685**
短期资源交换				
父母提供经济支持量	0.143*	0.187**		
父母得到经济支持量			0.243+	0.479***
父母提供器械支持（没有）	0.187	0.197	0.721	-0.0830
父母得到器械支持（没有）	1.057**	0.610+	-0.325	0.829
父子之间情感支持	0.696***	0.669***	0.286	0.0214
居住安排（不同住）	0.262		-0.717	
个体特征				
亲代个体特征				
健康状况（好=0）				
一般	0.727	0.553	-1.170	-0.655
差	1.844**	1.770**	1.273	0.981
亲代年龄	-0.0648+	-0.0404	-0.155+	-0.120
子代年龄	0.0559*	0.0419+	-0.0637	-0.0815
家庭特征				
配偶健在（健在=0）				
不健在=1	0.851	1.042+	0.276	-0.471
子女数量	0.0405	0.115	-0.0758	-0.0976
常数项	-3.152	-2.768	-2.101	-1.161

续表

变量	儿子提供的经济支持量		儿子获得的经济支持量	
Sigma_u	3.333	3.4500	7.002	7.387
Rho	0.610	0.751	0.823	0.913
Log likelihood	-1851.278***	-1583.453***	-844.256***	-737.296***
Wald chisquare	154.71	99.54	61.86	58.95
儿子样本量（个）	923	781	923	781
家庭样本量（个）	480	457	480	457

*** $p < 0.001$；** $p < 0.01$；* $p < 0.05$；+ $p < 0.1$。

3. 讨论

与家庭整体代际经济支持结果类似，农村家庭代际支持以向上支持为主导，婚姻挤压只是显著影响了儿子为父母提供经济支持的可能性，但并不影响父母为儿子提供经济支持的行为，儿子向上的经济支持不仅体现了儿子的主体养老地位，更是展示出了利他的经济支持动机。大龄未婚儿子的出现会削弱父母所获得的经济支持可能性和实际量，而且大龄未婚儿子的存在对其已婚兄弟经济支持行为存在负面的示范作用，有大龄未婚兄弟的已婚儿子给予父母的经济支持的可能性和实际支持量也是较少的，由此导致了第四章中有大龄未婚儿子的家庭整体的经济支持水平低于没有大龄未婚儿子的家庭。在婚姻挤压下，有大龄未婚兄弟的已婚儿子并没有弥补大龄未婚兄弟给予父母经济支持的不足，虽然他们承担着比大龄未婚儿子更多的养老责任，但他们所承担的水平依旧不如没有大龄未婚兄弟的已婚男性。对于有大龄未婚兄弟的已婚儿子来说，无论是其自身经济条件的不足，还是大龄未婚兄弟的负面示范作用，婚姻挤压因素都显著影响了其赡养父母的经济支持行为，他们在兄弟间婚姻状况权衡下做出的经济支持并不利于父母经济赡养水平的提高。

从资源长期交换视角来看，已婚儿子获得了父母更多的婚姻帮助，由此回报给父母经济支持的可能性和实际支持量都高于大龄未婚儿子，由此再次从个体层面印证了父母用帮助儿子成婚换取养老经济资源的交换关系。然而，已婚儿子给予父母的经济支持回报又会受到兄弟间婚姻状况相对权衡的影响,他们的经济支持回报行为显著受到其大龄未婚兄弟的影响,有大龄未婚兄弟的已婚儿子回报给父母的经济支持水平远不及无大龄未婚兄弟的已婚儿子,说明大龄未婚儿子的存在是会破坏农村中"子女婚姻换取养老资源"的契约关系的,这种破坏行为还具有"株连"性质——既破坏了大龄未婚儿子与父母之间的经济交换关系,也在一定程度上破坏了有大龄未婚兄弟的已婚儿子与父母之间的经济交换关系。

从两代的社会经济地位来看,在家庭整体代际支持中基于孝道的代际反馈明显,子代的经济支持并不受亲代社会经济地位的影响,但在本章中亲代的社会经济地位开始影响子代的代际支持行为,尤其影响了包含大龄未婚儿子在内的儿子为父母提供经济支持的行为,亲代收入的提高会降低子代提供经济支持的可能性和实际量,但已婚儿子与父母之间的经济支持并不存在此种变化,这可能是大龄未婚儿子依据父母经济状况而做出的理性选择,如果父母收入较高就减少自己的供给。此外,两代都具有一个共同的特点,即较好的社会经济地位会增加给对方的经济支持,与利他相符合。

在短期的资源交换中,代际支持内部的关系依旧呈现与家庭整体代际支持相似的特征,儿子与父母之间也存在高度的代际互动性。两代间越是为对方提供了某种代际支持也就最容易获得某种代际支持的回报。此外,父母的需求依旧是影响父母得到的重要变量,合作群体模式不仅存在于家庭整体,更存在于个体代际支持行为之中。

二 婚姻挤压对儿子器械支持的影响

1. 儿子提供和获得器械支持可能性的回归结果

表 5-10 分别以儿子提供和获得器械支持为因变量,分别估计婚姻挤压对儿子个体代际器械支持的影响。模型的设置上和儿子与父母之间的经济支持类似。

(1) 儿子为父母提供的器械支持可能性

婚姻挤压对儿子个体的器械支持行为并无显著影响,这与文中多次提到的虽然儿子失婚但并不会丧失照料父母生活的能力有关。模型1中从事非农业的儿子为父母提供经济支持的可能性略低，不知道是不是一些大龄未婚儿子虽然从事着非农业的工作，但其收入并不稳定所致。模型2中，已婚儿子的职业并不影响他们为父母提供器械支持的可能性。模型1和模型2中，较高收入的儿子均愿意给父母提供更多的经济支持。然而亲代的社会经济地位对其器械支持的获得不显著，由此可见，儿子的赡养行为并不受到父母社会经济的影响，更像是文化约束下的后果。

在短期的资源交换上，为父母提供了经济支持的儿子也就更有可能为父母提供器械支持，再次说明农村家庭的养老行为并不是单一发生的，总是相辅相成、同时发生的。儿子与父母之间相互交换的器械支持模式依旧非常明显，越是得到父母器械支持的儿子越有可能为父母回报相应的器械支持。同时，儿子与父母的情感越好，儿子为父母提供器械支持的可能性越大，由此看来，父母与儿子器械交换的过程其实也就是儿子与父母增进情感的过程。此外，模型1中与父母同住的儿子更有可能为父母提供器械支持，再次印证了居住距离是影响器械支持的重要变量。

最后，从个体和家庭特征来看，模型1中儿子会为身体状况较差的父母提供更多的器械支持，而且随着儿子年龄的增长，儿子为父母提供器械支持的可能性也会增加。但是模型2中父母身体健康状况和儿子年龄变量对父母提供器械支持的影响又都消失了。这或许是由于大部分大龄未婚儿子与父母同住，随着他们年龄的增长，对父母的怨恨应该就会减少，从而对父母会更加的孝顺。

（2）儿子获得父母器械支持的可能性

从表5－10中可知，婚姻挤压显著影响儿子获得的器械支持的可能性，相比于已婚儿子，大龄未婚儿子获得父母器械支持的可能性较小；除去大龄未婚儿子，相比于没有大龄未婚兄弟的已婚儿子，有大龄未婚兄弟的已婚儿子获得父母提供的器械支持的可能性同样要小得多。模型1中，在器械支持的获得上，大龄未婚儿子获得的比已婚儿子少是可以理解的，因为已婚儿子的家庭事务多于大龄未婚儿子，他们比大龄未婚儿子更加需要父母的帮助。

而模型 2 中，有大龄未婚兄弟的已婚儿子依旧获得的少，可能存在的原因就是对于有大龄未婚男性家庭的来说，绝大多数的大龄未婚儿子与父母同住，而已经结婚的儿子并未与父母同住，所以在获得父母器械支持上并不是很便利。从资源的交换视角分析，儿子是否组建新的家庭是儿子是否获得父母器械支持的关键识别点，结婚后儿子是否与父母同住则是已婚儿子是否获得父母器械支持的关键点，只有结了婚且与父母同住的儿子才更有可能与父母形成长期资源交换关系。

再从社会经济地位分析，收入越高的儿子得到父母器械支持的可能性越低，反过来说，收入越低的儿子才越容易获得父母的器械帮助，这与利他的交换动机是相一致的。同时，模型 1 和模型 2 中都显示出从事非农业的父母更有可能为儿子提供器械支持，或许是因为从事非农业的父母更有时间与精力帮助儿子做家务。

短期的代际交换中，无论是父母提供还是获得的经济支持均对父母提供器械支持无显著影响，看来在父母渐渐迈入老年后"被赡养"才成为主导。儿子获得器械支持依旧与父母得到的器械支持间形成交换关系。此外，与父母同住的儿子更加愿意为父母提供器械支持。

最后，从个体和家庭特征来看，模型 2 中随着已婚儿子岁数的增长，父母给已婚儿子提供器械支持的可能性降低，有可能是因为已婚儿子的子女慢慢长大，由此父母提供的器械支持就相应地减少了。模型 1 和模型 2 中都同样显示了，随着子女数的增多，父母为儿子提供器械支持的可能性降低。

表 5 - 10　婚姻挤压对儿子代际器械支持的影响分层
Binary Logistic 回归结果

变量	儿子提供的器械支持		儿子获得的器械支持	
	模型 1（B）	模型 2（B）	模型 1（B）	模型 2（B）
社会经济资源交换				
长期资源交换				
大龄未婚男性（已婚）	0.588		-1.860***	
有大龄未婚男性兄弟（没有）		0.627		-1.483**

续表

变量	儿子提供的器械支持		儿子获得的器械支持	
子代社会经济地位				
教育（文盲）				
小学	0.434	0.452	0.179	0.222
初中及以上	0.312	0.421	0.578	0.496
职业（农业=0）				
非农业=1	-0.574 +	-0.577	0.234	0.0705
收入（低于平均水平=0）				
平均水平	0.526	0.470	-0.909 *	-1.382 **
高于平均水平	1.353 *	1.242 *	-2.055 **	-2.410 ***
亲代社会经济地位				
教育（小学及以上=0）				
文盲=1	-0.292	-0.298	0.592	0.330
职业（农业=0）				
非农业=1	-0.246	-0.666	0.773 +	1.051 *
收入（ln+1）	0.053	0.0902	0.031	-0.0139
短期资源交换				
父母提供经济支持（没有）	0.114	0.333	0.526	0.367
父母得到经济支持（没有）	0.956 **	0.961 **	0.202	0.272
父母提供器械支持（没有）	3.812 ***	4.215 ***		
父母得到器械支持（没有）			4.099 ***	4.371 ***
父子之间情感支持	0.384 ***	0.560 ***	-0.077	-0.0859
居住安排（不同住）	1.408 ***		1.810 ***	
个体特征				
亲代个体特征				
健康状况（好=0）				
一般	0.099	0.134	0.066	0.117
差	0.713 +	0.592	-0.374	-0.133
亲代年龄	-0.039	-0.0254	-0.029	-0.0373
子代年龄	0.064 *	0.0351	-0.034	-0.0817 *

续表

变量	儿子提供的器械支持		儿子获得的器械支持	
家庭特征				
配偶健在（健在=0）				
不健在=1	-0.208	-0.0240	0.454	0.526
子女数量	0.100	-0.105	-0.571**	-0.510*
常数项	-7.469***	-7.987***	2.630	6.531**
Sigma_u	1.794	1.850	2.104	2.031
Rho	0.495	0.510	0.474	0.556
Log likelihood	-403.905***	-341.288***	-375.815***	-313.841***
Wald chisquare	108.41	78.87	89.12	76.56
儿子样本量（个）	923	781	923	781
家庭样本量（个）	480	457	480	457

*** $p<0.001$；** $p<0.01$；* $p<0.05$；+ $p<0.1$。

2. 讨论

正如家庭整体章节所分析的那样，大龄未婚儿子的存在虽然会损害其为父母提供经济支持的能力，但并不会导致其为父母提供器械支持能力的丧失，儿子自身是否为大龄未婚儿子、已婚儿子是否有大龄未婚兄弟并不影响他们为父母提供器械支持的能力，但会显著影响父母为他们提供器械支持的行为。此处的婚姻差异模式主要体现在父母为儿子提供器械支持的差异上，已婚儿子需要父母更多的家务帮助，而从现状分析可知大龄未婚儿子主要与父母同住，自己核心小家庭的丧失也意味着没有多少家事需要父母的协助。与此同时，有大龄未婚兄弟的已婚儿子所获得父母的器械支持也少于没有大龄未婚兄弟的已婚儿子，一方面可能是因为前者的父母主要与大龄未婚儿子住，从而减少了父母为其提供器械支持的便利性，另一方面原因可能是大龄未婚儿子的存在激化了已婚儿子与父母之间的矛盾，父母由此减少了对已婚儿子的帮助。儿子的婚姻与父母的器械支持间虽然并不存在交换模式，但体现出来的父母无私的代际倾斜，与合作群体模式是相一致的。

亲代社会经济地位同样也不是儿子为其提供器械支持的主要

考虑因素，但子代的社会经济地位却是影响儿子提供器械支持和儿子获得器械支持的重要因素，利他的思想同样体现在儿子与父母之间。儿子与父母之间的短期资源交换，同样呈现与家庭整体代际支持的特征，频繁的代际支持是可以提高代际支持水平的，同时还可以增加代际情感深度。此外，与第四章总体章节所不同的是，满足亲代需求的合作群体模式并不明显，这说明中国农村的老年人确实是"活到老做到老"，儿子的器械支持只是向父母表达尊敬的方式，但并不是父母的主要生活照料来源，或许与传统家务性别分工中，儿子本来就不是器械支持的主要承担者有关。

三　婚姻挤压对儿子情感支持的影响

1. 代际间情感支持回归结果

表5-11显示了婚姻挤压对儿子代际情感支持的影响分析结果。虽然在现状分析中，笔者发现大龄未婚儿子与父母的情感差于已婚儿子，但是在多元的回归结果中儿子是否失婚对代际情感的影响并不显著，可能的原因是与儿子的代际情感交流均是父母报告。模型2中，有大龄未婚兄弟的已婚儿子显示与父母较差的情感，再次证实了大龄未婚男性的存在是会影响家庭关系的。儿子的社会经济地位对代际情感交流没有显著影响，但是父母的教育与收入却会对代际交流有影响。文盲类的父母显示出与儿子较差的情感交流，或许高文化水平的父母才更懂得如何与儿子交流。收入越高的父母，反而越容易与儿子出现较差的情感，可能存在的原因是在多子女的农村，高收入的父母更有可能面临家庭资源分配的难题，稍有不均势必会影响到与儿子间的情感；也有可能是收入较高的父母对儿子的依赖程度要低，能更客观地报告与儿子之间的情感交流情况。此外，与家庭整体层面类似，父母得到的经济支持、器械支持会提高父母与儿子间的情感深度，在赡养型的农村地区，父母得到的支持才有助于构建良好的代际情感关系。此外，模型1中，与父母同住的儿子显示与父母较好的情感，同住给予儿子与父母之间更多的情感交流机会。

在个体和家庭特征方面，健康状况越差的父母与儿子的情感越差。一般来说，健康状况越差的父母对儿子的依赖性就越强，儿子对父母的长期照料不仅会增加儿子的负担，同时也会加重父母的内疚感，由此导致了代际较差的情感水平。

表 5-11 婚姻挤压对儿子代际情感支持的影响分层 OLS 回归结果

变量	儿子与父母间的情感支持	
	模型 1（B）	模型 2（B）
社会经济资源交换		
长期资源交换	B	B
大龄未婚儿子（已婚）	0.051	
有大龄未婚兄弟（没有）		-0.263[+]
子代社会经济地位		
教育（文盲）		
小学	-0.049	-0.144
初中及以上	0.148	0.101
职业（农业 =0）		
非农业 =1	0.055	0.068
收入（低于平均水平 =0）		
平均水平	0.001	0.003
高于平均水平	0.188	0.219
亲代社会经济地位		
教育（小学及以上 =0）		
文盲 =1	-0.234[+]	-0.261[+]
职业（农业 =0）		
非农业 =1	0.151	0.181
收入（In +1）	-0.048[*]	-0.040[+]
短期资源交换		
父母提供经济支持（没有）	0.139	-0.041
父母得到经济支持（没有）	0.450[***]	0.468[***]
父母提供器械支持（没有）	0.013	-0.000
父母得到器械支持（没有）	0.295[**]	0.478[***]
居住安排（不同住）	0.331[***]	

续表

变量	儿子与父母间的情感支持	
	模型1（B）	模型2（B）
个体特征		
亲代个体特征		
健康状况（好=0）		
一般	-0.302*	-0.293*
差	-0.533**	-0.461**
亲代年龄	-0.006	-0.014
子代年龄	0.002	-0.001
家庭特征		
配偶健在（健在=0）		
不健在=1	-0.185	-0.078
子女数量	-0.027	-0.012
常数项	7.618***	8.262***
Sigma_u	1.049	1.077
Sigma_e	0.743	0.701
Rho	0.667	0.703
Log likelihood	-1396.432***	-1184.201***
Wald chisquare	130.35	119.53
儿子样本量（个）	923	781
家庭样本量（个）	480	457

*** $p<0.001$；** $p<0.01$；* $p<0.05$；+ $p<0.1$。

2. 讨论

在此处，儿子是否为大龄未婚男性并不是影响代际情感的重要变量。与以往研究所不同的是，父母报告与大龄未婚儿子之间并没有情感隔阂，但如果代际情感深度由大龄未婚儿子所报告，可能会导致不一样的结果。针对同一代际支持现状，如何整合两代人的不同报告结果依旧是代际支持研究领域的重要难题（张文娟，2004）。然而，即使父母认为他们与大龄未婚儿子的代际情感没有因儿子的大龄未婚而损伤，有大龄未婚儿子的存在还是或多或少地影响到了其已婚兄弟与父母之间的情感深度。与没有大龄未婚兄弟的已婚儿子相比，有大龄未婚兄弟的已婚儿子与父母之间的代际情感已经呈现削弱趋势，大龄未婚儿子的存在比较容易引发家庭矛盾，这与以往研究保持了一致（莫丽霞，2005；靳小怡等，2010）。同时，儿子婚姻与情感支持之间并没有体现出交换模式的特点，已婚儿子并没有因为结婚时得到了父母更多的经济支持而表现出与父母更深的情感，但已婚儿子却可能因为大龄未婚兄弟的存在而降低对其父母的情感支持水平，这说明大龄未婚儿子的存在对家庭其他成员的情感支持行为具有负面的示范效应。

在社会经济地位方面，子代的社会经济地位对代际情感支持水平并无显著影响，但是亲代教育程度会影响其与儿子的交流顺畅程度，亲代实际的经济状况则影响其能否进行客观情感表达的基础。在情感支持方面，并没有呈现明显的利他动机，人体的主观感受是无影无形的，是难以像有形可见的经济与器械支持一样能够作为家庭交换实体的。但从资源的短期交换方式可见，虽然情感支持难以交换，但亲代所获得的经济支持、器械支持和同住支持是可以提升代际情感深度的。此外，情感支持方面也不存在满足亲代需求的合作群体，父母恶化的健康状况反而会加速损伤儿子与父母之间的情感水平，这已经足够说明农村居民对情感支持重视程度不足。

四 婚姻挤压对儿子同住支持的影响

1. 代际同住支持的回归结果

表 5-12 提供了婚姻挤压对儿子代际同住支持的影响回归结果。从模型 1 中可知，大龄未婚儿子与父母同住的可能性较大，对于无妻无子的大龄未婚儿子来说，除了与父母同住，或许没有更好的选择。模型 2 中有无大龄未婚兄弟均不影响已婚儿子与父母的同住支持，或许是绝大部分有大龄未婚兄弟的已婚儿子并不与父母同住所致。儿子与亲代的社会经济地位对儿子是否与父母同住的影响不大，或许传统居住模式对居住安排更加具有约束力。同住必然会方便父母与儿子之间的器械交换，同时也会给亲代与儿

子之间带来更多的情感交流机会。此外,在个体和家庭特征方面,随着儿子年龄的增长,儿子与父母同住的可能性就会不断地下降,这或许是样本中很多已婚儿子与父母分家的行为所致。父母的丧偶则会增加父母与儿子同住的可能性,这与利他动机相符。而子女数的增加,则会降低儿子与父母同住的可能性,因为随着子女数的增加,子女之间相互推诿的现象必然也会增加。

表 5-12 婚姻挤压对儿子代际同住支持的影响分层 Binary Logistic 回归结果

变量	儿子与父母间的同住支持	
	模型 1 (B)	模型 2 (B)
社会经济资源交换		
长期资源交换		
大龄未婚男性(已婚)	3.993***	
有大龄未婚兄弟(无)		-0.372
子代社会经济地位		
教育(文盲)		
小学	-0.293	0.643
初中及以上	-0.141	0.779
职业(农业=0)		
非农业=1	-0.240	-0.285
收入(低于平均水平=0)		
平均水平	-0.205	-0.655+
高于平均水平	0.118	-0.348
亲代社会经济地位		
教育(小学及以上=0)		
文盲=1	-0.150	-0.222
职业(农业=0)		
非农业=1	-0.085	-0.167
收入(ln+1)	-0.040	-0.069
短期资源交换		
父母提供经济支持(没有)	-0.042	0.096

续表

变量	儿子与父母间的同住支持	
	模型1（B）	模型2（B）
父母得到经济支持（没有）	-0.060	-0.254
父母提供器械支持（没有）	1.152***	0.962**
父母得到器械支持（没有）	1.055***	1.289***
父子之间情感支持	0.300***	0.389***
个体特征		
亲代个体特征		
健康状况（好=0）		
一般	-0.020	0.159
差	-0.016	0.186
亲代年龄	0.009	0.029
子代年龄	-0.148***	-0.202***
家庭特征		
配偶健在（健在=0）		
不健在=1	0.767**	0.916*
子女数量	-0.402***	-0.440**
常数项	2.635+	2.605
Sigma_u	0.706	1.009
Rho	0.132	0.236
Log likelihood	-385.185***	-316.496***
Wald chisquare	127.93	69.66
儿子样本量（个）	923	781
家庭样本量（个）	480	457

*** $p<0.001$；** $p<0.01$；* $p<0.05$；+ $p<0.1$。

2. 讨论

众所周知，目前中国农村最为传统的家庭居住模式是父母老年之后至少与一个已婚儿子同住，并心安理得地接受着儿女、子孙们的赡养（Logan & Bian，1999），而家里大龄未婚儿子的存在难以让家庭居住模式向正常化的传统模式所趋近,婚姻挤压现象改变了整个家庭居住形式。无论儿子多大年龄,只要没有结婚就只能继续与父母同住,这种同住的居住安排的结果可能是多方面原因共同所致的。首先是"没结婚不分家"传统文化,其次是出于两代人生活的需要,对父母来说随着年事的升高需要身边有人能够提供照料,而对大龄未婚儿子来说因为妻子的缺乏则需要父母的帮助与照料。父母与大龄未婚儿子同住的局面可以说是有利有弊,利在于降低了父母成为空巢老人的风险,同住的安排可以促进父母与大龄未婚儿子间的代际支持,同时也使得大龄未婚儿子还能继续感受家庭温暖,不至于孤苦伶仃;弊则在于在普婚文化盛行的农村,儿子的持续未婚状况对父母来说无疑是巨大的打击,这些与大龄未婚儿子同住的父母必然还会继续殚心竭力地为儿子的生活而辛苦劳作,而且他们还难以享受三代同堂的天伦之乐。虽然居住安排在一定的时间段内具有相对稳定的特征,但是这样的居住安排并非永久的安排,家庭的居住形式完全可能因为子女的婚姻状况和父母的需求而改变(Chen, 2005)。然而对于婚姻挤压下的特殊家庭来说,家庭居住形式的改变似乎更加难以遵循以往家庭变动的规律。在性别失衡持续的影响下,婚姻挤压对男性群体的负面效应也将日益凸显,随着年龄的不断增长,大龄未婚男性成婚的难度也随之增加,据推测一般超过50岁的男性即可视为终身不婚者(Dykstra, 2004),由此可见,大龄未婚儿子家庭的居住形式得到改变的可能性就较小。而且,婚姻挤压主要影响和改变的是大龄未婚儿子与父母之间的居住安排模式,对已婚儿子与父母之间的居住安排并没有显著影响。

  与家庭整体的居住安排模式类似,两代的社会经济地位对家庭居住安排的影响并不明显,再次印证了在父系家族下家庭居住安排更加受到传统文化和现实环境的制约的事实(Logan et al., 1998; Logan & Bian, 2003)。在短期资源交换方面,同住的居住安排有利促进频繁的器械支持交流并提升代际情感深度,但对代际经济支持并无显著影响,说明同住的居住安排确实会减少经济支持的需求。此外,居住安排方面也不存在满足亲代需求的合作群体模式,再次印证传统文化和现实环境对居住安排的影响超越了个体需求。

第四节 小结与讨论

本章从儿子个体视角,验证了第三章中所构建的婚姻挤压下儿子个体代际支持婚姻差异模式的分析框架。从本章研究结果可知,婚姻挤压是影响儿子代际支持的重要因素,婚姻挤压现象使得以往研究中"儿子为家庭养老主力军"的结论变得不再准确,大龄未婚儿子难以承担起家庭养老责任,同时还拉低了其已婚兄弟对父母的代际支持水平。大龄未婚儿子的存在还改变了农村传统的居住模式,无限期地延长了父母与未婚儿子同住的时间,甚至于直至父母去世都无法让父母享受三代同堂并有儿媳照料的安祥晚年。此外,与家庭整体代际支持模式相比,儿子与父母之间的代际支持中的交换模式和合作群体模式都变得相对微弱,父系家族文化下的文化习俗力量比个体和家庭特征更能影响代际支持模式。具体来说本章的主要发现包括以下几点。

首先,儿子个体的代际支持依旧存在婚姻差异模式,这种差异模式在代际反馈上的体现依旧强于在代际倾斜上的体现,但该婚姻差异模式已经不如家庭整体层面的代际支持那么明显。表5-13中展示的是本章中婚姻挤压对儿子代际支持影响方向的总结。从表5-13中可以看出,婚姻挤压对代际支持的影响依旧是负面大于正面,但与整体章节所不同的是,与已婚儿子相比,大龄未婚儿子的存在并没有削弱其与父母之间的情感程度,但是会影响其已婚兄弟与父母之间的情感深度。由此可见,有大龄未婚儿子家庭中整体代际情感水平降低的原因,不在于大龄未婚儿子拉低了整体水平,而在于大龄未婚儿子损害了其他家庭成员之间的情感深度。在代际倾斜上,虽然父母为儿子的经济支持投入已经不再明显,但父母为已婚儿子的器械支持帮助依旧在持续,大龄未婚儿子的失婚状况在一定程度上减轻了父母家务帮助、孙子女照料的负担。

表 5-13　婚姻挤压对儿子代际支持影响方向总结

家庭整体 （父母视角）	大龄未婚 儿子/ 已婚儿子	总体影响程度	有大龄未婚兄弟的 已婚儿子/无大龄 未婚兄弟的已婚儿子	总体 影响程度
代际反馈		负面大于正面		负面大于正面
得到经济支持	-		-	
得到的经济支持量	-		-	
得到器械支持	0		0	
情感支持	0		-	
同住支持	+			
代际倾斜		缓解代际倾斜		缓解代际倾斜
提供经济支持	0		0	
提供的经济支持量	0		0	
提供器械支持	-			

注："+"代表正向影响，"-"代表负向影响，"0"代表没有影响。

其次，在婚姻挤压下儿子个体代际支持中的经济支持交换模式依旧依稀可见，但其他三类代际支持并不存在明显的交换特征，而且带有孝道内化的合作群体模式较家庭整体层面有所弱化，究其原因可能在于父系文化的影响。父母用帮助儿子成婚来换取儿子的经济支持资源的交换特征在个体层面愈加凸显，受到父母更多婚姻帮助的已婚儿子会给予父母更多的经济回报，但这种回报只是相对于大龄未婚儿子而言。在排除大龄未婚儿子群体之后，已婚儿子回报给父母的经济支持还受到兄弟间婚姻权衡的影响，有大龄未婚兄弟的已婚儿子回报给其父母的经济支持已经难以与没有大龄未婚兄弟的已婚儿子相提并论，大龄未婚兄弟负面的示范作用或其自身的贫困都可能降低其回报给父母经济支持的水平。对大龄未婚儿子来说，妻与子的缺失使得父母与大龄未婚儿子之间难以形成器械支持的交换关系；对有大龄未婚兄弟的已婚儿子来说，则会因为大龄未婚兄弟的存在损害代际情感深度，进而又减少了其与父母之间的器械支持水平。而父母与大龄未婚儿子同住的居住安排，则超乎两代人的实际需求，更多是受到传统"不结婚不分家"文化观念的影响。

最后,在婚姻挤压下,短期资源交换的交换模式依旧存在,但合作群体模式有所弱化。短期资源交换中,与家庭整体层面结果类似,家庭内部双向的代际支持在儿子与父母之间频繁可见,总结起来就是越是付出越能促进良性代际关系的构建。另外,除了儿子与父母之间经济支持的合作群体模式依旧存在外,其他几类代际支持的利他动机并不明显,说明农村中父母对经济支持的需求依旧位于四种代际支持之首。儿子除了满足父母的经济需求之外,满足丧偶、健康状况恶化、年事较高父母的器械支持与情感支持似乎已经不是儿子关注的重点,这与传统的性别分工背景下的性别角色有关,与在农村家庭中男性并不是家务承担主要责任人有关,同时男性不如女性擅长情感交流。

第六章　婚姻挤压对女儿代际支持的影响

以第三章婚姻挤压对农村家庭代际支持影响的整体分析框架为指导，本章将基于传统性别视角进一步深入分析婚姻挤压对个体代际支持的影响。本章将主要以已婚女儿作为参考，分析婚姻挤压对女儿代际支持的影响。

第一节　研究设计

一　研究目标

在传统的嫁娶农村，当女儿结婚时男方一般会给予女方父母彩礼钱作为他们养育女儿的补偿（孙淑敏，2005b），与此同时，虽然父母也会为女儿提供一定的嫁妆，但这部分置办嫁妆的费用主要来源是男方提供的彩礼（于超，2010），由此，女儿无须承担赡养父母的主要责任。但随着社会经济地位的提高，女儿在赡养父母方面扮演着越来越重要的角色，虽然女儿的养老地位没有被正式承认过，但是已有不少研究证实女儿为父母提供了实际性的代际支持（Lee et al.，1994；陶涛，2011），女儿与父母之间的代际支持动机更加像是被利他所驱动。在婚姻挤压下，已婚女儿对父母的养老责任是加强还是弱化是一个值得研究的问题。为了研究婚姻挤压对已婚女儿代际支持行为的影响，本章的研究策略依旧分为两个步骤，一是研究大龄未婚儿子与已婚女儿之间谁才是承担养老责任的主要责任人，婚姻挤压下父母对已婚女儿养老的期待和角色扮演是否有所改变；二是在剔除大龄未婚儿子群体后，单独研究有无大龄未婚兄弟对已婚女儿代际支持的影响。

依据婚姻挤压对代际支持影响的分析框架,本章将进一步细化婚姻挤压对已婚女儿个体代际支持影响的分析框架,并在此基础上建立回归模式。在模型的构建上,先估计是不是大龄未婚儿子对代际支持的影响,后估计已婚女儿是否有大龄未婚兄弟对代际支持的影响。同时模型中还纳入了亲代与子代的社会经济地位、短期的代际支持交换,以及亲代的个体及家庭特征。本章的研究内容主要包括:第一,了解婚姻挤压下大龄未婚儿子、已婚女儿、有大龄未婚兄弟的已婚女儿以及无大龄未婚兄弟的已婚女儿这四类子女的代际支持现状及差异;第二,分析婚姻挤压下子女的性别和婚姻对代际支持中的经济支持、器械支持和情感支持影响;第三,分析有无大龄未婚兄弟对已婚女儿代际支持行为中的经济支持、器械支持和情感支持的影响。与研究儿子个体代际支持行为不同的是,由于已婚女儿多与公婆同住,只有极少的会选择与自己的亲生父母同住,因此在研究已婚女儿的代际支持行为时,并不考虑居住安排。此外,由于本章有性别与婚姻视角的交叉,由此本章所指的子女并非指全部的子女,而只指大龄未婚儿子与已婚女儿两类子女。

二 研究方法

本章的代际支持的内容仅包括经济支持、器械支持和情感慰藉这三方面的内容,其中经济支持和器械支持依照支持的流向分为子女个体为父母(子女→父母)提供的支持和父母为子女个体(父母→子女)提供的支持,情感支持没有区分流向。为了消除不同子女的同一父母的共同特征而产生的相关性,本章依旧主要采用了分层的方法进行分析。依据本章的研究目标,首先,会对大龄未婚儿子与已婚女儿之间的代际支持现状进行描述,同时还会对有无大龄未婚兄弟的已婚女儿的代际支持现状进行描述;其次,建立多元的随机截距模型估计子女的性别和婚姻对代际支持的影响;最后,在剔除大龄未婚儿子群体后,再次建立多元随机截距模型估计有无大龄未婚兄弟对已婚女儿代际支持的影响。针对代际支持的三类变量形式，对父母是否得到或获得经济支持、器械支持采用分层的 Binary Logistic 随机截距模型，针对父母得到和获得的具体经济支持的量采用分层的 Tobit 随机截距模型，针对父母与儿子的情感支持则采用分层的 OLS 随机截距模型。对分层随机截距模型的分析均通过 stata 软件来实现，其中不同类型的分层模型具体如下文公式。表 6-1 展示了具体的数据分析方法。

表 6-1 婚姻挤压对女儿代际支持影响的数据分析方法

样本量	双向经济支持	双向器械支持	情感支持
652 个子女（大龄未婚儿子、已婚儿子）	分层 Binary Logistic、分层 Tobit	分层 Binary Logistic	分层 OLS
510 个已婚女儿	分层 Binary Logistic、分层 Tobit	分层 Binary Logistic	分层 OLS

1. 分层 Binary Logistic 模型

以父母是否获得和提供经济支持、器械支持为因变量的分层 Binary Logistic 模型如公式（6-1）所示。

层1：

$$\begin{aligned}
\ln[P/(1-P)] = &B0 + B1 * （大龄未婚男性/有无大龄未婚兄弟） \\
&+ B2 * （子女/已婚女儿小学） + B3 * （子女/已婚女儿初中及以上） \\
&+ B4 * （子女/已婚女儿非农业） + B5 * （子女/已婚女儿收入平均水平） \\
&+ B6 * （子女/已婚女儿收入高于平均水平） + B7 * （父母提供经济支持） \\
&+ B8 * （父母得到经济支持） + B9 * （父母提供器械支持） \\
&+ B10 * （父母得到器械支持） + B11 * （代际情感支持） \\
&+ B12 * （子女/已婚女儿年龄） + e \quad\quad (6-1)
\end{aligned}$$

式中：P 为"子女提供和获得经济支持、器械支持"的概率；1-P 为参考项"子女没有提供和没有获得经济支持、器械支持"。

层 2：

B0 = G00 + G01 * （父母文盲）+ G02 * （父母非农业）+ G03 * （父母收入）
　　+ G04 * （父母身体健康一般）+ G05 * （父母身体健康差）
　　+ G06 * （父母年龄）+ G07 * （父母丧偶）+ G08 * （子女数目）+ U0

B1 = G10

B2 = G20

B3 = G30

B4 = G40

B5 = G50

B6 = G60

B7 = G70

B8 = G80

B9 = G90

B10 = G100

B11 = G110

B12 = G120

2. 分层 Tobit 模型

以子女是否提供和获得经济支持的具体金额为因变量进行的分层 Tobit 模型如公式（6-2）和公式（6-3）所示。

层 1：

Y = B0 + B1 * （大龄未婚男性/有无大龄未婚兄弟）
　　+ B2 * （子女/已婚女儿小学）+ B3 * （子女/已婚女儿初中及以上）
　　+ B4 * （子女/已婚女儿非农业）+ B5 * （子女/已婚女儿收入平均水平）
　　+ B6 * （子女/已婚女儿收入高于平均水平）+ B7 * （父母提供经济支持）
　　+ B8 * （父母得到经济支持）+ B9 * （父母提供器械支持）
　　+ B10 * （父母得到器械支持）+ B11 * （代际情感支持）
　　+ B12 * （子女/已婚女儿年龄）+ e　　　　　　　　　　　（6-2）

$$Y* = \max(0, Y) \quad (6-3)$$

式中：Y 为"子女提供和获得经济支持具体的金额"，当 Y > 0 时，所观测的变量 Y* = Y，当 Y ≤ Y* 时，则 Y* = 0，即将截取点设置为 0。

层 2：

B0 = G00 + G01 * （父母文盲）+ G02 * （父母非农业）+ G03 * （父母收入）
　　+ G04 * （父母身体健康一般）+ G05 * （父母身体健康差）
　　+ G06 * （父母年龄）+ G07 * （父母丧偶）+ G08 * （子女数目）+ U0

B1 = G10

B2 = G20

B3 = G30

B4 = G40

B5 = G50

B6 = G60

B7 = G70

B8 = G80

B9 = G90

B10 = G100

B11 = G110

B12 = G120

3. 分层 OLS 模型

以子女与父母间的情感支持得分为因变量进行的分层 OLS 模型如公式（6-4）所示。

层 1：

Y = B0 + B1 * （子女性别和婚姻形式/有无大龄未婚兄弟）
　　+ B2 * （子女/已婚女儿小学）+ B3 * （子女/已婚女儿初中及以上）+ B4 *
　　（子女/已婚女儿非农业）
　　+ B5 * （子女/已婚女儿收入平均水平）+ B6 * （子女/已婚女儿收入高于平
　　均水平）
　　+ B7 * （父母提供经济支持）+ B8 * （父母得到经济支持）
　　+ B9 * （父母提供器械支持）+ B10 * （父母得到器械支持）
　　+ B11 * （代际情感支持）+ B12 * （子女/已婚女儿年龄）+ e　　　（6-4）

式中：Y 为"子女/已婚女儿与父母之间的情感得分"。

层 2：

B0 = G00 + G01 * （父母文盲）+ G02 * （父母非农业）+ G03 * （父母收入）

+ G04 * (父母身体健康一般) + G05 * (父母身体健康差)
+ G06 * (父母年龄) + G07 * (父母丧偶) + G08 * (子女数目) + U0

B1 = G10

B2 = G20

B3 = G30

B4 = G40

B5 = G50

B6 = G60

B7 = G70

B8 = G80

B9 = G90

B10 = G100

B11 = G110

B12 = G120

三 变量的测量

根据子女与父母之间三种代际支持的内容与方向进行划分，将因变量设置为父母获得子女或已婚女儿的经济支持及具体金额、父母为子女或已婚女儿提供的经济支持及具体金额、父母获得子女或已婚女儿的器械支持、父母为子女或已婚女儿提供器械支持、父母与子女之间相互的情感支持这五类，变量的具体测量方法与第五章相同。

1. 因变量

表6-2提供了因变量三种代际支持的描述性统计结果。

表6-2 父母与子女间代际支持的描述性统计

变量	定义与赋值	子女 均值	子女 标准差	已婚女儿 均值	已婚女儿 标准差
经济支持					
父母是否获得经济支持					
父母获得经济支持	获得=1，没获得=0，以没获得为基准	0.69	0.46	0.77	0.42

续表

变量	定义与赋值	子女 均值	子女 标准差	已婚女儿 均值	已婚女儿 标准差
父母是否提供经济支持					
父母提供经济支持	提供=1,不提供=0,以不提供为基准	0.18	0.38	0.19	0.39
父母获得的经济支持量（元）	子女提供的经济支持量，连续变量	388.30	738.54	408.08	713.71
父母获得的经济支持量对数值	对数值，连续变量	4.00	2.86	4.48	2.62
父母提供的经济支持量（元）	父母为子女提供经济支持量，连续变量	104.65	850.99	106.04	930.20
父母提供的经济支持量对数值	对数值，连续变量	0.91	2.08	0.98	2.11
器械支持					
父母是否获得器械支持					
父母获得器械支持	获得=1,没获得=0,以没获得为基准	0.37	0.48	0.35	0.48
父母是否提供器械支持					
父母提供器械支持	提供=1,不提供=0,以不提供为基准	0.24	0.43	0.20	0.40
情感支持					
父母与子女的感情得分	把情感支持量表三个问题得分进行加总，得分越高表示情感支持越高，连续变量	7.35	1.32	7.46	1.27
样本量（个）		652		510	

2. 自变量

对婚姻挤压的测量包括两个变量，一是子女的性别与其现实的婚姻状态，二是已婚女儿有无大龄未婚兄弟。

(1) 子女的性别和婚姻状况

依据子女性别和婚姻状况分为两类,一类是超过 28 岁但仍未结婚的大龄未婚儿子,另一类是已婚女儿。

(2) 已婚女儿有无大龄未婚兄弟

剔除大龄未婚儿子后把有已婚女儿分为两类,一类是有大龄未婚兄弟的已婚女儿,另一类是没有大龄未婚兄弟的已婚女儿。

表 6-3 提供了婚姻挤压下的家庭类型的描述性统计结果。

表 6-3 婚姻挤压因素的描述性统计

变量	定义与赋值	子女 均值	标准差
婚姻挤压			
子女的性别与婚姻状态			
大龄未婚儿子	大龄未婚儿子=1,已婚女儿=0,以已婚女儿为基准	0.22	0.41
样本量(个)		652	
已婚女儿有无大龄未婚兄弟		已婚女儿	
		均值	标准差
有大龄未婚兄弟	有大龄未婚兄弟=1,没有大龄未婚兄弟=0,以没有大龄未婚兄弟为基准	0.28	0.45
样本量(个)		510	

3. 控制变量

表 6-4 提供了主要的控制变量的描述性统计。

表 6-4 主要的控制变量描述性统计

变量	定义与赋值	子女 均值	标准差	已婚女儿 均值	标准差
子女社会经济地位					
教育					
小学	子女的教育程度,文盲=0,小学=1,初中及以上=0,以文盲为基准	0.32	0.47	0.33	0.47

续表

变量	定义与赋值	子女 均值	子女 标准差	已婚女儿 均值	已婚女儿 标准差
初中及以上	子女的教育程度,文盲=0,小学=0,初中及以上=1,以文盲为基准	0.34	0.47	0.35	0.48
职业					
非农业	子女最主要从事的职业,非农业=1,农业=0,以农业为基准	0.54	0.50	0.55	0.50
收入水平					
平均水平	与同村相比,子女所处的收入水平,低于平均水平=0,平均水平=1,高于平均水平=0,以低于平均水平为基准	0.67	0.47	0.78	0.42
高于平均水平	与同村相比,子女所处的收入水平,低于平均水平=0,平均水平=0,高于平均水平=1,以低于平均水平为基准	0.10	0.30	0.12	0.32
子代年龄	子女在调查基点的年龄	39.71	9.06	38.91	9.18
样本量(个)		652		510	
父母基本信息					
亲代社会经济地位					
教育					
文盲	父或母的教育程度,文盲=1,小学及以上=0,以小学及以上为基准	0.71	0.46	0.71	0.46
职业					
非农业	父或母最主要从事的职业,非农业=1,农业=0,以农业为基准	0.18	0.38	0.18	0.38
收入对数值	被访父或母在过去12个月本人(及配偶)的收入,取其数值,连续变量	6.68	3.36	6.71	3.35

续表

变量	定义与赋值	子女的父母 均值	子女的父母 标准差	已婚女儿的父母 均值	已婚女儿的父母 标准差
父或母的需求					
亲代个体特征					
健康状况					
一般	父或母的健康自评，好=0，一般=1，差=0，以好为基准	0.44	0.50	0.44	0.50
差	父或母的健康自评，好=0，一般=0，差=1，以好为基准	0.27	0.44	0.25	0.44
亲代年龄	父或母在调查基点的年龄	65.16	9.73	64.75	9.86
家庭特征					
配偶不健在	父或母的配偶存活情况，健在=0，不健在=1，以不健在为基准	0.31	0.46	0.29	0.45
子女数目	父或母现有的存活的子女数目，连续变量	3.34	1.13	3.38	1.11
样本量（个）		387		346	

第二节 婚姻挤压对女儿代际支持影响的现状分析

一 总体状况

图6-1、图6-2、图6-3以及表6-5提供了仅是大龄未婚儿子与已婚女儿和父母之间的代际支持。从图6-1中可知，即使考虑了已婚女儿的代际支持行为，赡养型依旧为主导模式，绝大多数的大龄未婚儿子和已婚女儿都会给父母提供经济支持，但父母提供给大龄未婚儿子和已婚女儿的经济支持比例则较低。从具体的经济支持数额来看，图6-2中显示出大龄未婚儿子和已婚女儿给予父母的经济支持量较少，反方向的经济支持额亦然处于低水平。图6-3中则显示大龄未婚儿子与已婚女儿和父母之间相互

的器械支持水平并不高,不仅低于家庭的整体水平,而且也是低于儿子与父母之间的器械支持水平的,看来已婚女儿的器械支持责任的服务对象主要是公婆而非其亲生父母。

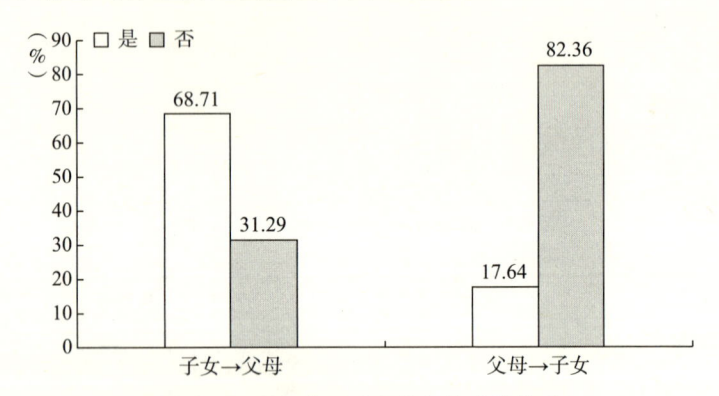

图 6-1 父母与子女间的经济支持情况

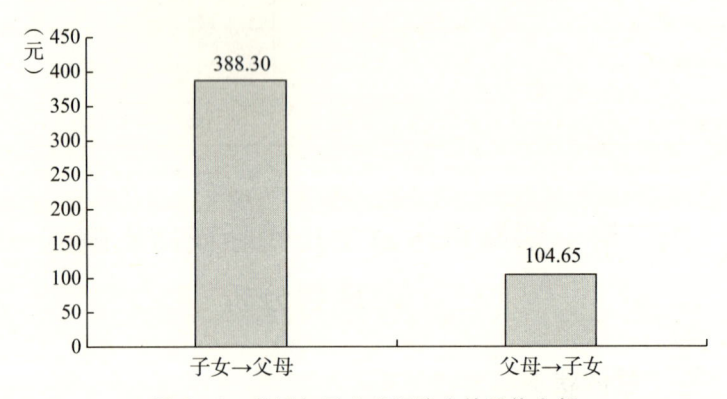

图 6-2 父母与子女间经济支持具体金额

表6-5则是对子女与父母之间的代际支持流向的进一步细分。在经济支持上,考虑了已婚女儿代际支持行为的情况下,大龄未婚儿子与已婚女儿和父母之间的经济支持流向与儿子与父母之间的分布趋势大体一致,看来孝文化确实是深入人心的。但大龄未婚儿子与已婚女儿之间和父母双向的器械支持较低,没有任何器械支持的比例占有绝大多数,但同时有更多的父母享受着单向向上的器械支持。相比于第四章儿子与父母代际情感的得分情况,已婚女儿的加入拉高了子女与父母情感的整体得分,由此可初步

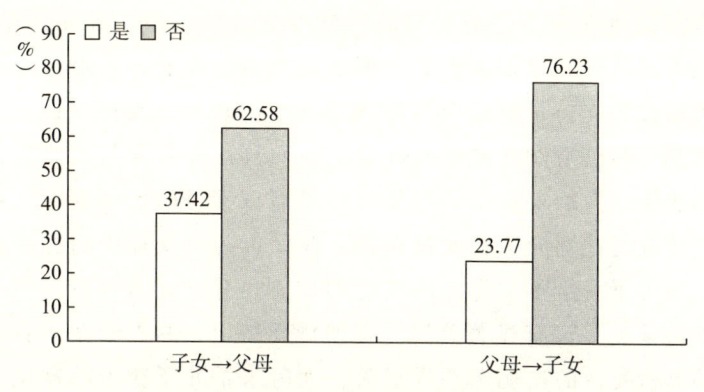

图 6-3　父母与子女间的器械支持情况

推断女儿才是父母情感慰藉的主要来源。在同住比例上，只有 19.79% 的大龄未婚儿子和已婚女儿与父母同住，而且这部分同住的人群中 90.70% 都是大龄未婚男性，只有 12 个已婚女儿与自己的亲生父母同住。这说明，即使在婚姻挤压下，老年父母与儿子同住依旧是主导的居住模式。

表 6-5　子女与父母之间的代际支持流向分布情况

单位：%，分

家庭养老方式	双向流动	仅向上流动	仅向下流动	无流动
经济支持	15.03	53.68	2.61	28.68
器械支持	19.94	17.48	3.83	58.74
情感支持	7.35	—	—	—
同住支持	19.79	—	—	—

二　结构差异

1. 大龄未婚儿子与已婚女儿代际支持差异现状

表 6-6 显示了大龄未婚儿子与已婚女儿之间代际支持差异现状分析结果。在经济支持方面，大龄未婚儿子和已婚女儿给予父母经济支持比例的差异非常显著，大龄未婚儿子给予父母经济支持的比例居然仅占到已婚女儿的一半水平，儿子对父母经济支持的优势地位已经不复存在，在一定程度上可以推测大龄未婚儿子

的存在反而提高了已婚女儿的家庭养老地位。在经济支持量上，两类人群并不具有显著差异，但从绝对数值来看，已婚女儿给予父母的经济支持量略高于大龄未婚儿子。在器械支持方面，大龄未婚儿子与已婚女儿之间差异显著，而且这种差异与我们的传统认知相反，大龄未婚儿子为父母提供器械支持的比例高于已婚女儿，传统的性别分工在此被颠覆。在父母为子女提供的经济支持中，两类子女给予父母经济支持的比例也存在显著差异，但在经济支持量上并没有显著差异。在器械支持上，两类子女在获得父母的器械支持的比例上差异显著，大龄未婚儿子获得的器械支持显著高于已婚女儿，这或许是由于绝大部分大龄未婚儿子与父母同住的缘故。在情感得分上，大龄未婚儿子与父母的情感不仅显著差于已婚儿子，也显著差于已婚女儿，女儿为父母提供了更多精神层面的支持。最后，在居住安排上，传统的从夫居文化传统也决定了已婚女儿一般不会在娘家居住的格局，而大龄未婚儿子却因为失婚只能继续选择与父母同住。

表6-6 大龄未婚儿子与已婚女儿代际支持差异现状分析

家庭养老方式	大龄未婚儿子	已婚女儿	LR/T检验
子女→父母			
是否提供经济支持（%）			***
是	38.03	77.25	
否	61.97	22.75	
经济支持量（元）	317.25	408.08	ns
是否提供器械支持			+
是	44.37	35.49	
否	55.63	64.51	
父母→子女			
是否提供经济支持（%）			+
是	12.68	19.02	
否	87.32	80.98	
经济支持量（元）	99.65	106.04	ns

续表

家庭养老方式	大龄未婚儿子	已婚女儿	LR/T 检验
是否提供器械支持			***
是	38.73	19.61	
否	61.27	80.39	
父母↔子女			
情感支持（分）	6.93	7.46	***
是否同住（%）			***
是	82.39	2.35	
否	17.61	97.65	
样本量（个）	142	510	652

ns 代表不显著。

$***p<0.001$；$**p<0.01$；$*p<0.05$；$+p<0.1$。

2. 有大龄未婚兄弟和无大龄未婚兄弟的已婚女儿代际支持现状差异

在剔除大龄未婚儿子样本后，表 6-7 提供了有大龄未婚兄弟和无大龄未婚兄弟的已婚女儿在代际支持方面的差异。在经济支持分布比例上，有大龄未婚兄弟的已婚女儿为父母提供的经济支持少于无大龄未婚兄弟的已婚女儿，且差异显著。在经济支持量上，两类已婚女儿为父母提供的实际经济支持量差异显著，有大龄未婚兄弟的已婚女儿为父母提供经济支持的量也明显少于无大龄未婚兄弟的已婚女儿所提供的。在器械支持上，两类已婚女儿为父母提供的器械支持并无显著差异，外嫁的已婚女儿为父母提供器械支持的行为如礼节性的支持。在父母为两类已婚女儿提供的经济支持比例和量，以及器械支持比例上均无显著差异，而且父母为已婚女儿提供经济和器械支持的比例均较低，看来女儿的出嫁大幅度地终止了父母继续抚育的责任。在情感得分上，有大龄未婚兄弟的已婚女儿与父母的情感程度明显差于无大龄未婚兄弟的已婚女儿，由此可见，大龄未婚儿子的存在影响了已婚女儿与父母间的情感深度。最后，从已婚女儿的居住安排来看，则再次印证了中国农村依旧遵循着"从夫居"文化规范。

表 6-7　有大龄未婚兄弟和无大龄未婚兄弟的已婚
女儿代际支持差异

家庭养老方式	有大龄未婚兄弟	无大龄未婚兄弟	LR/T 检验
已婚女儿→父母			
是否提供经济支持（%）			**
是	67.83	80.93	
否	32.17	19.07	
经济支持量（元）	239.65	473.71	***
是否提供器械支持			ns
是	30.77	37.33	
否	69.23	62.67	
父母→已婚女儿			
是否提供经济支持（%）			ns
是	14.69	20.71	
否	85.31	79.29	
经济支持量（元）	21.54	138.96	ns
是否提供器械支持			ns
是	16.78	20.71	
否	83.22	79.29	
父母↔已婚女儿			
情感支持（分）	7.09	7.60	***
是否同住（%）			ns
是	1.40	2.72	
否	98.60	97.28	
样本量（个）	143	367	510

ns 代表不显著。
*** $p<0.001$；** $p<0.01$；* $p<0.05$；+ $p<0.1$。

第三节　婚姻挤压对女儿代际支持的影响分析

一　婚姻挤压对女儿经济支持的影响

1. 子女提供和获得经济支持可能性的回归结果

表 6-8 分别以子女（只指大龄未婚儿子与已婚女儿）为父母

提供和从父母处获得的经济支持为因变量，分别估计婚姻挤压对女儿个体代际支持的影响。

（1）子女（大龄未婚儿子和已婚女儿）为父母提供经济支持可能性

模型 1 和模型 2 中显示，婚姻挤压因素均显著影响了子女提供经济支持的可能性。模型 1 中，婚姻挤压甚至于颠覆了"儿子养老"的传统，大龄未婚儿子为父母提供经济支持的可能性远不如外嫁的已婚女儿。从资源长期交换的视角来看，大龄未婚儿子和已婚女儿在结婚时都没有获得父母过多的帮助，尤其对女儿来说，在结婚时女方父母可以从男方获得一笔彩礼作为其养育女儿的补偿，从这个角度分析已婚女儿对父母的经济支持更加符合利他动机，也更加像是女儿表达孝顺和回报父母养育之恩的行为。与已婚女儿相比，大龄未婚儿子并不是赡养父母的主体力量，他们自身的贫弱使得其在赡养父母方面显得格外无力。模型 2 中在剔除大龄未婚儿子样本后，有大龄未婚兄弟的已婚女儿为父母提供的经济支持的可能性也是明显小于没有大龄未婚兄弟的已婚女儿。由于本书的调查数据中并未收集到外嫁女儿夫家的经济状况，难以论断有大龄未婚兄弟的已婚女儿是否因为自身的贫弱而无力对父母支持，但可以肯定的是子女间经济支持行为并非完全独立，是会相互影响的，大龄未婚兄弟赡养不足可能给已婚女儿带来了负面示范影响，从而导致已婚女儿个体对父母的支持也是较为缺乏的。从亲代与子代社会经济地位的交换视角来看，模型 1 中从事非农业、经济条件较好的子女会给予父母更多的支持，而模型 2 中在剔除大龄未婚儿子之后，已婚女儿的社会经济地位并不影响其对父母的经济支持可能性，再次证实外嫁的已婚女儿给予父母经济支持的目的更加纯粹，并不受到亲代及其自身社会经济地位的影响。

再从短期资源交换来看，模型 1 和模型 2 中父母提供了经济支持和较高代际情感都会换取子女更多的经济支持，看来短期经济交换在子女中包括在已婚女儿之中都是普遍存在的，而代际情感则如促进经济与器械支持的加速器。模型 1 与模型 2 所不同的是，模型1中父母得到的器械支持可以显著换取子女的经济支持，只是对已婚女儿来说，父母得到器械支持对其经济支持获得的影响又不复存在了，再次说明了父母与已婚女儿之间的代际交换，更像是表达孝道和回报养育之恩的行为。而父母与同住的大龄未婚儿子之间才更容易形成交换频繁的代际支持，在这类家庭中四类代际支持的整体性得到了凸显。

从父母的个体和家庭特征分析，模型1中亲代与子代个体特征对父母经济支持获得并没有什么影响，但模型2父母从已婚女儿处获得的经济支持会随自身年龄的增加而增加，同时还会随已婚女儿年龄的增加而减少。父母的生理年龄的老化意味着需要更多的经济支持，而已婚女儿生理年龄的增加则有可能意味着需要更多财力和精力照料抚育下一代。此外，模型1和模型2中，父母的丧偶都会提高其获得子女经济支持的可能性，这与以往研究结论相一致，体现了合作群体模式。

（2）子女（大龄未婚儿子和已婚女儿）获得父母经济支持的可能性

在模型1和模型2中可见，婚姻挤压因素并不影响大龄未婚儿子和已婚女儿从父母处所获得的经济支持，一方面可能是因为向下的经济支持在农村并不普遍，另一方面原因是这两类人群比起已婚儿子更加不需要父母的经济支持，因为大龄未婚儿子没有自己的小家，而已婚女儿的义务与权利整体转移到夫家，这类子女都属于需要父母帮衬较少的类型。模型1中收入较高的子女得到父母经济支持的可能性较小，从而有力地排斥了交换模式，模型2中已婚女儿的经济收入对其从父母处获得的经济支持并没有显著影响，但是从事非农业职业的已婚女儿具有较大可能性获得父母的经济支持，可能是从事非农业的投入高于从事农业的投入。模型1和模型2都显示出了收入较高的父母给予子女经济支持的可能性更高，同时对于已婚女儿来说，从事非农业的父母更有可能为已婚女儿提供经济支持。

在短期的资源交换上，模型1和模型2都显示出两代之间经济支持交流存在显著的交换模式，如果父母得到了子女提供的经济支持就更有可能为子女提供经济支持。同时两个模型还呈现父母为子女提供的器械支持、情感支持分别与经济支持都构成了显著正相关关系，再次证明了家庭代际支持犹如一个整体，三种代际支持在一定程度上具有相互促进的功效。

最后，在个体和家庭特征方面，模型1中个体和家庭特征对父母提供经济支持的影响程度均不显著，但是模型2中显示出身体健康状况较差的父母更愿意为已婚女儿提供经济支持，这或许是父母换取已婚女儿生活照料的一种策略。模型2还显示出父母的丧偶会降低父母对已婚女儿进行经济支持的可能性，这与丧偶父母经济能力降低具有较大关系。

表6-8 婚姻挤压对子女代际经济支持的影响分层 Binary Logistic 回归结果

子女指大龄未婚儿子与已婚女儿	子女提供的经济支持		子女获得的经济支持	
变量	模型1（B）	模型2（B）	模型1（B）	模型2（B）
婚姻挤压				
大龄未婚男性（已婚女儿）	-2.461***		-1.583	
有大龄未婚兄弟（无）		-2.442**		1.498
长期的资源交换				
子女社会经济地位				
教育（文盲）				
小学	0.494	0.249	1.511	1.491
初中及以上	-0.098	-0.336	1.101	-0.213
职业（农业=0）				
非农业=1	0.756*	0.479	-0.002	0.277*
收入（低于平均水平=0）				
平均水平	0.793+	0.251	-3.319*	-1.057
高于平均水平	0.788	-0.165	-2.674	1.255
亲代社会经济地位				
教育（小学及以上=0）				
文盲=1	-0.213	-0.464	-1.772	-1.911
职业（农业=0）				

续表

子女指大龄未婚儿子与已婚女儿	子女提供的经济支持		子女获得的经济支持	
变量	模型1（B）	模型2（B）	模型1（B）	模型2（B）
非农业=1	0.032	-0.822	1.790	3.873 +
收入（ln+1）	-0.117	-0.086	1.017 **	0.723 +
短期资源交换				
父母提供经济支持（没有）	1.597 **	3.315 ***		
父母得到经济支持（没有）			1.862 +	7.121 ***
父母提供器械支持（没有）	-0.376	-0.117	5.054 ***	8.083 ***
父母得到器械支持（没有）	0.816 *	1.022	-1.768	-1.698
父子之间情感支持	0.394 **	0.603 *	1.124 *	0.893 +
个体特征				
亲代个体特征				
健康状况（好=0）				
一般	0.369	-0.002	1.812	3.555 *
差	0.859	0.885	2.182	2.136
亲代年龄	0.001	0.127 +	-0.016	-0.184
子代年龄	-0.027	-0.127 *	-0.085	0.034
家庭特征				
配偶健在（健在=0）				
不健在=1	1.053 *	2.366 *	-0.801	-0.320 +
兄弟姐妹数量	0.060	0.103	-0.676	-0.804
常数项	-1.527	-5.174	-18.18 *	-19.107
Sigma_u	2.182	2.791	9.302	4.942
Rho	0.591	0.832	0.963	0.977
Log likelihood	-313.069 ***	-214.722 +	-203.613 *	-156.284 ***
Wald chisquare	60.79	26.95	31.73	77.89
子女样本量（个）	652	510	652	510
家庭样本量（个）	387	346	387	346

*** $p<0.001$；** $p<0.01$；* $p<0.05$；+ $p<0.1$。

2. 子女提供和获得经济支持量的回归结果

表6-9分别以子女（大龄未婚儿子和已婚女儿）提供和获得

的实际经济支持量为因变量，分别估计婚姻挤压对子女尤其是对已婚女儿的代际经济支持量的影响。

(1) 子女 (大龄未婚儿子和已婚女儿) 提供的经济支持量

模型 1 和模型 2 中婚姻挤压显著影响子女为父母提供的实际经济支持量。模型 1 中大龄未婚儿子为父母提供的经济支持量明显少于已婚女儿，即使剔除大龄未婚儿子群体，有大龄未婚兄弟的已婚女儿给予父母的经济支持量依旧少于无大龄未婚兄弟的已婚女儿。看来大龄未婚儿子的存在已经完全打破了传统代际经济支持中子女的性别角色，只有家里没有大龄未婚儿子的正常家庭才依旧展现了传统家庭养老中的子女性别角色，即经济支持中儿子为主女儿为辅的状态。从两代人的社会经济地位分析，两个模型呈现与表 6-8 类似的结果，模型 1 中从事非农业和收入较高的子女会给父母提供更多的经济支持量，而高收入的父母从子女处得到的经济支持量要少于低收入父母；模型 2 中已婚女儿及父母的社会经济地位并不影响代际的经济支持量，再次证实已婚女儿与父母之间的经济支持目的更加单纯，可能只是出于相互的关爱和尊重。

从短期资源交换来看，模型 1 和模型 2 都显示父母提供的经济支持量、得到的器械支持、情感支持有益于提高子女经济赡养的水平，经济支持量之间的交换模式依旧凸显，几类代际支持之间整体性也依旧明显。

从父母的个体和家庭特征分析，模型 1 中身体健康状况较差的父母更有可能获得子女较高水平的经济支持量，模型 2 中父母的身体健康状况并不影响其从已婚女儿那里获取的经济支持量，说明与父母同住的大龄未婚儿子即使不能为父母提供高水平的经济支持量，但是依旧在努力承担赡养父母的责任。另外，模型 1 和模型 2 都显示出丧偶的父母获得经济支持量高于夫妻双方均健在的父母，这与利他动机相一致。

(2) 子女 (大龄未婚儿子和已婚女儿) 获得的经济支持量

子女获得的经济支持量与分层的 Binary Logistic 回归结果一致，婚姻挤压因素依旧不影响儿子为父母提供的实际经济支持量的多寡，向下的经济支持并不常见，而且大龄未婚儿子和已婚女儿也不是父母的重点支持对象。与分层的 Binary Logistic 回归结果相一致的是，模型 1 中高收入子女获得父母经济支持量较少，模型 2 中从事非农业职业的已婚女儿获得父母的经济支持量较多，模型 1 和模型 2 中随着父母收入的提高，父母会增加对子女的经济支持量，包括对已婚女儿也是如此。但与分层 Binary Logistic 回归结果不同的是，文盲类的父母会降低对已婚女儿的经济支持量，这与这部分父母挣钱能力不足有关。在短期资源交换中，父母提供的器械支持、情感支持与父母提供的经济支持量显著正相关，由于几类代际支持的整体性，只为子女提供一种代际支持的现象并不常见。与前文分层 Binary Logistic 回归所不同的是，模型 2 中已婚女儿与父母之间的经济支持交换模式依旧明显，但是含有大龄未婚儿子的模型 1 中父母得到的经济支持量和其提供的经济支持量间的交换模式不明显，这或许与大龄未婚儿子拉低了整体支持量有关。最后，在个体和家庭特征方面，模型 1 和模型 2 都显示出身体健康越差的父母越愿意给子女提供较高水平的经济支持量，这或许是父母换取生活照料的策略。

表 6-9　婚姻挤压对女儿代际经济支持的影响分层 Tobit 回归结果

子女指大龄未婚儿子与已婚女儿	子女提供的经济支持量		子女获得的经济支持量	
变量	模型 1（B）	模型 2（B）	模型 1（B）	模型 2（B）
婚姻挤压				
大龄未婚男性（已婚女儿）	-2.453***		-0.293	
有大龄未婚兄弟（无）		-1.236**		-0.107
长期的资源交换				
子女社会经济地位				
教育（文盲）				
小学	0.517	0.292	1.310	0.074
初中及以上	0.131	0.136	1.054	-0.545
职业（农业=0）				
非农业=1	0.922**	0.409	0.524	1.314**

续表

子女指大龄未婚儿子与已婚女儿	子女提供的经济支持量		子女获得的经济支持量	
变量	模型1（B）	模型2（B）	模型1（B）	模型2（B）
收入（低于平均水平=0）				
平均水平	0.864+	0.005	-2.700**	-0.785
高于平均水平	1.334*	0.369	-2.039	-0.328
亲代社会经济地位				
教育（小学及以上=0）				
文盲=1	-0.194	-0.253	-1.686	-1.469+
职业（农业=0）				
非农业=1	0.250	-0.336	1.558	1.637
收入（ln+1）	-0.121+	-0.093	1.023**	0.851**
短期资源交换				
父母提供经济支持量	0.189*	0.231**		
父母得到经济支持量			0.241	0.298*
父母提供器械支持（没有）	-0.420	-0.412	3.844***	3.283***
父母得到器械支持（没有）	0.742*	0.674*	-1.275	-0.751
父母与子女之间情感支持	0.454***	0.346**	0.656*	0.566*
个体特征				
亲代个体特征				
健康状况（好=0）				
一般	0.240	-0.043	1.095	1.567+
差	0.898+	0.498	2.490+	2.204+
亲代年龄	-0.018	0.0193	-0.118	-0.104
子代年龄	-0.016	-0.041	-0.024	0.021
家庭特征				
配偶健在（健在=0）				
不健在=1	0.847+	0.977*	0.465	-0.497
兄弟姐妹数量	0.024	0.063	-0.607	-0.689
常数项	0.585	1.485	-9.666	-10.862*
Sigma_u	2.360	2.705	6.923	6.689
Sigma_e	2.717	1.729	2.307	1.235

续表

子女指大龄未婚儿子与已婚女儿	子女提供的经济支持量		子女获得的经济支持量	
变量	模型1（B）	模型2（B）	模型1（B）	模型2（B）
Rho	0.430	0.710	0.900	0.967
Log likelihood	-1355.454***	-1079.957***	-468.450***	-370.961
Wald chisquare	128.79	56.18	63.82	61.96
子女样本量（个）	652	510	652	510
家庭样本量（个）	387	346	387	346

*** $p<0.001$；** $p<0.01$；* $p<0.05$；+ $p<0.1$。

3. 讨论

在农村，无论是家庭整体经济支持还是儿子、女儿个体与父母之间的经济支持均以向上的流动为主导，婚姻挤压并没有改变传统经济支持的流向，但是在一定程度上颠覆了传统养老中的子女性别角色与责任。惯有观念中"儿子为家庭养老的主体"在婚姻挤压下已经变得不可信，因为婚姻挤压导致大龄未婚儿子给予父母经济支持的可能性与实际支持量都弱于已婚女儿。而且，大龄未婚儿子的存在不仅对其已婚兄弟存在负面的示范作用，对其已婚的姐妹同样存在显著的负面影响，有大龄未婚兄弟的已婚女儿给予父母的经济支持的可能性与实际支持量低于没有大龄未婚兄弟的已婚女儿，已婚女儿与已婚儿子一样也并没有弥补大龄未婚兄弟给予父母经济支持的不足，从而共同导致了第四章中有大龄未婚儿子家庭整体的经济支持都较弱的局面。

从资源的长期交换视角来看，在大龄未婚儿子与已婚女儿样本群中，父母用帮助子女成婚的形式换取养老资源的"交换模式"不复存在，因为大龄未婚儿子与已婚女儿都没有获得父母过多的婚姻帮助。但即便如此，已婚女儿提供给父母经济支持的可能性与实际支持量依旧高于大龄未婚儿子，说明已婚女儿与父母之间的经济支持并不受到"投桃报李"交换原则所驱动，更多是出于对父母的孝顺，明显展现出合作群体模式的特征。在社会经济地位方面，亲代的社会经济地位并不是子女提供经济支持的主要考虑因素，却是亲代提供经济支持的多少的重要依据；在包含大龄未婚儿子与已婚女儿样本中，子代的社会经济地位显著影响其为父母提供的经济支持水平，子代社会经济地位越高也就为父母提供得越多，同时得到父母提供的就相应的减少，个体代际支持中利他动机明显。此外，对于已婚女儿来说，无论已婚女儿出于何种社会经济地位均不影响其为父母提供经济支持的可能与实际量，说明已婚女儿对父母的经济支持是更为纯粹的利他动机。

在短期的资源交换中，相比于已婚女儿，大龄未婚儿子更加容易与父母形成紧密的互惠代际交换关系，这与绝大部分大龄未婚儿子与父母同住高度相关。而绝大多数不与父母同住的已婚女儿，与父母的代际支持同样存在交换模式，而且这种交换模式比大龄未婚儿子与父母之间更加明显。由此说明，在婚姻挤压下即使已婚女儿的养老地位有所提升，但是受到传统男孩偏好的影响，父母对儿子的付出更加心甘情愿。此外，父母的需求依旧是影响父母得到的重要变量，大龄未婚儿子和已婚女儿都会增加对丧偶亲代的经济支持，合作群体模式在家庭整体与个体中得到了多次体现。

二 婚姻挤压对女儿器械支持的影响

1. 子女提供和获得器械支持可能性的回归结果

表 6-10 分别以子女（大龄未婚儿子与已婚女儿）提供和获得器械支持为因变量，分别估计婚姻挤压对女儿个体代际支持的影响。模型的设置与经济支持类似。

（1）子女（大龄未婚儿子与已婚女儿）为父母提供的器械支持可能性

从长期的资源交换进行分析，对于并未受到父母更多结婚帮助的两类子女，并不容易与父母形成长期的交换关系。从模型 1 中可以看出婚姻挤压不仅颠覆了儿子与女儿的经济赡养地位，更是颠覆了传统家务分工中的性别角色。与已婚女儿相比，大龄未婚儿子更有可能为父母提供器械支持，这与大龄未婚儿子主要与父母同住密不可分。模型 2 中，有大龄未婚兄弟的已婚女儿反而可能会减少对父母的器械支持，但这种影响并不显著。再从两代的社会经济地位进行分析，模型1和模型2都同样显示出相似的结果，从事非农业职业的子女给予父母器械支持的可能性要低于从事农业职业的子女，这或许是从事非农业职业的子女空闲时间较少的缘故；高收入水平的子女给予父母器械支持的可能性也较高，这与利他相符；文化水平较低的父母得到子女器械支持的可能性较低，这与利他动机相悖，可能是由于在农村大部分老年父母都是活到老做到老，在能自理的情况下绝不会依赖子女。

在短期的资源交换上，模型1和模型2中两代之间器械支持交换模式明显，充分证明中国农村家庭是互助互爱的，相互的器械支持就是代际表达关爱的好方式。两个模型短期交换所不同的是，模型1中父母得到的经济支持与其获得子女的器械支持之间有着明显正向关系，但只有已婚女儿的模型2中并没有显示出这样的结果，可见同一屋檐下的代际支持更加频繁。

最后，从个体和家庭特征来看，身体健康状况越差的父母越可能得到子女的器械支持。模型1中还显示出，随着父母年龄的增长，获得器械支持的可能性反而有所降低，模型2中亲代年龄对其代际支持获得并不显著，这与莫丽霞（2005）研究中提到的大龄未婚儿子反而需要父母照料的结果相一致（莫丽霞，2005）。

(2) 子女（大龄未婚儿子与已婚女儿）获得父母器械支持的可能性

表6-10模型1中，依旧可以推测出大龄未婚儿子与父母间由于同住而形成了频繁的器械支持，大龄未婚儿子比已婚女儿更有可能得到父母的器械支持。子代的社会经济地位并不影响子代从父母处所获得的器械支持，从而可以再次证实以往研究所证实的"倾斜的爱"（陈俊杰，1995），即父母对子女付出的爱超出子女对父母的爱。模型1和模型2中亲代文化水平对其为子女提供器械支持显著性差异说明文化水平较低的父母更有可能为大龄未婚儿子提供器械帮助，本书难以推测这些父母是出于愧疚还是因为其他原因，但可以肯定的是由于儿子的大龄未婚状态，父母承担了更重的责任与生活压力。

在短期的代际交换中，父母提供的经济支持、父母得到的器械支持、情感得分都分别与父母提供的器械支持之间存在显著正向关系，再次说明代际各类支持宛如一个密不可分的整体。父母越是给予子女无私的帮助，越是容易形成良性的代际关系，而且这种现象在已婚女儿的身上体现得更加突出。

最后，从个体和家庭特征来看，模型1和模型2都显示出随着亲代身体健康状况的变差，父母为子女提供器械支持的能力也会随之变差，这与人的生理特征是相符的；以及随着子女数的增多，父母为子女提供器械支持的可能性就会降低，一方面可能是在多子女家庭父母有可能帮衬不过来，另一方面也有可能是由于在这类家庭中，父母在帮谁与不帮谁中更难抉择，家庭潜在的公平感降低了父母对单个子女的器械支持的帮助力度。

表6-10 婚姻挤压对女儿代际器械支持影响的分层 Binary Logistic 回归结果

子女指大龄未婚儿子与已婚女儿	子女提供的器械支持		子女获得的器械支持	
社会经济资源交换	模型1（B）	模型2（B）	模型1（B）	模型2（B）
长期资源交换				
大龄未婚男性（已婚女儿）	0.845 +		2.258 **	
有大龄未婚兄弟（无）		-0.273		1.006
子代社会经济地位				
教育（文盲）				
小学	0.216	-0.083	0.501	1.000
初中及以上	0.277	0.239	0.427	-0.934
职业（农业=0）				
非农业=1	-1.385 ***	-1.626 ***	0.205	-1.167
收入（低于平均水平=0）				
平均水平	1.005 *	1.267 +	0.008	1.492
高于平均水平	1.051 +	0.988	-0.845	2.029
亲代社会经济地位				
教育（小学及以上=0）				
文盲=1	-0.760 *	-0.869 +	1.045 +	2.172
职业（农业=0）				

续表

子女指大龄未婚儿子与已婚女儿	子女提供的器械支持		子女获得的器械支持	
社会经济资源交换	模型1（B）	模型2（B）	模型1（B）	模型2（B）
非农业=1	-0.130	-0.537	-0.108	-0.310
收入（ln+1）	-0.046	0.027	0.072	0.059
短期资源交换				
父母提供经济支持（没有）	-0.185	-0.061	2.072**	6.572***
父母得到经济支持（没有）	0.644+	0.629	-0.342	-0.919
父母提供器械支持（没有）	4.412***	5.414***		
父母得到器械支持（没有）			5.298***	12.653***
父母与子女之间情感支持	-0.053	-0.178	0.327+	1.934**
个体特征				
亲代个体特征				
健康状况（好=0）				
一般	0.789+	1.007+	-1.543*	-5.261**
差	1.101*	1.497*	-1.763*	-6.391***
亲代年龄	-0.071*	-0.056	0.021	0.062
子代年龄	0.006	-0.011	0.046	0.096
家庭特征				
配偶健在（健在=0）				
不健在=1	0.106	0.567	0.300	-1.025
子女数量	-0.098	-0.340	-0.638*	-1.490+
常数项	2.713	3.328	-9.827**	-30.739*
Sigma_u	1.693	2.256	2.617	4.041
Rho	0.465	0.607	0.675	0.945
Log likelihood	-309.561***	-234.309*	-214.046**	-139.305***
Wald chisquare	59.99	34.17	41.58	44.35
子女样本量（个）	652	510	652	510
家庭样本量（个）	387	346	387	346

*** $p<0.001$；** $p<0.01$；* $p<0.05$；+ $p<0.1$。

2. 讨论

婚姻挤压不仅颠覆了家庭养老中子女对父母进行经济赡养的性别角色，更颠覆了传统的家务分工中的性别角色，相比于大龄未婚儿子，已婚女儿已不是家庭器械支持的主要提供者，大龄未婚儿子更有可能为父母提供较多的器械支持。在一定程度上，我们可以说大龄未婚儿子在一定程度上替代了儿媳和已婚女儿的养老功能，他们承担了部分本应由家庭女性所承担的家务活与起居照料任务。传统文化习俗中"男主外，女主内"观念在婚姻挤压下也变得不太可信，缺失妻子的大龄未婚儿子不得已承担了对父母的器械支持，而且他们承担着比已婚姐妹更多的器械支持任务。此外，在兄弟姐妹婚姻状态相对权衡下，大龄未婚兄弟的存在对已婚姐妹的器械支持并无显著影响，说明大龄未婚兄弟所承担父母生活照料任务对已婚姐妹没有负面示范作用，大龄未婚儿子的存在不会降低父母所获得的器械支持水平。然而，大龄未婚儿子的存在却有可能增加父母的器械支持负担，相比于已婚女儿，父母为大龄未婚儿子提供了更多的器械支持，一方面是出于对儿子的偏好，父母无私的代际倾斜主要还是体现在与儿子的代际支持上；另一方面可能还是父母与大龄未婚儿子同住的缘故。

子代社会经济地位和亲代的文化程度是影响子女提供器械支持的重要因素，却非亲代为子代提供器械支持的主要因素，这说明在器械支持上虽然利他的思想依旧存在，但这种利他具有代际倾斜特点，亲代更愿意为子女无偿地付出。在短期资源交换中，从父母获得器械支持的角度来看，代际支持的整体性在大龄未婚儿子、已婚女儿与父母之间已经不复存在，只展示出器械支持本身的高度交换模式；然而，从父母提供的器械支持来看，父母为大龄未婚儿子、已婚女儿提供了经济支持，就更有可能再为其提供器械支持，同时双向器械支持的高度交换又加深了代际情感，父母不计回报的付出更有利于家庭和睦。最后，父母健康状况的恶化可以增加子女提供的器械支持，同时也会减少父母对子女器械支持的付出，这与利他的合作群体模式相一致。

三 婚姻挤压对女儿情感支持的影响

1. 代际间情感支持回归结果

表6-11显示了婚姻挤压对女儿代际情感支持的影响分析结果。模型1中显示出，在大龄未婚儿子与已婚女儿之间，婚姻挤压因素并没有影响到这两类子女与父母之间的情感。但是模型2中，在剥离大龄未婚儿子之后，则明显看出大龄未婚兄弟的存在会削弱已婚女儿与父母间的代际情感。再从两代人所拥有的社会经济地位进行分析，则发现子代的高收入是可以带来较好的情感交流现状的；同时模型2中还显示，如果已婚女儿的文化水平较高则可以增进与父母之间的情感深度。模型1和模型2中还同时显示出亲代如果是文盲类文化水平、从事农业以及拥有较高的收入水平是可能降低与子女之间的情感得分的。一般来说，较低的文化水平自然是难以带来顺畅的情感沟通的；而那些从事农业和具有高收入水平的父母可能由于较高的经济独立性更能客观地报告自己与子女之间的情感真实水平，这样的研究结果与以往在中国农村的研究也是相一致的（宋璐、李树茁，2011），由此具有可信性。

在短期资源交换中，通过模型1和模型2之间的比较，可以得到一些有意思的发现，即无论是大龄未婚儿子还是已婚女儿，只要是父母给他们提供了经济支持就可以换来较高的情感支持水平；此外，父母从大龄未婚儿子处得到的经济支持和器械支持，可以缓和大龄未婚儿子与父母之间情感较差的问题。

在个体和家庭特征方面，两个模型都显示出随着亲代年龄的增长，父母与子女之间的情感也在变差，这可能是由于生理年龄的老化，父母需要依赖子女的程度也会越高。而以往研究的结果也显示出，父母对子女过度的依赖，是可能破坏代际情感的，同时也会加重父母的抑郁程度（Dean et al., 1990; Silverstein et al., 1996）。而且，通过两个模型的比较还显示出，随着父母健康状况的变差，大龄未婚儿子与父母的情感也会随之变差，可见过度依赖反而损伤代际情感。

第六章 婚姻挤压对女儿代际支持的影响

表 6-11 婚姻挤压对已婚女儿代际情感支持的影响分层 OLS 回归结果

子女指大龄未婚儿子与已婚女儿	子女与父母间的情感支持	
社会经济资源交换	模型 1（B）	模型 2（B）
长期资源交换		
大龄未婚男性（已婚）	-0.075	
有大龄未婚兄弟（无）		-0.375*
子代社会经济地位		
教育（文盲）		
小学	0.006	-0.078
初中及以上	0.189	0.212+
职业（农业 =0）		
非农业 =1	-0.099	-0.132
收入（低于平均水平 =0）		
平均水平	0.186	0.133
高于平均水平	0.507**	0.390*
亲代社会经济地位		
教育（小学及以上 =0）		
文盲 =1	-0.321*	-0.370*
职业（农业 =0）		
非农业 =1	-0.326*	-0.401*
收入（ln +1）	-0.094***	-0.070**
短期资源交换		
父母提供经济支持（没有）	0.281*	0.313*
父母得到经济支持（没有）	0.268*	0.198
父母提供器械支持（没有）	0.218+	0.220
父母得到器械支持（没有）	0.003	-0.100
个体特征		
亲代个体特征		
健康状况（好 =0）		
一般	-0.300*	-0.230
差	-0.281	-0.054
亲代年龄	-0.026*	-0.025*

续表

子女指大龄未婚儿子与已婚女儿	子女与父母间的情感支持	
	模型1（B）	模型2（B）
子代年龄	0.001	0.001
家庭特征		
配偶健在（健在=0）		
不健在=1	0.033	0.141
子女数量	-0.086	-0.083
常数项	9.986***	9.995***
Sigma_u	0.964***	1.043
Sigma_e	0.737***	0.535
Rho	0.631	0.792
Log likelihood	-977.506***	-719.878***
Wald chisquare	81.25	74.86
子女样本量（个）	652	510
家庭样本量（个）	387	346

*** $p<0.001$；** $p<0.01$；* $p<0.05$；+ $p<0.1$。

2. 讨论

此处，父母所报告的与大龄未婚儿子和已婚女儿之间代际情感并无显著差异，无论是与已婚儿子相比还是与已婚女儿相比，大龄未婚儿子与父母之间情感程度并不如以往研究中那么差。但正如第五章中所分析的那样，如果让大龄未婚儿子来报告代际情感，可能会有不一样的结果。但大龄未婚兄弟的存在还是会削弱已婚女儿与父母间的代际情感，有大龄未婚兄弟的已婚女儿呈现与父母较差的情感水平，该现象的出现再次证明了大龄未婚儿子的存在会激发家庭成员之间的矛盾，从而降低了家庭整体的代际情感水平。另外，对于大龄未婚儿子与已婚女儿来说均未得到父母对其婚姻的过多支持，两类人群也没有表现出与父母更深的情感，也不存在父母用帮助子女成婚换取深厚情感的交换模式。

在代际社会经济地位方面，亲代社会经济地位比子代的社会经济地位更能影响代际支持水平，亲代文化水平的高低决定着他们是否能与子女顺畅交流，而亲代较好的经济基础为其客观报告代际情感支持水平提供了有力支撑。在短期资源交换方面，对于相对贫困的农村地区来说，父母为大龄未婚儿子、已婚女儿提供的经济支持可以换取较高的情感支持水平，同时父母为同住的大龄未婚儿子提供的器械支持以及从大龄未婚儿子处得到的经济支持还可以增加与大龄未婚儿子的情感深度。由此可见，父母与大龄未婚儿子同住的居住安排，在一定程度上可以缓和代际矛盾。此外，在情感支持方面并不存在满足亲代需求的合作群体，亲代恶化的健康和增加的年岁反而会损伤代际情感，农村居民对代际情感的重视程度远不如对代际经济支持的关注。

第四节 小结与讨论

本章从已婚女儿视角，验证了第三章中所构建的婚姻挤压下个体代际支持子女婚姻差异模式的分析框架。从本章研究结果可知，婚姻挤压会影响已婚女儿的代际支持行为，而且依旧如对已婚儿子代际支持的影响一样呈现负面影响多于正面影响的情况。同时，婚姻挤压还颠覆了传统文化中"男主外，女主内"性别分工模式，大龄未婚儿子虽然难以承担经济赡养责任，他们给予父母的经济支持水平远不如无大龄未婚兄弟的已婚女儿，而且他们的存在还拉低了其已婚姐妹对父母的经济赡养水平与情感深度，但是他们承担了本应由家庭女性（如儿媳、已婚女儿）所承担的家务帮助与父母起居照料的任务。此外，外嫁女儿与父母的代际支持过程中展现出了较为明显的交换模式与合作群体模式共存的特征，在大龄未婚儿子与已婚女儿的对比之下，前者比后者享受着更多亲代无私的代际倾斜。具体来说本章的主要发现主要包括以下几点。

首先，大龄未婚儿子与已婚女儿之间、有大龄未婚兄弟的已婚女儿与没有大龄未婚兄弟的已婚女儿之间代际支持依旧存在婚姻差异模式，这种差异模式在代际反馈与代际倾斜上均有所体现。

表 6-12 中展示的是从已婚女儿视角下婚姻挤压对女儿的代际支持影响方向的总结,从表中可知,婚姻挤压对已婚女儿代际支持的影响依旧是负面多于正面,大龄未婚儿子为父母提供的经济支持力度低于已婚女儿,大龄未婚兄弟的存在还拉低了其已婚姐妹对父母的经济支持力度,同时还削弱了其已婚姐妹与父母之间的代际情感。可见,不同婚姻状态下子女的养老地位都是相对而言的,本书难以断言在婚姻挤压下已婚女儿对父母经济赡养地位有所提高,但可以肯定的是大龄未婚儿子对父母较弱的经济支持能力反衬了已婚女儿较高的经济赡养能力。同时,在代际反馈的器械支持上呈现了与第五章中不同的结果,在第五章中大龄未婚儿子为父母提供了与已婚儿子相当的器械支持,但如果将大龄未婚儿子与已婚女儿相比,则可以发现大龄未婚儿子为父母提供了的器械支持是多于已婚女儿的。从这点上可推测,虽然大龄未婚儿子不能成为父母老年的经济来源,但他们在器械支持上不仅替代了部分儿媳的作用,还替代了部分外嫁女儿的辅助作用。但即便如此,大龄未婚儿子还是不能弥补其已婚姐妹与父母之间的情感裂痕,再次证明大龄未婚儿子的存在会破坏家庭和谐程度的结论。在代际倾斜上,由于以已婚女儿为参照对象,父母为大龄未婚儿子提供了较多的器械支持,这与绝大部分大龄未婚儿子与父母同住密切相关。

表 6-12 婚姻挤压对女儿代际支持影响方向总结

家庭整体 (父母视角)	大龄未婚儿子/已婚女儿	总体影响程度	有大龄未婚兄弟的已婚女儿/无大龄未婚兄弟的已婚女儿	总体影响程度
代际反馈		负面多于正面		负面多于正面
得到经济支持	-		-	
得到的经济支持量	-		-	
得到器械支持	+		0	
情感支持	0		-	
代际倾斜		增加代际倾斜		无影响
提供经济支持	0		0	

续表

家庭整体 （父母视角）	大龄 未婚儿子/ 已婚女儿	总体影响 程度	有大龄未婚兄弟的 已婚女儿/无大龄未婚 兄弟的已婚女儿	总体影响 程度
提供的经济支持量	0		0	
提供器械支持	+		0	

注："+"代表正向影响，"-"代表负向影响，"0"代表没有影响。

其次，在婚姻挤压背景下大龄未婚儿子的存在反而凸显了已婚女儿与父母代际支持过程中的合作群体模式，传统孝道观念在中国农村依旧具有持久的影响力。对于大龄未婚儿子和已婚女儿这两类子女群来说都没有得到父母过多的婚姻帮助，但即便如此已婚女儿还是会回报给父母无偿的经济支持，而且已婚女儿提供的这种经济支持是高于大龄未婚儿子的，由此可见，内化的孝道在家庭养老中依旧有较强的效应。在排除大龄未婚儿子群体之后，已婚女儿回报给父母的经济支持则受到其兄弟婚姻状况的影响，有大龄未婚兄弟的已婚女儿回报给父母的经济支持远低于没有大龄未婚兄弟的已婚女儿，大龄未婚兄弟的存在对其已婚姐妹依旧存在负面示范作用。此外，在以已婚女儿为参照对象的分析下，大龄未婚儿子与父母之间的器械交换水平高于已婚女儿与父母之间的器械支持水平，却又低于有妻有子的已婚儿子与父母之间的器械支持水平。大龄未婚儿子与父母之间的器械支持水平，并非基于照料自身小家庭而产生的需要，而是由于与父母同住而产生的相互支持。

最后，已婚女儿与父母之间的代际支持更加容易形成短期的交换模式，但长期来看还是合作群体模式占主导地位。在短期资源交换中，双向的代际支持在已婚女儿与父母之间依旧频繁可见，父母无偿的付出更能带来和谐的代际关系。已婚女儿作为家庭养老的重要补充力量，在对父母经济支持和器械支持时会充分考虑到父母的需求与能力，无论父母处于何种社会经济地位她们都会给予父母相应的支持，同时还会针对父母恶化的状况（如丧偶）而增加对父母的支持，淋漓尽致地体现了代际支持的合作群体模式。但是与第五章结果类似的是,在对父母的情感支持方面已婚女儿也没有展示出较高的关注度,父母丧偶的状态并不能得到子女更多的情感关注,情感支持在四种代际支持中依旧处于较弱的关注地位。

第七章 研究结论与对策建议

本章主要包括四部分内容：首先，总结和提炼本书的主要工作及其结论；其次，总结本书的主要创新点；再次，根据第三章至第六章的研究发现，提出缓解农村婚姻挤压下家庭养老压力的对策建议；最后，对本书研究的局限性进行讨论，并提出下一步的研究展望。

第一节 主要结论

本书在国内外经典代际支持理论基础上整合并改进了交换模式和合作群体模式，综合人口学、社会学、统计学和公共管理学等学科的分析方法，系统分析了婚姻挤压对农村家庭整体和个体代际支持行为的影响。依据农村婚姻挤压和家庭养老的现实，提出了适用于解释婚姻挤压背景下的代际支持子女婚姻差异模式，并从家庭整体和子女个体两个层面构建了代际支持子女婚姻差异模式的分析框架，采用定量分析方法揭示了婚姻挤压对农村家庭整体及个体代际支持的影响。主要结论包括以下几点。

第一，婚姻挤压进一步地弱化了家庭养老功能。首先，家中大龄未婚儿子的存在对家庭养老最大的负面影响体现在削弱了父母所获得的经济福利，有大龄未婚儿子的父母获得子女提供的经济支持可能性和实际支持量均小于家中没有大龄未婚儿子的父母，由此使得大龄未婚儿子的父母更容易陷入经济匮乏的困境。其次，大龄未婚儿子的存在破坏了整个家庭的代际情感关系，有大龄未婚儿子的家庭所呈现的家庭融洽度与亲密度远不如没有大龄未婚儿子的家庭，或许与普婚文化相悖的儿子大龄未婚状态更容易激发家庭矛盾的发生，从而对和睦家庭关系的构建造成巨大的阻力。最后，大龄未婚儿子的存在还改变了传统居住模式，依据"没结婚不分家"的文化传统，绝大多数大龄未婚儿子的父母只能继续与未婚儿子同住，这些父母不仅难以享受到三代同堂的天伦之乐，还不能享受到儿媳的照料。然而，如果从代际倾斜的角度分析，则可以发现家中大龄未婚儿子的存在对家庭养老的影响也并非全然负面，因为父母与大龄未婚儿子同住的状态至少降低了父母成为空巢老人的风险，同时还便利了代际双方相互的生活照料。从资源长期交换视角分析，家中大龄未婚儿子的出现在一定程度上阻碍了父母用帮助儿子成婚来换取养老资源的交换行为的发生，而只有家中没有大龄未婚儿子的父母才能更心安理得地享受子女的赡养。从资源短缺交换视角分析，则可以明显发现几种代际支持内部有强烈的交换模式，它们之间相互促进共同形成一个密不可分的整体，而且代际双方中越是舍得付出就越有利于形成密切的代际关系。此外，代际支持中亲代的需求始终占据非常重要的地位，无论亲代处于何种社会经济地位，代际支持总是流向了相对脆弱的父母。

第二，婚姻挤压削弱了大龄未婚儿子在家庭中的养老地位。大龄未婚儿子的存在改变了以往研究中认为儿子是父母经济赡养主力军的结论，大龄未婚儿子的贫弱使其难以发挥儿子的主体养老功能。同时，婚姻挤压因素对代际反馈的影响程度大于对代际倾斜的影响程度，大龄未婚儿子为父母提供的经济支持少于已婚儿子，父母则因为大龄未婚儿子自身核心家庭的丧失而不得已减少了对大龄未婚儿子的器械支持。从资源的长期交换视角分析，大龄未婚儿子与父母之间代际支持的交换目的强于已婚儿子与父母之间的代际支持，已婚儿子对父母的赡养动机更加符合责任内化论。从资源的短期交换视角分析，已婚儿子与父母之间的短期代际支持更多受到孝道观念、家本位思想的驱使，而大龄未婚儿子与父母之间的短期代际支持则更多是由于同住的现实而自然发生的。此外，在资源的短期交换中，父母主动为儿子提供的各类代际支持才更有利于和谐代际关系的构建。从父母的需求视角分析，基于利他动机的合作群体模式依旧存在儿子与父母之间代际支持之中，代际支持始终流向最需要帮助的父母，如丧偶、健康恶化、年事增高的父母可以获得儿子更多的支持与帮助。

第三，婚姻挤压情境下家庭养老的传统性别分工形式有所改变。大龄未婚儿子为父母提供经济支持的可能性和实际支持量都不如已婚女儿，但其为父母提供器械支持的可能性却高于已婚女儿；有大龄未婚兄弟的已婚女儿为父母提供经济支持可能性和实际量低于无大龄未婚兄弟的已婚女儿，但其可以因为大龄未婚兄弟的存在而减少对父母的器械支持，大龄未婚儿子在器械照料方面替代了已婚女儿以及儿媳的养老责任。从资源的长期交换视角分析，大龄未婚儿子与父母之间代际支持的交换目的强于已婚女儿与父母之间的代际支持。从资源的短期交换视角分析，则发现外嫁的已婚女儿与父母之间比大龄未婚儿子与父母之间更容易形成交换模式，或许是外嫁的女儿并不是家庭养老的主体的缘故；而在与已婚女儿相对比的情况下，与父母同住的大龄未婚儿子的交换模式有所弱化，同住的居住模式为大龄未婚儿子与父母间的代际支持提供了更加便利的发生场域。从父母的需求视角进行分析则可以发现，比起大龄未婚儿子，已婚女儿与父母之间的代际支持模式更加符合基于利他动机的合作群体模式，父母是否丧偶、是否有健康恶化的状况是已婚女儿考虑是否加大对父母支持的重要因素。

第四，婚姻挤压凸显了代际支持的子女婚姻差异。在婚姻挤压背景下，代际支持除了呈现传统的性别差异之外，还具有明显的子女婚姻差异。首先，从家庭整体视角来看，儿子不同的婚姻状况导致有大龄未婚儿子的家庭与没有大龄未婚儿子的家庭在经济、器械、情感以及同住支持上都具有显著的差异，有大龄未婚儿子的家庭中的向上的代际反馈模式和向下的代际倾斜模式均弱于没有大龄未婚儿子的家庭，前类家庭更容易出现自利性的代际交换，而后类家庭则更容易出现利他性的代际交换。其次，从儿子视角来看，大龄未婚儿子回报给父母的代际反馈不如已婚儿子，但是大龄未婚儿子自身核心小家庭的缺失在一定程度上缓解了父母对其进行代际倾斜的程度,同时大龄未婚儿子与父母同住的模式便利了相互的器械支持,但即便如此依旧难以弥补代际情感上的裂痕。最后,以已婚女儿作为参照对象时,则发现婚姻挤压越发地凸显了大龄未婚儿子匮乏的养老能力,大龄未婚儿子的养老经济能力甚至于不如赡养责任已经转移到夫家的已婚女儿,但父母给予大龄未婚儿子的代际倾斜仍多于外嫁的女儿,由此可见,即使儿子未能成婚,父系文化与男孩偏好的印记依旧显现在父母身上。

第五,大龄未婚儿子在家庭养老中具有一定的负面示范作用。有大龄未婚儿子存在的家庭在代际反馈方面不仅表现出大龄未婚儿子的支持乏力现象,同时还表现出其兄弟姐妹也支持不足的双重弱化现象,从而共同导致了其父母的养老困境。在有大龄未婚儿子的家庭,已婚的兄弟姐妹并没有像最开始笔者设想的那样弥补其大龄未婚兄弟对父母支持的不足,反而受到大龄未婚儿子的负面影响而减少了对其父母的支持力度。有大龄未婚兄弟的已婚儿子和已婚女儿给予父母的经济支持、情感支持均显著低于没有大龄未婚兄弟的已婚儿子和已婚女儿,由此可见,大龄未婚儿子对其已婚兄弟姐妹是存在显著的负面示范效应的。代内的兄弟姐妹确实会依据各自条件与行为的权衡与比较而做出成本最小化的养老行为,如果一个家庭中的父母与子女都各自积极主动地付出,子女也就越愿意积极承担养老责任;但如果这个家庭出现了一个无力养老的大龄未婚儿子,而且这个大龄未婚儿子的存在还拉低了其兄弟姐妹与父母之间的情感水平,那么其他已婚兄弟姐妹也会消极对待自己的养老责任,从而造成了大龄未婚儿子的父母面临着比普通父母更大的养老困境。

总之,婚姻挤压已经对中国农村传统的代际支持模式造成了巨大的冲击与挑战,大量难以成婚的成年男性已经引发相同数量老年父母的养老困难,并给所有的家庭成员带来经济与精神上的双重压力。尽管目前大龄未婚男性群体还未大规模出现,但性别失衡与男性婚姻挤压的人口效应将日益显现,中国大龄未婚男性规模将不断扩大,研究当前中国农村男性婚姻挤压对农村代际支持的主要影响,可以在很大程度上反映未来10年、20年内由1980

年后出生性别比偏高导致的性别失衡和婚姻挤压的基本特征和社会问题，有助于及早掌握可能诱发的农村社会养老危机，解决这一具有一定规模、面临更大养老困难的大龄未婚男性父母的养老问题，对提高农村老年人生活福利、及早制定有针对性的社会养老保障政策具有较强的政策前瞻性和重要的现实意义。

第二节 主要贡献

本书在代际支持经典理论的基础上整合并构建了适用于解释婚姻挤压对中国农村家庭代际支持影响的分析框架，并在此框架的指导下定量探析了婚姻挤压下代际支持的现状及影响因素，揭示了男性婚姻挤压对整个家庭、对个体以及对已婚的兄弟姐妹代际支持行为的影响。通过本书的理论分析与实证研究工作，本研究在以下几个方面取得了突破。

第一，提出了中国农村男性婚姻挤压情境下的农村家庭代际支持的子女婚姻差异模式及其分析框架。本书结合中国农村男性婚姻挤压和家庭养老的现实，在已有的代际支持模式基础上，从子女/兄弟姐妹的婚姻状况视角构建了适用于解释中国农村男性婚姻挤压情境下的农村家庭代际支持的子女婚姻差异模式，并从家庭整体和子女个体两个层面建立了相应的分析框架，弥补了相关研究多局限于子女性别差异而忽略子女/兄弟姐妹婚姻差异的不足。该模型与分析框架的提出，有利于丰富已有的代际支持理论及其在中国的应用，并有助于深入理解农村男性婚姻挤压对家庭养老及社会养老保障的社会后果。

第二，发现了男性婚姻挤压对中国农村家庭的整体代际支持同时存在负面与正面影响。本书弥补以往研究忽略子代婚姻对代际支持影响的不足，从婚姻挤压视角发现有大龄未婚儿子的父母所获经济与情感支持低于没有大龄未婚儿子的父母，婚姻挤压弱化了家庭养老功能；但大龄未婚儿子的存在却大幅度降低了父母成为空巢老人的风险，减轻了父母对子女进行器械支持的家务负担。本书揭示了婚姻挤压对家庭养老并非只有负面影响，突破了已有研究对婚姻挤压所带来养老后果结论的片面性。

第三，发现了男性婚姻挤压削弱了农村家庭中儿子对父母的经济支持，改变了"父母与已婚儿子同住"的传统居住模式。本书弥补了以往代际支持研究忽略不同婚姻状态下兄弟间代内关系的不足，发现了大龄未婚儿子给予父母的经济支持少于已婚儿子，绝大部分大龄未婚儿子与父母同住，改变了"父母与已婚儿子同住"的传统居住模式，但大龄未婚儿子核心小家庭的丧失在一定程度上缓解了父母对其进行器械支持的家务负担；大龄未婚儿子对其已婚兄弟的代际支持具有负面示范效应，有大龄未婚兄弟的已婚儿子给予父母的经济和情感支持水平均低于没有大龄未婚兄弟的已婚儿子。

第四，发现了中国农村家庭养老的传统性别分工模式在婚姻挤压情境下的具体表现形式。本书突破了以往研究只关注男性婚姻挤压对儿子代际支持影响的局限，揭示了男性婚姻挤压同时也会对已婚女儿的代际支持造成显著影响，进而影响中国农村家庭养老的传统性别分工模式。以已婚女儿为参照时，发现大龄未婚儿子对父母的经济赡养甚至于不如外嫁的女儿，但大龄未婚儿子给予父母的器械支持多于已婚女儿，大龄未婚儿子的存在改变了"儿子经济主力，女儿生活照料"的传统性别分工模式；大龄未婚兄弟的存在对其已婚姐妹的代际支持具有负面示范效应，有大龄未婚兄弟的已婚女儿给予父母的经济和情感支持水平均低于没有大龄未婚兄弟的已婚女儿。

第三节　对策建议

在老龄化、高龄化、农村老人居多以及劳动力频繁外流的情况下，农村家庭养老本已变得岌岌可危，而婚姻挤压现象的持续则加剧了家庭养老地位的弱化。尽管目前大龄未婚男性群体还没有大规模出现，但性别失衡与男性婚姻挤压的人口效应将日益凸显，中国大龄未婚男性规模将不断扩大，如何解决这一具有一定规模、面临更大养老困难的大龄未婚男性父母的养老问题，是中国农村养老面临的新挑战，亟须政府和社会公众给予高度的关注，并在公共政策层面做到未雨绸缪。要解决婚姻挤压所带来的家庭养老功能弱化的难题，在政策层面上可以从三方面入手。一是缓解男性婚姻挤压。从男性婚姻挤压对农村家庭代际支持影响的整体结论来看，对于有大龄未婚儿子的家庭来说，无论是家庭整体代际支持水平的削弱还是子女个体代际支持的降低，婚姻挤压因素都是造成代际支持水平被削弱的重要因素，因此要提高农村家庭整体和个体的代际支持水平，最根本最直接的解决方式首先是要缓解男性婚姻挤压程度。二是完善社会保障体系。家庭养老功能的弱化与社会化养老的强化是社会进步过程中难以避免的发展趋势，婚姻挤压所带来的家庭养老功能弱化的问题，之所以能上升为政策问题的关键在于中国农村不完善的社会养老保障体系。现有的新型农村社会养老保险制度、五保户以及低保户制度还存在诸多问题，要弥补因婚姻挤压而带来的家庭养老功能弱化的问题需从完善社会养老保障制度入手，大力推行社会养老方式。三是需要继续维持家庭养老功能。在婚姻挤压背景下，虽然家庭养老功能的弱化是不可避免的发展趋势，但家庭养老在当今乃至今后很长一段时间还将占据重要地位，因此仍需继续发挥家庭养老的重要功能。在婚姻挤压背景下，由于家庭养老功能的弱化是大龄未婚男性自身养老乏力和其兄弟姐妹赡养不足而共同导致的结果，因此有必要采取一定的措施来提高子女个体的代际支持能力。

具体而言，本书提出的对策建议如下。

1. 缓解男性婚姻挤压现象

（1）降低出生人口性别比

农村大龄未婚男性父母的养老问题也是性别失衡的社会后果之一，要彻底解决该类人群的养老难题，关键还得降低出生人口性别比，以达到缓解农村养老困难的目的。首先，需继续积极推进全国范围内的关爱女孩行动，要在基层农村大力开展性别平等教育，争取把男女平等的理念内化为农村居民自觉的意识，要实现这样的目标首先需要保证女性在生存与发展方面能够享受与男性同等的权利与地位；其次，还需积极扭转农村落后、陈旧的婚育观念与行为，加快建设科学进步的新型婚育文化，注重在农村地区倡导和推广文明进步的婚育观念与行为，从婚恋源头上解决出生人口性别比严重偏高的现实问题；再次，与治理性别比相关的政府部门要加强联系与合作，控制出生人口性别比的任务不应该只是计生部门的重要任务，公安与卫生部门也应该参与其中，对非法的性别鉴定和非法进行选择性终止妊娠的行为进行严厉打击与惩罚，强化B超管理，抓好孕产期人群的全程监测服务，规范出生人口实名登记制度；又次，进一步地建立和完善出生人口性别比综合治理绩效考核评估体系，强化督查考核体系，以确保各项性别比治理工作能够得以落实；最后，要充分重视群体的力量，积极鼓励群众主动参与到出生人口性别比整治工作之中，以有效控制人口出生性别比偏高的趋势。

（2）提高大龄未婚男性的结婚概率

在结婚费用逐年攀升的现实下，有必要在全国上下倡导勤俭节约的嫁娶习俗，减轻农村男性及其家庭在结婚花费上的经济负担；在嫁娶婚姻为主流的农村，要大力宣传和帮助农村男性树立科学的择偶观，同时还可以鼓励离异或丧偶女性再婚，或者是鼓励入赘婚姻，培育多样化的婚姻形式进入农村婚姻市场的主流；在基层农村搭建安全稳定的婚姻中介平台，为大龄未婚男性提供安全可靠的交友平台；加快农村经济发展的步伐，加大政府资金投入力度，为农村男性创造公平、机会均等的婚姻市场。

2. 完善农村社会养老保障体系

首先，要提高对农村社会养老保障体系建设重要性的认识，加大国家和地方政府对农村社会养老保险的财政投入，尤其是要加大对贫困地区的财政投入，并适当倾斜性别比失衡重灾区的财政投入；其次，要加快建设城乡统一的社会养老保障体系，建立农保转城保的机制与通道，鼓励经济较好的大龄未婚男性及其还未进入老年的父母积极参加社会养老保险，降低贫困的大龄未婚男性及其父母参保的入门条件，提高保障水平；再次，构建多元化的养老体系，在大力推进新型农村社会养老保险的同时，还可以依据家庭养老仍为主导的现实，继续鼓励和强化家庭养老，并在家庭养老的基础上发展建设"不离乡、不离家、不离亲"的居家养老模式，例如，建立养老服务照料中心、成立专门针对老年人的小厨房等惠民工程；最后，针对农村老龄化、高龄化、老年人多、家庭养老的现实，大力支持和建设社会化的养老服务体系，大力建立正式的养老服务机构，同时还需鼓励全社会力量参与基层养老建设之中，补贴、宣传并表彰民间养老机构的建设，以扩大养老服务的资金来源。

为了解决新农保制度本身所具有的问题以及实施过程中所面临的问题，可以采用以下措施进行解决：首先，对于那些难以承担新农保经济压力的农村贫困地区或农业人口众多的地区进行政策与资金方面的倾斜，减轻当地政府的财政负担与经济压力；其次，不要采取"一刀切"的缴费方式，可以让各地政府依据当地的实际经济状况，因地制宜地制定具有一定灵活度的缴费方式与金额，积极鼓励有能力有条件的农村居民参与较高水平的缴费金额与缴费档次，以提高新农保的养老金待遇；最后，要完善新农保的制度设计，放松捆绑式缴费方式，并把外嫁女儿也纳入新农保规定中的"子女"行列。针对五保户、低保户制度存在的问题，一方面需加大财政投入，另一方面则需通过拓宽帮扶渠道、简化程序、提高待遇等方式让更多贫困老人受益。

此外，在婚姻挤压下，还需从国家制度层面专门关注农村大龄未婚男性父母的养老问题，充分考虑大龄未婚男性父母的养老需求与养老困境，将其纳入完善国家社会养老保障制度的范围内。在完善新型农村养老保险制度时，要充分考虑大龄未婚男性群体及其家庭的现实需求，放松捆绑式参保方式，鼓励经济条件较好的大龄未婚男性及其父母参加较高水平的缴费档次，帮助经济状况较差的大龄未婚男性参加新型农村社会养老保险，在必要时免除特别贫困的大龄未婚男性的个人缴纳部分，以保障大龄未婚男性及其父母享受社会化养老的权利；简化五保户及低保户的申请程序，并适当放松大龄未婚男性父母的入门条件和指标限制。

3. 继续维持家庭养老功能

在婚姻挤压背景下要继续维持家庭养老功能可以从社会与家

庭两个层面入手，在社会层面需要创造良好的家庭养老风气与氛围，在家庭层面则可以从大龄未婚儿子、女儿以及兄弟姐妹内部关系的协调三方面进行代际支持水平的改善与提高。

（1）在社会层面弘扬尊老爱老的社会风气

要在全社会弘扬尊老、爱老、养老、敬老的优良传统，加强孝道教育，进一步地强化孝道观念的内化力量，充分发挥社会舆论与道德约束在家庭养老方面的强大力量。在农村基层社区，可以适当借助公众媒体的作用适当曝光和批评不履行孝道的不良行为，同时大力宣传和表扬孝敬老人的典型人物和典型事件，通过舆论褒扬、贬斥等方式积极弘扬尊老爱老的优秀文化传统；各级政府及基层社区成立老龄工作领导小组，组织工作人员经常走访慰问大龄未婚男性父母、孤寡老人，并组织志愿者为这些贫弱老人做农活、做家务以及情感疏导，树立关爱老人的典型事件，引导鼓励全社会关心、爱护老年人。同时，针对大龄未婚男性父母这部分特殊人群，要鼓励和倡导社区与非政府组织充分发挥民间力量，关心大龄未婚男性及其家庭的生产、生活与心理健康，促进他们更好地融入社区生活，并通过媒体宣传消除其他人群对他们的偏见与歧视，以提高大龄未婚男性父母的生活福利。

（2）在家庭层面提高子女个体的代际支持能力

第一，多渠道增强大龄未婚儿子赡养能力。在农村基层社区采用多种形式举办劳动技能培训，引导农村大龄未婚男性在农闲时间参与第三产业，拓宽增收渠道，增加就业机会，增加大龄未婚男性的经济收入。基层社区还可针对大龄未婚男性的自身特点，制定相应的优惠政策提高大龄未婚男性的致富能力，例如，为仍有劳动能力的大龄未婚男性提供免费的劳动技能培训，提高其就业率；同时基层社区还可以鼓励民众对大龄未婚男性的帮扶行为，例如，针对孤苦的大龄未婚男性，要积极鼓励和倡导其他农村居民帮助大龄未婚男性的农业生产活动，克服大龄未婚男性劳动生产人手不足的问题；鼓励支持大龄未婚男性的外出务工行为，并充分发挥地缘优势组织村民帮其照料父母，解决大龄未婚男性外出务工的后顾之忧。

第二，强化婚姻挤压下女儿的养老功能。女儿养老功能的强化不仅可以弱化男孩偏好，而且有利于减少大龄未婚男性的数量，解决部分大龄未婚男性家庭的父母养老问题，因此有必要进一步强化女儿的养老功能，用合法手段保证女儿与儿子同等的赡养责任与义务。在发挥女儿的养老功能时，首先有必要通过法律、政策、媒体宣传和舆论监督等多种手段，规范、促进并最终实现女儿同儿子承担平等的赡养责任。在法律与政策制度方面，可以从女儿的养老功能视角适当修订《老年人权益保障法》，强化女儿养老功能。在基层农村则可以将女儿养老写入村规民约，通过基层乡村广播、板报、计生工作海报等途径大力宣传已婚女儿养老的典型人物与事件，积极引导和鼓励已婚女儿的养老行为。要强化女儿的养老功能，同时还需在农村土地分配、财产继承等方面保障女儿享有与儿子同等的权利，消除对女性的各种歧视。在这方面可借鉴韩国的做法：将配偶的父母也纳入医疗保险范围，用法律形式直接保障女儿的继承权利，在全国开展大规模的媒体运动宣传并促进性别平等。此外，还可以在全国范围内倡导、推广多元的家庭居住模式，破除部分农村居民只愿与儿子同住的陈旧观念，支持已婚女儿与自身父母同住的居住模式，解决因空间距离阻隔而带来的已婚女儿对父母赡养不足的难题。

第三，构建和谐的多子女家庭养老网。为了克服大龄未婚男性在父母赡养方面对其兄弟姐妹的负面示范效应，要注重多子女家庭内部亲子关系和代内兄弟姐妹关系的协调与发展，努力构建融洽和睦的家庭关系。首先，要加强有关老年人权益保障的法律宣传工作，并加大对弃老、拒绝履行赡养义务的人的惩罚力度，充分运用法律手段强化子女的赡养意识；其次，在家庭内部可以有意识地加强孝道的情感教育与践行教育，基于血缘关系、血肉亲情启发家庭成员内心理性自觉的孝道意识，同时亲代还可以通过言传身教作用引导培育下一代的孝顺意识，以在家庭层面形成重视孝亲的良好氛围；再次，多子女家庭可以依据各自经济实力、居住距离进行协商养老，例如在家庭内部采用继承养老、就近养老、合作养老、协议养老等养老方式以达到养老资源的优化与整合；又次，注重发挥家庭权威人员在家庭养老方面的正向带头作用，鼓励家庭成员积极主动的付出，以便形成良性互动的家庭养老网络；最后，还可以利用社会舆论与道德的力量约束子女的养老行为，构建良好的家庭养老氛围。

第四节 研究展望

本书研究了性别失衡背景下男性婚姻挤压对中国农村家庭的代际支持模式的影响，揭示了婚姻挤压下中国农村家庭代际支持的现状以及影响因素，对代际支持的子女婚姻差异进行较为系统与深入的分析，并获得一些重要的发现。但本书还存在一些不足，并将成为进一步的研究基础。

第一，本书代际支持子女婚姻差异的研究，没有涉及正常未婚子女的代际支持行为。虽然依照传统养老文化，已婚子女承担着比未婚子女更多的养老责任，但随着社会经济的快速发展，正常未婚子女承担养老责任的情况可能有所改变，但由于本书的调查对象多为老年父母，除了他们的大龄未婚儿子之外，他们的其他子女大多已经成婚，所以笔者未能研究正常的未婚子女与已婚子女在代际支持方面的婚姻差异。如果能够将正常的未婚子女也纳入代际支持婚姻差异的研究，可以更加全面地了解子女婚姻对家庭代际支持的影响。

第二，父母帮助儿子成婚的指标还有待于进一步的细化。虽然以往有不少研究均发现在现代社会单凭儿子一己之力难以顺利完婚，绝大多数子女成婚需要父母大力的物质与精神帮助。但仅以儿子现实的婚姻状况作为父母是否帮助过儿子成婚的指标还是过于单一，因为父母对子女成婚过程中不同的支持力度可能带来子女差异化的养老回报，因此除了儿子的婚姻状态，在下一步的研究中还可以考虑进一步细化父母帮助子女成婚的投入指标。

第三，由于受到大龄未婚男性样本数量的限制，本研究仅通过大龄未婚男性与已婚男性、已婚女性的对比来分析婚姻挤压对代际支持的影响，并没有独立分析大龄未婚男性与父母之间代际支持的模式。独立分析大龄未婚男性与父母之间的代际支持行为及影响因素，有助于更加全面地了解婚姻挤压对农村家庭养老的影响。

第四，安徽乙县农村的调查仅作为我国一个中等发展水平的地区代表，结论的普适性与推广性还有待于进一步的验证。由于我国辽阔的地域，不同区域所具有差异化的人口、社会与经济特征，本研究所选取的调查地及调查对象虽然可以直观地体现重性别失衡区的养老后果，但是依旧难以断定婚姻挤压对经济发达农村的养老后果是何样，这需要在今后的研究中扩大调查研究的范围。

第五，由于本研究属于探索型研究，性别失衡的社会人口后果可能刚刚显现，性别失衡引发的男性婚姻挤压对家庭代际支持的影响还不太明显与稳定。结构性婚姻挤压和非结构性婚姻挤压所带来的家庭养老后果是否有所差异，本书还难以判断，需要在后续的研究中持续关注。

参考文献

边馥琴、约翰·罗根，2004，《中美家庭代际关系比较研究》，《社会学研究》第 2 期。

边燕杰，1986，《试析我国独生子女家庭生活方式的基本特征》，《中国社会科学》第 1 期。

车茂娟，1990，《中国家庭养育关系中的"逆反哺模式"》，《人口学刊》第 4 期。

陈彩霞，2000，《经济独立才是农村老年人晚年幸福的首要条件——应用霍曼斯交换理论对农村老年人供养方式的分析和建议》，《人口研究》第 2 期。

陈功、郭志刚，1998，《老年人家庭代际经济流动类型的分析》，《南京人口管理干部学院学报》第 1 期。

陈功、刘菊芬、徐静、舒晓非，2005，《老年人家庭代际经济流动的分析》，《人口与发展》第 5 期。

陈皆明，1998，《投资与赡养——关于城市居民代际交换的因果分析》，《中国社会科学》第 6 期。

陈俊杰，1995，《亲子关系中的代际倾斜与农民生育观念——浙东越村的社会人类学研究》，《人口研究》第 1 期。

陈树德，1990，《传统中国社会与"老年人"》，《社会学研究》第 6 期。

陈婷婷，2013，《新型农村社会养老保险的问题及对策研究——以湖南省张家界市为例》，中央民族大学硕士学位论文。

陈卫、杜夏，2002，《中国高龄老人养老与生活状况的影响因素》，《中国人口科学》第 6 期。

陈友华，2004，《中国和欧盟婚姻市场透视》，南京大学出版社。

陈友华、米勒·乌尔里希,2002,《中国婚姻挤压研究与前景展望》,《人口研究》第3期。

慈勤英、宁雯雯,2013,《多子未必多福——基于子女数量与老年人养老状况的定量分析》,《湖北大学学报》(哲学社会科学版)第4期。

狄金华、李静,2013,《农民养老行为的实践逻辑研究——基于2006年CGSS数据资料的分析》,《华中农业大学学报》(社会科学版)第1期。

狄金华、韦宏耀、钟涨宝,2014,《农村子女的家庭禀赋与赡养行为研究》,《南京农业大学学报》(社会科学版)第2期。

丁士军,1999,《关于家庭财富代际转移动机的几种假说》,《江汉论坛》第5期。

杜娟、杜夏,2002,《乡城迁移对移出地家庭养老影响的探讨》,《人口研究》第2期。

杜鹏、丁志宏、李全棉、桂江丰,2004,《农村子女外出务工对留守老人的影响》,《人口研究》第6期。

杜亚军,1990,《代际交换——对老化经济学基础理论的研究》,《中国人口科学》第3期。

方军,2009,《我国农村社会养老保险的现状、问题与对策分析》,《长春市委党校学报》第6期。

费孝通,1983,《家庭结构变动中的老年赡养问题——再论中国家庭结构的变动》,《北京大学学报》(哲学社会科学版)第3期。

费孝通,1982,《论中国家庭结构的变动》,《天津社会科学》第3期。

费孝通,1998,《乡土中国生育制度》,北京大学出版社。

高建新,2013,《农村老年人家庭提供代际支持分工模式研究——基于子女兄弟姐妹的视角》,西安交通大学博士学位论文。

高建新、李树茁,2012,《农村家庭子女养老行为的示范作用研究》,《人口学刊》第1期。

桂华、余练,2010,《婚姻市场要价:理解农村婚姻交换现象的一个框架》,《青年研究》第3期。

郭俊霞，2008，《当前农村代际关系与"养儿防老"》，华中科技大学硕士学位论文。

郭秋菊、靳小怡，2012，《婚姻挤压下父母生活满意度分析——基于安徽省乙县农村地区的调查》，《中国农村观察》第6期。

郭秋菊、李树茁，2012，《亚洲视野下中国性别不平等态势、后果与治理——"性别与社会可持续发展"国际研讨会综述》，《西安交通大学学报》（社会科学版）第1期。

郭于华，2001，《代际关系中的公平逻辑及其变迁——对河北农村养老事件的分析》，《中国学术》第3期。

郭志刚、邓国胜，1995，《婚姻市场理论研究》，《中国人口科学》第3期。

郭志刚、邓国胜，2000，《中国婚姻拥挤研究》，《市场与人口分析》第3期。

郭志刚、张恺悌，1996，《对子女数在老年人家庭供养中作用的再检验》，《人口研究》第2期。

贺雪峰，2009，《农村代际关系论：兼论代际关系的价值基础》，《社会科学研究》第5期。

贺雪峰，2008，《农村家庭代际关系的变动及其影响》，《江海学刊》第4期。

黄艳，2006，《成年子女对老年父母的照顾动机探析》，华中师范大学硕士学位论文。

姜全保、果臻、李树茁，2010，《中国未来婚姻挤压研究》，《人口与发展》第3期。

姜全保、李树茁，2009，《女性缺失与社会安全》，社会科学文献出版社。

姜向群，1997，《家庭养老在人口老龄化过程中的重要作用及其面临的挑战》，《人口学刊》第2期。

靳小怡、郭秋菊，2011，《农村大龄未婚男性的代际经济支持研究》，《西北人口》第4期。

靳小怡、郭秋菊、崔烨，2014，《转型期的农村家庭结构及其对代际关系的影响》，《青年研究》第4期。

靳小怡、郭秋菊、刘利鸽、李树茁，2010，《中国的性别失衡与公共安全——百村调查及主要发现》，《青年研究》第5期。

靳小怡、郭秋菊、刘蔚，2012，《性别失衡下的中国农村养老及其政策启示》，《公共管理学报》第3期。

靳小怡、李树茁，2002，《农村不同婚姻形式下家庭财富代际转移模式的初步分析》，《人口与经济》第1期。

靳小怡、刘利鸽，2009，《性别失衡下社会风险与行为失范的识别研究》，《西安交通大学学报》（社会科学版）第6期。

李光勇，2003，《家庭养老在不同文化背景下的地位及前途》，《人口学刊》第1期。

李建新、于学军、王广州、刘鸿雁，2004，《中国农村养老意愿和养老方式的研究》，《人口与经济》第5期。

李荣，2008，《江村婚姻模式与家庭关系研究》，苏州大学硕士学位论文。

李树茁、陈盈晖、杜海峰，2009，《中国的性别失衡与社会可持续发展——一个跨学科的研究范式与框架》，《西安交通大学学报》（社会科学版）第6期。

李树茁、费尔德曼、靳小怡，2003，《儿子与女儿：中国农村的婚姻形式和老年支持》，《人口研究》第1期。

李树茁、姜全保、费尔德曼，2006，《性别歧视与人口发展》，社会科学文献出版社。

李树茁、靳小怡、费尔德曼、李南、朱楚珠，2006，《当代中国农村的招赘婚姻》，社会科学文献出版社。

李卫东，2013，《农民工心理失范的现状及影响因素研究：基于性别和婚姻的视角》，西安交通大学博士学位论文。

李艳、李树茁，2011，《农村大龄未婚男性的社会支持网络》，社会科学文献出版社。

李艳、李树茁，2008，《中国农村大龄未婚男青年的压力与应对——河南YC区的探索性研究》，《青年研究》第11期。

李银河，1994，《生育与中国村落文化》，中国社会科学出版社。

梁鸿，1999，《农村老年人自给自理能力研究》，《人口与经济》第 4 期。

刘爱玉、杨善华，2000，《社会变迁过程中的老年人家庭支持研究》，《北京大学学报》（哲学社会学版）第 3 期。

刘春梅、李录堂，2013，《农村家庭养老主体的角色定位及行为选择》，《农村经济》第 10 期。

刘桂莉，2006，《眼泪为什么往下流？——转型期家庭代际关系倾斜问题探析》，《南昌大学学报》（人文社会科学版）第 6 期。

刘晶，2004，《子女数对农村高龄老人养老及生活状况的影响》，《中国人口科学》第 1 期。

刘利鸽、靳小怡，2011，《社会网络视角下中国农村成年男性初婚风险的影响因素分析》，《人口学刊》第 2 期。

刘利鸽、靳小怡，2012，《中国农村未婚男性的婚姻策略分析》，《西安交通大学学报》（社会科学版）第 1 期。

刘爽、郭志刚，1999，《北京市大龄未婚问题的研究》，《人口与经济》第 4 期。

刘中一，2005，《"养儿防老"观念的后现代主义解读》，《中国农业大学学报》（社会科学版）第 3 期。

马红霞，2009，《婚姻挤压形成的原因分析及其影响》，《科技信息》第 30 期。

莫丽霞，2005，《出生人口性别比升高的后果研究》，中国人口出版社。

穆光宗，2012，《我国机构养老发展的困境与对策》，《华中师范大学学报》（人文社会科学版）第 2 期。

穆光宗，1999，《我国农村家庭养老问题的理论分析》，《社会科学》第 12 期。

穆光宗，2000，《中国传统养老方式的变革和展望》，《中国人民大学学报》第 5 期。

聂佩进、王振威，2007，《农村家庭代际间的财富转移研究——以河北农村为例的实证研究》，《西北人口》第 3 期。

彭远春，2004，《贫困地区大龄青年婚姻失配现象探析》，《青年探索》第 6 期。

石春霞，2010，《农村家庭养老的社会性别分析》，西北农林科技大学硕士学位论文。

石人炳，2006，《青年人口迁出对农村婚姻的影响》，《人口学刊》第1期。

宋健，2013，《"四二一"结构家庭的养老能力与养老风险》，《中国人民大学学报》第5期。

宋健，2001，《农村养老问题研究综述》，《人口研究》第6期。

宋健、黄菲，2011，《中国第一代独生子女与其父母的代际互动——与非独生子女的比较研究》，《人口研究》第3期。

宋璐、李树茁，2011，《当代农村家庭养老性别分工》，社会科学文献出版社。

宋璐、李树茁，2008，《劳动力外流下农村家庭代际支持性别分工研究》，《人口学刊》第3期。

宋璐、李树茁，2010，《照料留守孙子女对农村老年人养老支持的影响研究》，《人口学刊》第2期。

宋璐、李树茁、张文娟，2006，《代际支持对农村老年人健康自评的影响研究》，《中国老年学杂志》第11期。

宋月萍、谭琳，2004，《论我国基础教育的性别公平》，《妇女研究论丛》第2期。

孙鹃娟，2006，《劳动力迁移过程中的农村留守老人照料问题研究》，《人口学刊》第4期。

孙丽燕，2004，《20世纪末中国家庭结构及其社会功能的变迁》，《西北人口》第5期。

孙淑敏，2005b，《对甘肃东部赵村彩礼现象的研究》，《社会学》第3期。

孙淑敏，2005a，《农民的择偶形态》，社会科学文献出版社。

唐灿，2005，《中国城乡社会家庭结构与功能的变迁》，《浙江学刊》第2期。

唐灿、马春华、石金群，2009，《女儿赡养的伦理与公平》，《社会学研究》第6期。

陶涛，2011，《农村儿子、女儿对父母的经济支持差异研究》，

《南方人口》第1期。

王聪聪:《家庭和事业相矛盾63.8%的人选择以家庭为重》,《中国青年报》2010年12月23日。

王德福,2012,《养老倒逼婚姻:理解当前农村早婚现象的一个视角》,《南方人口》第2期。

王华丽、熊茜、于欣,2006,《农村地区老年人照料者的社会支持、卫生服务使用与精神卫生状况》,《中国老年学杂志》第2期。

王磊,2012a,《农村大龄未婚男性的生活质量及其影响因素分析——以冀北地区调查为基础》,《人口学刊》第2期。

王磊,2012b,《贫困地区农村大龄青年未婚失婚影响因素分析》,《当代青年研究》第12期。

王磊,2013,《人口老龄化社会中的代际居住模式——来自2007年和2010年江苏调查的发现》,《人口研究》第4期。

王玲玲,2012,《现阶段农村养老问题研究》,山西师范大学硕士学位论文。

王萍、李树茁,2011,《代际支持对农村老年人生活满意度影响的纵向分析》,《人口研究》第1期。

王树新、马金,2002,《人口老龄化过程中的代际关系新走向》,《人口与经济》第4期。

王文娟、马国栋,2011,《孝道回归与农村家庭养老保障的再定位》,《劳动保障世界》(理论版)第1期。

王跃生,2012a,《城乡养老中的家庭代际关系研究——以2010年七省区调查数据为基础》,《开放时代》第2期。

王跃生,2012b,《大龄未婚、失婚男性的居住方式和养老状况——以冀西北农村调查为基础》,《中国社会科学院研究生院学报》第5期。

王跃生,2010a,《婚事操办中的代际关系、家庭财产积累与转移》,《中国农村观察》第3期。

王跃生,2008,《家庭结构转化和变动的理论分析——以中国农村的历史和现实经验为基础》,《社会科学》第7期。

王跃生,2010b,《农村家庭代际关系理论和经验分析》,《社会科学研究》第4期。

王跃生，2009，《制度变革、社会转型与中国家庭变动——以农村经验为基础的分析》，《开放时代》第3期。

王智勇，2006，《家庭讨价还价能力与子女教育投资研究》，《中国劳动经济学》第2期。

韦艳、靳小怡、李树茁，2008，《农村大龄未婚男性家庭压力和应对策略研究——基于YC县访谈的发现》，《人口与发展》第5期。

韦艳、李静、李卫东，2012，《性别失衡下相关利益者的微观失范研究》，《人口与发展》第5期。

韦艳、张力，2011，《农村大龄未婚男性的婚姻困境：基于性别不平等视角的认识》，《人口研究》第5期。

夏传玲、麻凤利，1995，《子女数对家庭养老功能的影响》，《人口研究》第1期。

肖金香，2007，《洞塘坝村外出务工女性家庭地位变迁》，《贵州民族学院学报》（哲学社会科学版）第4期。

肖群忠，2005，《儒家孝道与当代中国伦理教育》，《南昌大学学报》（人文社会科学版）第1期。

谢桂华，2009，《老人的居住模式与子女的赡养行为》，《社会》第5期。

谢晓赟，2011，《新型农村社会养老保险制度推进中的问题与对策研究》，山东财经大学硕士学位论文。

熊跃，1998，《需要理论及其在老人照顾领域中的应用》，《人口学刊》第5期。

徐安琪，2011，《离婚率的国际比较》，《社会观察》第3期。

徐俊、风笑天，2011，《我国第一代独生子女家庭的养老问题研究》，《人口与经济》第5期。

徐勤，1996，《儿子与女儿对父母支持的比较研究》，《人口研究》第5期。

徐勤、原野，1997，《家庭养老在中国老年保障中的作用》，载中国人口学会编《第23届国际人口科学大会中国人口论坛文选》。

许放明，2005，《养老家庭网与养老对象个体性需求——对现阶段家庭养老模式的探讨》，《华东理工大学学报》（社会科学版）第 1 期。

许艳丽、谭琳，2001，《公平理论在农村家庭养老人际关系中的应用》，《人口研究》第 2 期。

薛惠元，2012，《对我国新型农村社会养老保险制度的反思》，《当代经济管理》第 2 期。

鄢盛明、陈皆明、杨善华，2001，《居住安排对子女赡养行为的影响》，《中国社会科学》第 1 期。

阎云翔，2006，《私人生活的变革：一个中国村庄里的爱情、家庭和亲密关系：1949－1999》，上海书店出版社。

杨博、阿塔尼、张群林，2012，《大龄未婚男性流动人口的风险性行为及影响因素》，《西安交通大学学报》（社会科学版）第 1 期。

杨国枢，1989，《中国人孝道的概念分析》，桂冠图书公司。

杨记，2007，《影响再婚的个人和社会因素分析》，《西北人口》第 1 期。

杨菊华、何炤华，2014，《社会转型过程中家庭的变迁与延续》，《人口研究》第 2 期。

杨珞，2010，《传统"孝道"在我国农村家庭养老中的作用》，曲阜师范大学硕士学位论文。

杨善华、贺常梅，2004，《责任伦理与城市居民的家庭养老——以"北京市老年人需求调查"为例》，《北京大学学报》（哲学社会科学版）第 1 期。

杨善华、吴愈晓，2003，《我国农村的"社区情理"与家庭养老现状》，《探索与争鸣》第 2 期。

姚远，2000，《对家庭养老概念的再认识》，《人口研究》第 5 期。

姚远，2001，《中国家庭养老研究述评》，《人口与经济》第 1 期。

叶文振、林擎国，1998，《当代中国离婚态势和原因分析》，《人口与经济》第 3 期。

尹银，2012，《养儿防老和母以子贵：是儿子还是儿女双全？》，《人口研究》第6期。

于超，2010，《当代农村嫁妆的来源及功能分析》，《山西青年管理干部学院学报》第4期。

原新，2004，《独生子女家庭的养老支持——从人口学视角的分析》，《人口研究》第5期。

张春汉、钟涨宝，2005，《农村大龄未婚青年成因分析——来自湖北潜江市Z镇Y村的个案分析》，《青年探索》第1期。

张践，2000，《儒家孝道观的形成与演变》，《中国哲学史》第3期。

张俊飚、丁士军，2001，《子女婚姻安排与农村老年人口保障》，《华中农业大学学报》（社会科学版）第1期。

张倩，2013，《农村家庭结构变迁与家庭养老保障的再定位》，《哈尔滨商业大学学报》（社会科学版）第6期。

张仕平，1999，《中国农村家庭养老研究》，《人口学刊》第5期。

张文娟，2012，《成年子女的流动对其经济支持行为的影响分析》，《人口研究》第3期。

张文娟，2004，《劳动力外流背景下中国农村老年人家庭代际支持研究》，西安交通大学博士学位论文。

张文娟、李树茁，2004a，《劳动力外流对农村家庭养老的影响分析》，《中国软科学》第8期。

张文娟、李树茁，2004b，《农村老年人家庭代际支持研究——运用指数混合模型验证合作群体理论》，《统计研究》第5期。

张文娟、李树茁，2005，《子女的代际支持行为对农村老年人生活满意度的影响研究》，《人口研究》第5期。

张新梅，1999，《家庭养老研究的理论背景和假设推导》，《人口学刊》第1期。

张烨霞、靳小怡，2007，《中国城乡迁移对代际经济支持的影响——基于社会性别视角的研究》，《中国人口科学》第3期。

张翼，1997，《中国人口出生性别比的失衡、原因与对策》，

《社会学研究》第6期。

郑安琪，2012，《农村老年人家庭照顾者压力及其调适研究》，济南大学硕士学位论文。

钟涨宝、冯华超，2014，《现代化与代际关系变动》，《天府新论》第1期。

周云，2001，《从调查数据看高龄老人的家庭代际关系》，《中国人口科学》第1期。

朱爱岚，2004，《中国北方村落的社会性别与权力》，胡玉坤译，江苏人民出版社。

朱静辉，2010，《家庭结构、代际关系与老年人赡养——以安徽薛村为个案的考察》，《西北人口》第3期。

左冬梅，2011，《生命历程视角下农村老年人家庭代际支持的年龄模式研究》，西安交通大学博士学位论文。

左冬梅、李树茁、吴正，2012，《农村老年人家庭代际经济交换的年龄发展轨迹——成年子女角度的研究》，《当代经济科学》第4期。

Abel E. K. 1990. "Informal Care for the Disabled Elderly A Critique of Recent Literature." *Research on Aging* 12 (2): 139 – 157.

Amato P. R., Keith B. 1991. "Parental Divorce and the Well-being of Children: A Meta-analysis." *Psychological Bulletin* 110 (1): 26 – 46.

Aquilino W. S. 1994. "Impact of Childhood Family Disruption on Young Adults' Relationships with Parents." *Journal of Marriage and the Family* 56 (2): 295 – 313.

Banister J. 2004. "Shortage of Girls in China Today." *Journal of Population Research* 21 (1): 19 – 45.

Barrett A. E., Lynch S. M. 1999. "Caregiving Networks of Elderly Persons: Variation by Marital Status". *The Gerontologist* 39 (6): 695 – 704.

Barrett A. E. 1999. "Social Support and Life Satisfaction among the Never Married Examining the Effects of Age." *Research on Aging* 21 (1): 46 – 72.

Becker G., Tomes N. 1976. "Child Endowments, and the Quantity and Quality of Children." *Journal of Politiacal Economy* 84 (4): 143 - 162.

Becker G. S. 1983. "A Treatise On The Family." *Family Process* 22 (1): 127 - 127.

Becker, G. S. 1974. "A Theory of Social Interactions." *Journal of Political Economy* 82 (6): 1063 - 1093.

Bernheim B. D., Shleifer A., Summers L. H. 1985. "The Strategic Bequest Motive." *The Journal of Political Economy* 93 (6): 1045 - 1076.

Besley T. 1995. "Nonmarket Institutions for Credit and Risk Sharing in Low-Income Countries." *Journal of Economic Perspectives* 9 (3): 115 - 127.

Bhaumik S. K. 2001. "Intergenerational Transfers: The Ignored Role of Time." Max Planck Institute for Demographic Research Working Paper 2001 - 2008, Rostock.

Bian F., Logan J. R., Bian Y. J. 1998. "Intergenerational Relations in Urban China: Proximity, Contact, and Help to Parents." *Demography* 35 (1): 115 - 124.

Boaz R. F., Hu J., Ye Y. 1999. "The Transfer of Resources from Middle-Aged Children to Functionally Limited Elderly Parents: Providing Time, Giving Money, Sharing Space." *The gerontologist* 39 (6): 648 - 657.

Bonsang E. 2007. "How Do Middle-Aged Children Allocate Time and Money Transfers to Their Older Parents in Europe?" *Empirica* 34 (2): 171 - 188.

Brandt M. 2011. "Intergenerational Help and Public Assistance in Europe: A Case of Specialization?" *European Societies* 15 (1): 26 - 56.

Bray F. 1997. *Technology and Gender: Fabrics of Power in Late Imperial China.* Berkeley: University of California Press.

Bulcroft K. A., Bulcroft R. A. 1991. "The Timing of Divorce Effects on Parent-Child Relationships in Later Life." *Research on Aging*

13 (2): 226 -243.

Cai Y., Lavely W. 2003. "China's Missing Girls: Numerical Estimates and Effects on Population Growth." *China Review* 3 (2): 13 -29.

Cain M. 1981. "Risk and Insurance: Perspectives on Fertility and Agrarian Change in India and Bangladesh." *Population and Development Review* 7 (3): 435 -474.

Caldwell J. C. 1976. "Toward a Restatement of Demographic Transition Theory." *Population and Development Review* 2 (3/4): 321 -366.

Cantor M. H. 1979. "Neighbors and Friends: An Overlooked Resource in the Informal Support System." *Research on Aging* 1 (4): 434 -463.

Chau T. W., Li H., Liu P. W., Zhang J. 2007. "Testing the Collective Model of Household Labor Supply: Evidence from China." *China Economic Review* 18 (4): 389 -402.

Chen F. 2005. "Residential Patterns of Parents and Their Married Children in Contemporary China: A life Course Approach." *Population Research and Policy Review* 24 (2): 125 -148.

Chen X., Silverstein M. 2000. "Intergenerational Social Support and the Psychological Well-Being of Older Parents in China." *Research on Aging* 22 (1): 43 -65.

Choi N. G. 1996. "The Never-Married and Divorced Elderly." *Journal of Gerontological Social Work* 26 (1 -2): 3 -25.

Coale A. J., Banister J. 1996. "Five Decades of Missing Females in China." *Proceedings of the American Philosophical Society* 140 (4): 421 -450.

Cohen M. L. 1998. *North China Rural Families: Changes during the Communist Era.* études chinoises: bulletin de l'Association française d'études chinoises, 17 (1 -2): 59 -154. http://www.afec-etudeschinoises.com/IMG/pdf/17 -1 -Cohen.pdf.

Cong Z., Silverstein M. 2008a. "Intergenerational Support and Depression Among Elders in Rural China: Do Daughters-In-Law Matter?"

Journal of Marriage and Family 70（3）：599 – 612.

Cong Z. , Silverstein M. 2008b. "Intergenerational Time-For-Money Exchanges in Rural China: Does Reciprocity Reduce Depressive Symptoms of Older Grandparents?" *Research in Human Development* 5（1）：6 – 25.

Cong Z. , Silverstein M. 2011. " Intergenerational Exchange between Parents and Migrant and Nonmigrant Sons in Rural China. " *Journal of Marriage and Family* 73（1）：93 – 104.

Cook W. L. 2001. "Interpersonal Influence in Family Systems: A Social Relations model Analysis. " *Child development* 72（4）：1179 – 1197.

Cooney T. M. , Uhlenberg P. 1990. "The role of Divorce in Men's Relations with Their Adult Children after Mid-Life. " *Journal of Marriage and the Family* 52（3）：677 – 688.

Cox D. , Rank M. R. 1992. "Inter-vivos Transfers and Intergenerational Exchange. " *The Review of Economics and Statistics* 74（2）：305 – 314.

Cox D. 1987. "Motives for Private Income Transfers. " *The Journal of Political Economy* 95（3）：508 – 546.

Croll E. 2000. *Endangered Daughters: Discrimination and Development in Asia.* London: Psychology Press.

Das Gupta M. , Ebenstein A. , Sharygin E. J. 2010. "China's Marriage Market and Upcoming Challenges for Elderly Men. " *Policy Research Working Paper* 5351.

Das Gupta M. , Jiang Z. H. , Li B. H. , Xie Z. M. , Chung W. , Bae H. 2003 "Why is Son Preference so Persistent in East and South Asia? A Cross-Country Study of China, India and the Republic of Korea. " *Journal of Development Studies* 40（2）：153 – 187.

Davin D. 1985. "The Single-Child Family Policy in the Countryside. " In *China's One-Child Family Policy*, edited by Croll E. , Davin D. , and Kane P. pp. 37 – 82. Palgrave Macmillan UK.

Dean A. , Kolody B. , Wood P. 1990. "Effects of Social Support from Various Sources on Depression in Elderly Persons. " *Journal of*

Health and Social Behavior 31（2）：148 – 161.

Dowd J. J. 1975. "Aging as Exchange: A Preface to Theory." *Journal of Gerontology* 30（5）：584 – 594.

Dykstra P. A. 2004. "Who Remains Unmarried?" Symposium "The Never-Marrieds in Later Life: Potentials, Problems and Paradoxes", Gerontological Society of America, Washington, November 19 – 23.

Ebenstein A., Leung S. 2010. "Son Preference and Access to Social Insurance: Evidence from China's Rural Pension Program." *Population and Development Review* 36（1）：47 – 70.

Ebenstein A. Y., Sharygin E. J. 2009. "The Consequences of the 'Missing Girls'of China." *The World Bank Economic Review* 23（3）：399 – 425.

Edlund L., Li H., Yi J., Zhang J. 2013. "Sex Ratios and Crime: Evidence from China." *Review of Economics and Statistics* 95（5）：1520 – 1534.

Eggebeen D. J., Hogan D. P. 1990. "Giving between Generations in American families." *Human Nature* 1（3）：211 – 232.

Eggebeen D. J. 1992. "Family Structure and Intergenerational Exchanges." *Research on Aging* 14（4）：427 – 447.

Frankenberg E., Lillard L., Willis R. J. 2002. "Patterns of Intergenerational Transfers in Southeast Asia." *Journal of Marriage and Family* 64（3）：627 – 641.

Goldstein, H. 1987. "Multilevel Models in Education and Social Research." *Higher Education Research and Development* 28（6）：644 – 645.

Goode W. J. 1963. *World Revolution and Family Patterns*. New York Free Press.

Goodkind D. 2006. "Marriage Squeeze in China: Historical Legacies, Surprising Findings." Presented at the Population Association of America, 2006 Annual Meeting, Los Angeles, California, March 30 – April 1.

Gove W. R., Hughes M., Style C. B. 1983. "Does Marriage Have

Positive Effects on the Psychological Well-Being of the Individual?" *Journal of Health and Social Behavior*, 24（2）: 122 - 131.

Greenhalgh S. , Winckler E. 2005. *Governing China's Population: From Leninist to Neoliberal Biopolitics.* California: Stanford University Press.

Greenhalgh S. 1985a. "Is Inequality Demographically Induced? The Family Cycle and the Distribution of Income in Taiwan. " *American Anthropologist* 87（3）: 571 - 594.

Greenhalgh S. 1985b. "Sexual stratification: The Other Side of 'growth with Equity'in East Asia. " *Population and Development Review* 11（2）: 265 - 314.

Ha J. H. , Carr D. , Utz R. L. , Nesse R. 2006. "Older adults' Perceptions of Intergenerational Support After Widowhood How Do Men and Women Differ?" *Journal of Family Issues* 7（1）: 3 - 30.

Hermalin A. I. , Chang M. C. , Lin H. S. , Lee M. L. , Ofstedal M. B. 1990. "Patterns of Support among the Elderly in Taiwan and Their Policy Implications. " Ann Arbor Michigan University of Michigan Population Studies Center Nov. Elderly in Asia Report No. 90 - 4.

Hermalin A. I. , Ofstedal M. B. , Chang M. C. , Cheng M. 1996. "Types of Supports for the Aged and Their Providers in Taiwan. " In *Aging and Generational Relations over the Life Course: A Historical and Cross-Cultural Perspective*, edited by Hareven T. K. , pp. 400 - 437. New York: Walker De Gruyer Press.

Hermalin A. I. , Ofstedal M. B. , Lee M. L. 1992. "Characteristics of Children and Intergenerational Transfers. " Ann Arbor, Michigan, University of Michigan, Population Studies Center, 1992 Jun. Comparative Study of the Elderly in Asia Research Report No. 92 - 21.

Hill M. , Soldo B. 1993. "Intergenerational Transfers: Economic, Demographic, and Social Perspectives. " *Annual Review of Gerontology and Geriatrics* 13（1）: 187 - 216.

Ho S. C. 1991. "Health and Social Predictors of Mortality in an Elderly Chinese Cohort." *American Journal of Epidemiology* 133 (9): 907-921.

Hudson V. M., Den Boer A. M. 2004. *Bare Branches: The Security Implications of Asia's Surplus Male Population*. Cambridge, Mass: MIT Press.

Kalmijn M. 2007. "Gender Differences in the Effects of Divorce, Widowhood and Remarriage on Intergenerational Support: Does Marriage Protect Fathers?" *Social Forces* 85 (3): 1079-1104.

Koh S. K., MacDonald M. 2006. "Financial Reciprocity and Elder Care: Interdependent Resource Transfers." *Journal of Family and Economic Issues* 27 (3): 420-436.

Kohli M., Künemund H. 2003. "Intergenerational Transfers in the Family: What Motivates Giving." In *Global Aging and Challenges to Families*, edited by Bengtson V. L. and Lowenstein A., pp. 123-142. New York. Aldine de Gruyter Press.

Krause N., Liang J., Keith V. 1990. "Personality, social support, and Psychological Distress in Later Life." *Psychology and Aging* 5 (3): 315-326.

Krueger A. O. 1995. *East Asian Experience and Endogenous Growth Theory*. Chicago: University of Chicago Press.

Künemund H., Motelklingebiel A., Kohli M. 2005. "Do Intergenerational Transfers from Elderly Parents Increase Social Inequality among Their Middle-Aged Children? Evidence From the German Aging Survey." *The Journals of Gerontology Series B Psychological Sciences and Social Sciences* 60 (1): 30-36.

Laurence J. K., Spivak A. 1981. "The Family as An Incomplete Annuities Market." *Journal of Political Economy* 89 (2), 372-391.

Lee Y. J., Parish W. L., Willis R. J. 1994. "Sons, Daughters, and Intergenerational Support in Taiwan." *American Journal of Sociology* 99 (4): 1010-1041.

Lee Y. J., Xiao Z. 1998. "Children's Support for Elderly Parents in

Urban and Rural China: Results from A National Survey." *Journal of Cross-Cultural Gerontology* 13 (1): 39 – 62.

Lei L. 2013. "Sons, Daughters, and Intergenerational Support in China." *Chinese Sociological Review* 45 (3): 26 – 52.

Li L., Liang J., Toler A., Gu S. 2005. "Widowhood and Depressive Symptoms among Older Chinese: Do Gender and Source of Support Make A Difference?" *Social Science and Medicine* 60 (3): 637 – 647.

Li L., Wu X. 2011. "Gender of Children, Bargaining Power, and Intrahousehold Resource Allocation in China." *Journal of Human Resources* 46 (2): 295 – 316.

Lillard L., Willis R. 1997. "Motives for Intergenerational Transfers: Evidence from Malaysia." *Demography* 34 (1): 115 – 134.

Lillard L. A., Kilburn M. R. 1995. *Intergenerational Earnings Links: Sons and Daughters*. Labor and Population Program Working Paper Series 95 – 17. Santa Monica: Rand.

Lillard L. A., Willis R. J. 1994. "Intergenerational Educational Mobility." *Journal of Human Resources* 29 (4): 1126 – 1165.

Lin C. Y. C., Fu V. R. 1990. "A Comparison of Child-Rearing Practices among Chinese, Immigrant Chinese, and Caucasian-American parents." *Child Development* 61 (2): 429 – 433.

Litwak E. 1985. *Helping the Elderly: The Complementary Roles of Informal Networks and Formal Systems*. New York: Guilford Press.

Liu W. T., Liu W., Kendig H. 2000. "Values and Caregiving Burden: The Significance of Filial Piety in Elder Care." In *Who Should Care for the Elderly*? Edited by Liu W. T. and Kendig H. L., pp. 183 – 200. Singapore: Singapore University Press.

Logan J. R., Bian F., Bian Y. 1998. "Tradition and Change in the Urban Chinese Family: The Case of Living Arrangements." *Social Forces* 76 (3): 851 – 882.

Logan J. R., Bian F. 2003. "Parents'needs, family structure, and

Regular Intergenerational Financial Exchange in Chinese Cities. " *Sociological Forum* 18 (1): 85 - 101.

Logan J. R., Bian F. Q. 1999. "Family Values and Coresidence with Married Children in Urban China. " *Social Forces* 77 (4): 1253 - 1282.

Mangen D. J., Bengtson V. L., Landry P. H. 1988. *Measurement of Intergenerational Relations.* Beverly Hills, CA: SAGE Pulications.

Mitchell B. 2003. "Would I Share a Home with an Elderly Parent? Exploring Ethnocultural Diversity and Intergenerational Support Relations during Young Adulthood. " *Canadian Journal on Aging* 22 (1): 69 - 82.

Morgan S. P., Hirosima K. 1983. "The Persistence of Extended Family Residence in Japan: Anachronism or Alternative Strategy. " *American Sociological Review* 48 (2): 269 - 281.

Moriki Y. 2011. "Co-Residence Among Bangkok Elderly: Implications of Children's Marital Status. " *Marriage and Family Review* 47 (8): 529 - 547.

Muhsam H. 1974. "The Marriage Squeeze. " *Demography* 11 (2): 291 - 299.

Myers S. M. 2004. "Religion and Intergenerational Assistance: Distinct Differences by adult Children's Gender and Parent's Marital Status. " *The Sociological Quarterly* 45 (1): 67 - 89.

Ng A. C. Y., Phillips D. R., Lee K. M. 2002. "Persistence and Challenges to Filial Piety and Informal Support of Older Persons in A Modern Chinese Society: A Case Study in Tuen Mun, Hong Kong. " *Journal of Aging Studies* 16 (2): 135 - 153.

Nugent J. B. 1985. "The Old-Age Security Motive for Fertility. " *Population and Development Review* 11 (1): 75 - 97.

Orbuch T. L., Thornton A., Cancio J. 2000. "The Impact of Marital Quality, Divorce, and Remarriage on the Relationships between Parents and Their Children. " *Marriage and Family Review* 29 (4): 221 - 246.

Pang L., Brauw D. A., Rozelle S. 2004. "Working until You

Drop: The Elderly of Rural China." *The China Journal* 52 (Jul., 2004): 73-94.

Perry E. J. 1980. *Rebels and Revolutionaries in North China*, 1845-1945. California: Stanford University Press.

Pezzin L. E., Schone B. S. 1999. "Parental marital disruption and Intergenerational Transfers: An Analysis of Lone Elderly Parents and Their Children." *Demography* 36 (3): 287-297.

Poston D. L., Duan C. C. 2000. "The Current and Projected Distribution of the Elderly and Eldercare in the People's Republic of China." *Journal of Family Issues* 21 (6): 714-732.

Poston D. L. Jr., Min H. 2008. "The Effects of Sociodemographic Factors on the Hazard of Dying among Chinese Oldest Old." In *Healthy Longevity in China: Demographic Socioeconomic, and Psychological Dimensions*, edited by Zeng Y., Poston D. L., Vlosky Jr. D. A., and Gu D., pp. 121-131. New York: Springer.

Poston Jr D. L., Gu B., Liu P. P., McDaniel T. 1997. "Son Preference and the Sex Ratio at Birth in China: A Provincial Level Analysis." *Biodemography and Social Biology* 44 (1-2): 55-76.

Rogers R. G. 1996. "The Effects of Family Composition, Health, and Social Support Linkages on Mortality." *Journal of Health and Social Behavior* 37 (4): 326-338.

Rosenzweig M. R., Wolpin K. I. 1994. "Inequality among Young Adult Siblings, Public Assistance Programs, and Intergenerational Living Arrangements." *Journal of Human Resources* 29 (4): 1101-1125.

Rossi S., Rossi P. H. 1990. *Of Human Bonding: Parent-Child Relations across the Life Course*. New York: Aldine de Gruyter.

Rushton J. P. 1982. "Altruism and Society: A social Learning Perspective." *Ethics* 92 (3): 425-446.

Schokkaert E. 2006. "The Empirical Analysis of Transfer Motives." *Handbook on the Economics of Giving Altruism and Reciprocity* 1 (6): 127-181.

Schultz T. P. 1990. "Testing the Neoclassical Model of Family Labor Supply and Fertility. " *Journal of Human Resources* 25 (4): 599 – 634.

Secondi G. 1997. "Private Monetary Transfers in Rural China: Are Families Altruistic?" *The Journal of Development Studies* 33 (4): 487 – 511.

Seltzer J. A. , Bianchi S. M. 1988. "Children's Contact with Absent Parents. " *Journal of Marriage and the Family* 50 (3): 663 – 677.

Shi L. 1993. "Family Financial and Household Support Exchange between Generations: A Survey of Chinese Rural Elderly. " *The Gerontologist* 33 (4): 468 – 480.

Silverstein M. , Bengtson V. L. 1994. "Does Intergenerational Social Support Influence the psychological Well-Being of Older Parents? The Contingencies of Declining Health and Widowhood. " *Social Science and Medicine* 38 (7): 943 – 957.

Silverstein M. , Bengtson V. L. 1997. "Intergenerational Solidarity and the Structure of Adult Child-Parent Relationships in American Families. " *American Journal of Sociology* 103 (2): 429 – 460.

Silverstein M. , Chen X. , Heller K. 1996. "Too Much of a Good Thing? Intergenerational Social Support and the Psychological Well-Being of Older Parents. " *Journal of Marriage and the Family* 58 (4): 970 – 982.

Silverstein M. , Cong Z. , Li S. 2007. "Grandparents Who Care for Their Grandchildren in Rural China: Benefactors and Beneficiaries. " In *New Perspectives on China and Aging*, Edited by Cook I. and Powell J. , pp. 49 – 7. New York: Nova Science Publishers.

Simpson R. L. 1972. *Theories of Social Exchange*. Morristown, New Jersey: General Learning Press.

Skinner G. W. 2002. "Family and Reproduction in East Asia: China, Korea, and Japan Compared. " The Sir Edward Youde Memorial Lecture, Hong Kong University, 8 October.

Sloan F. A. , Zhang H. H. , Wang J. 2002. "Upstream Intergenerational Transfers. " *Southern Economic Journal* 69 (2): 363 - 380.

Soldo B. J. , Hill M. S. 1995. " Family Structure and Transfer Measures in the Health and Retirement Study: Background and Overview. " *Journal of Human Resources* 30 (1): S108 - S137.

Spitze G. , Logan J. 1990. " Sons, Daughters, and Intergenerational Social Support. " *Journal of Marriage and the Family* 52 (2): 420 - 430.

Stevens E. S. 1992. "Reciprocity in Social Support: An Advantage for the Aging Family. " *Families in Society* 93 (9): 533 - 541.

Sun R. 2002. "Old Age Support in Contemporary Urban China from both Parents'and Children's Perspectives. " *Research on Aging* 24 (3): 337 - 359.

Sun T. H. , Liu Y. H. 1994. " Changes in Intergenerational Relations in the Chinese family: Taiwan's Experience. " In *Tradition and Change in Asian family*, edited by Cho L. J. and Yada M. , pp. 321 - 361. Honolulu: East-West Center.

Szinovacz M. E. , DeViney S. , Davey A. 2001. " Influences of Family Obligations and Relationships on Retirement Variations by Gender, Race, and Marital Status. " *The Journals of Gerontology Series B: Psychological Sciences and Social Sciences* 56 (1): S20 - S27.

Tamborim C. R. 2007. "The Never-Married in Old Age: Projections and Concerns for the Near Future. " *Social Security Bulletin* 67 (2): 25 - 40.

Thomas D. 1990. "Intra-Household Resource Allocation An Inferential Approach. " *Journal of Human Resources* 25 (4): 635 - 664.

Thompson E. E, Krause N. 1998. "Living Alone And Neighborhood Characteristics as Predictors of Social Support in Late Life. " *The Journals of Gerontology Series B: Psychological Sciences and Social Sciences* 53 (6): S354 - S364.

Tomassini C. , Kalogirou S. , Grundy E, Fokkema T. , Martikainen P. , Groenou M. B. V. , Karisto A. 2004. " Contacts between

Elderly Parents and Their Children in Four European Countries: Current Patterns and Future Prospects. " *European Journal of Ageing* 1 (1): 54 – 63.

Townsend R. M. 1995. "Consumption insurance: An Evaluation of Risk-Bearing Systems in Low-income Economies. " *Journal of Economic Perspectives* 9 (3): 83 – 102.

Tu E. J. , Freedman V. A. , Wolf D. A. 1993. "Kinship and Family Support in Taiwan: A Microsimulation Approach. " *Research on Aging* 15 (4): 465 – 486.

Unger J. 1993. "Urban Families in the Eighties: An Analysis of Chinese Surveys. " In *Chinese Families in the Post-Mao Era*, edited by Davis D. and Harrell S. , pp. 25 – 49. Berkeley, CA: University of California Press.

Willis R. J. 1979. "The Old Age Security Hypothesis and Population Growth. " MA: National Bureau of Economic Research, Working Paper No. 372.

Xu Q. , Yuan Y. 1997. "The Role of Family Support in the Old-Age Security in China. " pp. 265 – 273 in 23rd *IUSSP General Population Conference: Symposium on demography of China*, edited by China Population Association. Beijing, People's Republic of China: Xin Hua Press.

Yang H. 1996. "The Distributive Norm of Monetary Support to Older Parents: A look at A Township in China. " *Journal of Marriage and the Family* 58 (2): 404 – 415.

Yount K. , Khadr Z. 2008. "Gender, Social Change, and Living Arrangements Among Older Egyptians During the 1990s. " *Population Research and Policy Review* 27 (2): 201 – 225.

Zeng Y. , Linda G. 2000. "Family Dynamics of 63 Million (in 1990) to more than 330 Million (in 2050) Elders in China. " *Demographic Research* 2 (5): 113 – 119.

Zeng Y. , Tu P. , Gu B. , Xu Y. , Li B. , Li Y. 1993. "Causes and Implications of the Recent Increase in the Reported Sex Ratio at Birth in China. " *Population and Development Review* 19 (2): 283 – 302.

Zhang W. , Li S. , Silverstein M. 2005. "The Effects of Inter-Generational Support on the Mortality of Older People in Rural China. " *Asian Population Studies* 1 (3): 325 – 338.

Zhang W. 1999. "Economic reforms and fertility behaviour in rural China: An Anthropological and Demographic Inquiry. " *European Journal of Population* 15 (4): 317 – 348.

Zimmer Z. , Kwong J. 2003. "Family Size and Support of Older Adults in Urban and Rural China: Current Effects and Future Implications. " *Demography* 40 (1): 23 – 44.

附录　农村人口生活状况与性别平等促进调查问卷（父母卷）

根据《统计法》第三章第十四条，本资料"属于私人、家庭的单项调查资料，非经本人同意，不得泄露"。

被访人编码　　　　　　　□□□□□□□□□
被访人姓名　　　　　　　　　　　　　　　＿＿＿＿＿
被访人住址　　＿＿县（区）＿＿乡（镇）＿＿村＿＿村民小组

	月	日	时	分	如果调查未完成，原因是：
第一次访问 从	□□	□□	□□	□□	＿＿＿＿＿＿＿＿
到	□□	□□	□□	□□	＿＿＿＿＿＿＿＿
第二次访问 从	□□	□□	□□	□□	＿＿＿＿＿＿＿＿
到	□□	□□	□□	□□	＿＿＿＿＿＿＿＿
第三次访问 从	□□	□□	□□	□□	＿＿＿＿＿＿＿＿
到	□□	□□	□□	□□	＿＿＿＿＿＿＿＿

访问员姓名　　　　　　　　　　　　　　　＿＿＿＿＿
核对人姓名　　　　　　　　　　　　　　　＿＿＿＿＿
核对人的检查结果　　　　　合格（　）　不合格（　）

请把下面的这段话读给被访问人：

您好！西安交通大学人口与发展研究所农村人口生活状况与性别平等促进课题组正在做一项有关农村人口生活福利与性别平

附录　农村人口生活状况与性别平等促进调查问卷（父母卷）

等的社会调查，特邀请您参加本次调查，谢谢您的合作！

如果您接受我们的访问，我们会问您一些有关您现在生活的问题，包括您及您家庭的基本情况、您的生活状况、社会关系、婚姻、生育和养老等问题。整个调查大约需要50分钟，如果您不愿意回答某个问题，您可以拒绝回答，我们将跳到下一个问题继续进行。课题组不会对您参加本次调查支付报酬，但会送给您一份精美小礼品对您及您全家的配合表示感谢。

课题组向您郑重承诺：本次调查的信息严格保密，除了合格的研究人员，任何人不会接触到这些资料，您的回答不会和任何能够表明您身份的信息产生联系。

再次感谢您的合作！

西安交通大学人口与发展研究所
农村人口生活状况与性别平等促进课题组
2008年8月

第一部分　个体基本情况

101 您的性别：1 男　2 女　□

102 您的出生年月：　　　阳历：□□□□年□月

103 您的属相是：□

01 鼠　　02 牛　　03 虎　　04 兔　　05 龙　　06 蛇
07 马　　08 羊　　09 猴　　10 鸡　　11 狗　　12 猪

104 您配偶的出生年月：　　阳历：□□□□年□月

105 您配偶的属相是：□

01 鼠　　02 牛　　03 虎　　04 兔　　05 龙　　06 蛇
07 马　　08 羊　　09 猴　　10 鸡　　11 狗　　12 猪

106 您的配偶是否健在？　1 是　2 否　□

107 您现在自己住还是和其他人住在一起？　□

1 自己一个人住（跳问109）　　2 与其他人一起住

108 下面有哪些人现在跟您住在一起？（有请在方格内填人数，没有请填"0"）

01 配偶 ☐   02 母亲 ☐
03 父亲 ☐   04 岳母 ☐
05 岳父 ☐   06 兄弟 ☐
07 姐妹 ☐   08 其他亲属 ☐
09 其他无亲属关系的人 ☐   10 小于 16 岁的子女 ☐
11 16 岁及以上的子女 ☐   12 儿媳 ☐
13 女婿 ☐   14 孙子女 ☐

109 您受到的最高教育是： ☐
1 不识字或很少识字　　2 小学　　3 初中
4 高中（含中专、技校）　　5 大专及以上

110 您配偶受到的最高教育是： ☐
1 不识字或很少识字　　2 小学　　3 初中
4 高中（含中专、技校）　　5 大专及以上

111 您最后从事的主要职业是：（如果不止一项工作，则以收入最多者为准） ☐☐
01 务农　　　　02 养殖专业户　　03 待业或家务
04 打工　　　　05 个体户　　　　06 学生
07 工匠　　　　08 私营企业主　　09 村干部
10 乡镇干部　　11 教师或医生　　12 其他（请注明）

112 您的配偶最后从事的主要职业是： ☐☐
01 务农　　　　02 养殖专业户　　03 待业或家务
04 打工　　　　05 个体户　　　　06 学生
07 工匠　　　　08 私营企业主　　09 村干部
10 乡镇干部　　11 教师或医生　　12 其他（请注明）

113 您（及您的配偶）现在的生活来源主要靠什么？ ☐
1 子女供给　　　　　2 本人收入
3 集体和政府补贴　　4 其他（请注明）

114 在过去 12 个月中，您本人（及您的配偶）的收入是多少（钱和物）？ ☐☐☐☐☐元

115 在过去 12 个月中，您（及您的配偶）从其他方面得到的收入值多少？ □□□□□元

116 您认为您自己现在的身体健康状况：（请将选项逐一念给被访者并请其选择其中一个） □

1 优秀　　2 良好　　3 一般　　4 较差　　5 差

117 您的身体状况分别属于以下哪种情况？ □

1 具备正常的劳动能力　　2 部分丧失劳动能力

3 部分丧失生活自理能力　　4 完全丧失生活自理能力

118 您配偶的身体状况分别属于以下哪种情况？（配偶死亡的不答） □

1 具备正常的劳动能力　　2 部分丧失劳动能力

3 部分丧失生活自理能力　　4 完全丧失生活自理能力

119（过去一周里）您有觉得寂寞（孤单）吗？ □

1 没有　　2 有时　　3 经常

120 您对自己的生活满意吗？ □

1 非常满意　2 满意　3 一般　4 不满意　5 非常不满意

第二部分　子女与代际支持状况

201 您有几个活着的孩子？（包括抱养和前次婚姻的子女，没有填"00"并请跳问到 301） □□

202 您现在有几个 16 岁及以上的孩子？（没有填"00"，并请跳问到 301） □□

下面将询问您关于您孩子的情况，请按年龄从大到小的顺序逐个告诉我。（孩子多的可加附页）

询问的问题	第一个孩子	第二个孩子	第三个孩子	第四个孩子
203 孩子的性别：1 男　2 女	□	□	□	□
204 孩子的属相：01 鼠　02 牛　03 虎　04 兔　05 龙　06 蛇　07 马　08 羊　09 猴　10 鸡　11 狗　12 猪	□□	□□	□□	□□

续表

询问的问题	第一个孩子	第二个孩子	第三个孩子	第四个孩子
205 孩子的出生年月（阳历）：	□□□□年□□月	□□□□年□□月	□□□□年□□月	□□□□年□□月
206 这个孩子的受教育水平： 1 不识字或很少识字 2 小学 3 初中 4 高中（含中专、技校） 5 大专及以上	□	□	□	□
下面的问题只询问大于或刚好16岁的子女					
207 这个孩子现在（最后）的职业： 01 务农 02 养殖专业户 03 待业或家务 04 打工 05 个体户 06 学生 07 工匠 08 私营企业主 09 村干部 10 乡镇干部 11 教师或医生 12 其他（请注明）	□□	□□	□□	□□
208 与同村比较，这个孩子的经济收入属于：1 高于平均水平 2 平均水平 3 低于平均水平	□	□	□	□
209 这个孩子现在的婚姻状况是： 1 初婚 2 再婚 3 丧偶 4 离异 5 从未结过婚（跳问216）	□	□	□	□
210 这个孩子的初婚时间是（阳历）：	□□□□年□□月	□□□□年□□月	□□□□年□□月	□□□□年□□月
211 这个孩子的初婚是： 1 别人介绍 2 家里安排 3 自己认识 4 其他	□	□	□	□
212 这个孩子的初婚共花多少钱？	□□□□□元	□□□□□元	□□□□□元	□□□□□元
213 这个孩子的配偶来自哪里？ 1 本村 2 本镇 3 本县（区） 4 本市 5 本省 6 外省 7 国外	□	□	□	□

续表

询问的问题	第一个孩子	第二个孩子	第三个孩子	第四个孩子
214 这个孩子婚后在哪里住？ 1 本村（跳问216） 2 本镇 3 本县（区） 4 本市 5 本省 6 外省 7 国外	☐	☐	☐	☐
215 这个孩子结婚时，他（她）决定不在本村居住的最主要的两个原因是什么？ 1 本村缺少足够的土地 2 本村生活很贫穷 3 父母不同意 4 当地风俗 5 村规 6 其他原因（请注明）	☐	☐	☐	☐
216 您现在和这个孩子一起住吗？ 1 是 2 否	☐	☐	☐	☐
217 从各方面考虑，您觉得和这个孩子（感情上）亲近吗？ 1 不亲近 2 有点亲近 3 很亲近	☐	☐	☐	☐
218 总的来讲，您觉得自己和这个孩子相处得好吗？ 1 不好 2 还可以 3 很好	☐	☐	☐	☐
219 当您想跟这个孩子讲自己的心事或困难时，您觉得他愿意听吗？ 1 不愿意 2 有时愿意 3 愿意	☐	☐	☐	☐
220 在过去的12个月里，这个孩子有没有给过您（或您的配偶）钱、食品或礼物？ 1 有 2 没有（跳问222）	☐	☐	☐	☐
221 给您的这些财物共值多少钱？	☐☐☐☐☐元	☐☐☐☐☐元	☐☐☐☐☐元	☐☐☐☐☐元
222 在过去12个月中，您有没有给过这个孩子钱、食品或礼物？ 1 有 2 没有（跳问224）	☐	☐	☐	☐

询问的问题	第一个孩子	第二个孩子	第三个孩子	第四个孩子
223 给他（她）的这些财物共值多少钱？	□□□□□元	□□□□□元	□□□□□元	□□□□□元
224（若该子女没有 16 岁及以下的的孩子请跳问下一个孩子）在过去的 12 个月中您有没有照顾过这些 16 岁及以下的孙子女？ 1 有　2 没有	□	□	□	□

请确认您已经回答了所有子女的信息！！！

225 总的来说，您对自己得到的帮助满意吗？　□
1 很满意　2 满意　3 一般　4 不满意　5 很不满意

226 在过去的 12 个月中，有没有孩子因为您身体不好帮助您做家务（比如打扫卫生、洗衣服、做饭、洗碗等，请填孩子的序号，下同）。　□

　　1 有（请写出孩子的顺序号　□□□）　　2 没有

227 在过去的 12 个月中，有没有孩子因为您身体不好在生活起居上（如洗澡、穿衣）帮助您？　□

　　1 有（请写出孩子的顺序号　□□□）　　2 没有

228 在过去的 12 个月中，您有没有在家务上给您孩子提供帮助？　□

　　1 有（请写出孩子的顺序号　□□□）　　2 没有

229 在过去的 12 个月中，您有没有在生活起居上给您孩子提供帮助？　□

　　1 有（请写出孩子的顺序号　□□□）　　2 没有

第三部分　生育观念

301 您认为一个家庭最理想的孩子数是几个？（空格内填实际人数，不希望要孩子者填 0）

　　　　　总数□　（男□　女□　无所谓男女□）

302 如果您第一个孩子是女孩，不考虑计划生育政策，您会怎

么做？ □

　　1 停止生育　　　　　　　　2 再要一个，不管男女

　　3 不管怎样都要有一个儿子

　　303 有人认为，男孩应该比女孩读书多，您的态度是怎样的？ □

　　1 非常反对　　2 反对　　3 无所谓　　4 赞成　　5 非常赞成

　　304 在您看来，有儿女的最主要的两个好处是什么？

　　1 传宗接代　2 老有所养　3 感情寄托　4 有劳力

　　5 家族势力　6 家庭和谐　7. 其他（请说明）_____

　　304.1 有儿子 □□

　　304.2 有女儿 □□

第四部分　有关婚姻与大龄未婚儿子的信息

　　401 您的初婚日期是　　　　　阳历：□□□□年□□月

　　402 您夫妻（初婚）是怎么认识的？ □

　　1 自己认识　　　　　　2 别人介绍

　　3 父母安排　　　　　　4 其他（请注明）_____

　　403 谁是从村子外面来的？ □

　　1 丈夫　2 妻子　3 两人都是本村人　4 两人都不是本村人

　　404 他（她）从哪里来？ □

　　1 本乡（镇）　2 本县　3 本地区（市）　4 本省　5 外省

　　（405～415 仅对有超过 28 岁还从未结婚的儿子的老人，其他老人的访问到此结束）

　　405 家里从未结过婚的儿子与其他家庭成员之间的关系如何？

□

　　1 很融洽　2 比较融洽　3 一般　4 不太融洽　5 很不融洽

　　406 您认为以下各因素是否造成您的儿子结婚困难？编码：1 是　2 否

　　406.1 父母健康状况　　□　　406.2 父母是否健在　　□

　　406.3 父母及家庭在村里声望　　□

　　406.4 家里兄弟数量　　□

　　406.5 家庭经济状况　　□　　406.6 个人长相与身高　　□

406.7 个人受教育程度 □　　406.8 个人性格 □

406.9 个人收入 □　　406.10 个人健康状况 □

406.11 个人年龄 □

407 您认为男性多大年龄结婚最合适？ □

1 18~20 岁　　2 21~23 岁　　3 24~26 岁

4 27~29 岁　　5 30 岁及以上

408 您认为女性多大年龄结婚最合适？ □

1 18~20 岁　　2 21~23 岁　　3 24~26 岁

4 27~29 岁　　5 30 岁及以上

409 家中有不能成婚的儿子，您是否觉得在村里抬不起头或受到其他人的歧视？ □

1 经常　　2 有时　　3 没有

410 您是否愿意与其他人谈论有关婚姻方面的话题？ □

1 非常愿意　2 愿意　3 一般　4 不愿意　5 非常不愿意

411 家中有不能成婚的儿子，是否影响了您的家庭生产（致富）？ □

1 很受影响　　2 受影响　　3 一般

4 不太受影响　　5 根本不受影响

412 家中有不能成婚的儿子，您着急吗？ □

1 很着急　　2 着急　　3 一般化

4 不太着急　　5 根本不着急

413 您的未婚儿子有无以下表现？编码：1 有　2 没有

413.1 助人为乐 □　　413.2 沉默寡言 □

413.3 勤俭节约 □　　413.4 打架 □

413.5 孝顺父母 □　　413.6 吵架、乱发脾气 □

413.7 终日在外游荡 □　　413.8 赌博 □

414 您认为您的未婚儿子是： □

1 很能干　　2 能干　　3 一般

4 不太能干　　5 根本不能干

415 未来您准备通过谁来给您未婚的儿子介绍对象？ □

1 儿子自己　2 家人　3 亲戚　4 朋友　5 同村人　6 其他

后　记

　　1980年代以来，持续偏高的出生性别比和严重的男性婚姻挤压导致大量男性在婚姻市场上找不到初婚对象，然而，在"养儿防老"仍为农村主流养老模式的现实环境中，大量成年男性不能结婚必将引发相同数量老年父母的养老困难。由于人口变动的滞后性以及性别失衡的持续，在未来的一段时间内过剩男性数量还会不断地增加。如何解决这一具有一定规模、面临更多养老困难的大龄未婚男性父母的养老问题，对缓解农村严峻的养老压力、提高农村老年人生活福利以及制定有针对性的社会养老保障政策具有较强的政策启示和重大的现实意义。

　　家庭代际支持作为家庭养老的核心内容一直备受国内外学术界的高度关注，学者们在代际支持理论构建、模式总结、影响因素挖掘、福利后果探析等方面均做出了诸多努力，但现有研究依旧存在明显的局限。例如，以往研究已经注意到了代际支持是具有性别差异的，那代际支持是否还具有婚姻差异呢？婚姻与性别交叉视角下代际支持行为是否又会出现一些新的特征？再如，以往研究一致认为婚姻挤压给家庭养老带来的主要为负面影响，那婚姻挤压对家庭养老有没有可能产生少许的正向影响呢？此外，从家庭内部成年子女互动视角来讲，大龄未婚兄弟的存在是否会干扰到已婚兄弟姐妹对父母的代际支持行为？而这些问题都是以往研究所忽视的，由此本书以子女婚姻为切入点，从理论构建、实证验证到实践应用层面系统探讨婚姻挤压对农村家庭代际支持的影响，以尝试为这些问题搜寻可靠的答案。

　　西安交通大学人口与发展研究所一直致力于中国的人口问题的研究。在过去的十年里，交大人口所持续关注中国性别结构失衡问题，包括性别失衡下的婚姻、家庭、养老、健康、公共安全、社区治理等重要问题。本书作为婚姻挤压系列研究成果之一，从家庭整体和子女个体两个层面以及从子女婚姻与性别交叉视角，系统研究了婚姻挤压对农村家庭代际支持的影响。我们希望本书的出版，有助于读者加深对男性婚姻挤压对家庭养老影响的认识，并为政府相应政策的出台提供借鉴和依据。

  本书所使用的数据来自西安交通大学人口与发展研究所李树茁教授团队，在本书的写作过程中西安交通大学人口与发展研究所李树茁教授提供了有益的指导，杜海峰教授给予了大力帮助，刘利鸽、李成华、谢娅婷、白萌、任锋、刘茜、杨博、柴文辉等均给予我诸多支持与帮助，在此向他们表示衷心的感谢。本书的研究得到华中科技大学自主创新研究基金人文社科项目（2016AC042）以及国家社会科学基金重大项目（13&ZD044）支持，其出版得到华中科技大学文科学术著作出版基金资助，在此一并致谢。

  由于我们水平有限，书中难免有不妥之处，恳请读者批评指正。

图书在版编目(CIP)数据

婚姻挤压下的农村家庭养老 / 郭秋菊，靳小怡著. -- 北京：社会科学文献出版社，2018.6
（华中科技大学社会学文库. 青年学者系列）
ISBN 978-7-5201-2389-1

Ⅰ.①婚… Ⅱ.①郭… ②靳… Ⅲ.①农村 - 养老 - 研究 - 中国 Ⅳ.①D669.6

中国版本图书馆 CIP 数据核字（2018）第 043838 号

华中科技大学社会学文库·青年学者系列
婚姻挤压下的农村家庭养老

著　　者 / 郭秋菊　靳小怡

出　版　人 / 谢寿光
项目统筹 / 谢蕊芬　任晓霞
责任编辑 / 任晓霞　杨鑫磊

出　　版 / 社会科学文献出版社·社会学出版中心（010）59367159
　　　　　地址：北京市北三环中路甲29号院华龙大厦　邮编：100029
　　　　　网址：www.ssap.com.cn
发　　行 / 市场营销中心（010）59367081　59367018
印　　装 / 三河市尚艺印装有限公司

规　　格 / 开　本：787mm×1092mm　1/16
　　　　　印　张：16.25　字　数：232千字
版　　次 / 2018年6月第1版　2018年6月第1次印刷
书　　号 / ISBN 978-7-5201-2389-1
定　　价 / 79.00元

本书如有印装质量问题，请与读者服务中心（010-59367028）联系

版权所有 翻印必究